U1014045

陈其美传

陈廷一　著

中国社会出版社

图书在版编目(CIP)数据

陈其美传/陈廷一著. —北京:中国社会出版社,2013.11
(陈廷一传记系列)
ISBN 978-7-5087-4682-1

Ⅰ.①陈… Ⅱ.①陈… Ⅲ.①陈其美(1878~1916)—传记
Ⅳ.①K827=6

中国版本图书馆 CIP 数据核字(2014)第 055257 号

书　　名:陈其美传
著　　者:陈廷一
责任编辑:尤永弘

出版发行:中国社会出版社　　　　邮政编码:100032
通联方法:北京市西城区二龙路甲 33 号新龙大厦
编辑部电话:(010)66078402
电　　话:(010)66080300　　(010)66051713
(010)66051698　　(010)66063678
网　　址:www.shcbs.com.cn
经　　销:各地新华书店

印刷装订:中国电影出版社印刷厂
开　　本:170mm×250mm　　1/16
印　　张:15.75
字　　数:260 千字
版　　次:2014 年 8 月第 1 版
印　　次:2014 年 8 月第 1 次印刷
定　　价:35.00 元

目　　录

序章　“丝绸之路”东口有个陈家院

中国丝绸，世界闻名。

丝绸之路起于盛唐。它是东方文明的象征，也为西方人所倾慕。

爱美之心，人人皆有。美丽的丝绸，精美如画，轻如蝉翼，曾为西方人翘首以求，于是便有了绵延万里的丝绸之路，便有了车水马龙，便有了盛唐的天下。

且说在“丝绸之路”的东口有个湖州市，这湖州市位于浙江省北部，离风景秀丽的杭州仅有一百公里。上有天堂下有苏杭。这里湖光山色，帆樯出没，鱼跳龙门，青竹翠绿，田畴交织，风景秀美。南有莫干山、天目山，北有太湖水相映，倚山近湖，山围水转，钟灵毓秀，像一幅丝锦的山水画。

泛舟河上，多少陈年旧事，尽为船尾微动的串串涟漪，升腾起神奇的历史烟云……

周武王元年（前 1046）湖州地属吴国。

周元王三年（前 473）越灭吴，地属越国。

周显王三十五年（前 334）楚灭越，地属楚国。

湖州又一名称菰城，就源自建于 2300 多年前的战国时期的下菰城，乃是战国四公子之一的楚春申君黄歇所建，这是湖州年纪最大的古城，其遗址今天仍保存在湖州市郊云巢乡窑头村的稻田、毛竹和桑树之中。

公元前 206 年，项羽在吴中（今湖州）起兵，自立西楚霸王，在湖城中心建“项王城”，其南城墙原址在今天的福来福大酒店，新中国成立前还留有两个石狮子，后移到人民公园里去了，“项王城”也终于淹没在闹市之中；另有“项王井”，原址在今天的浙北大酒店北面 100 米处。项羽起兵前后的许多活动都是在湖州进行的，《史记》记载，项羽与叔叔项梁“避仇于吴中”，唐颜真卿在《项王庙碑述》中说得很清楚：“吴中，盖今之湖州也。”避仇期间，恰逢秦始皇东巡经过湖州，项羽就是在湖州城边东北 8 公里的掩浦偷看秦皇舆并放言“彼可取而代之”的。第二年 9 月，项羽便就地起兵反秦。所举之兵都是他在乌程的宾客及弟子和附近各县收得的，即所谓八千“江东子弟”。部队号“乌程兵”，乌程就是湖州。

起兵后在下菰城北建城，这就是项王城，兵屯于今湖州弁山。方志记载，湖州出西北之门又叫霸王门，弁山则有项王走马埒、饮马池、系马桩、磨剑石等古迹。过去，在湖州城内和弁山等处都有项王庙，后被毁。湖州的主山是弁山，项羽被江东父老尊为弁山之神。

唐、宋、元、明、清，湖州一直是藩封重地，经济发达，人文荟萃。

湖州，被誉为"吴根越角"；被称做"鱼米之乡，丝绸之府"；被世人赞为"中国笔都"；史书上记载"江表大郡，吴兴第一"；文人笔下"人生只合住"。湖州，历史源远流长。从三国的曹丕，晋代王羲之，元代赵孟頫，到清代的吴昌硕，现代的沈尹默，还有东晋著名政治家谢安，南朝陈开国皇帝陈霸先，茶圣陆羽，著名诗人孟郊、张志和等。特别是唐、宋两代，湖州汇集了两个全国最大的文人集团，其代表人物分别是颜真卿、苏东坡。这些无论是湖州本地的文人墨客，还是寓居湖州为仕的社会名流，都在不同程度上为湖州乃至中国的发展作出了重大的贡献，成为华夏某一领域的领军人物，其功绩不可磨灭，他们似夜空中永不陨落的星辰一样熠熠生辉。

自然，他们生前的活动与业绩，在湖州广袤的土地上留下诸多的遗迹，这一处处伟大的历史留存，似一颗颗珍珠，散落在湖州的大地上，或者还沉睡在地下。这一切都是湖州历史的见证，湖州的性格，湖州的灵魂，是湖州乃至中国人民的无价之宝。

在民国短暂的历史上，小小的湖州，一大批国民党要员又从这里走出。他们是国民党中央执行委员、浙江省政府主席张静江；国民党教育部长、组织部长、行政院副院长朱家骅；国民党中央常委、宣传部长戴季陶；国民党财政部次长、交通银行董事长钱新之；国民党中统局局长徐恩曾等，在陈果夫、陈立夫的周围组成了真正的"蒋家王朝陈家党"。

这湖州物产丰富，尤以丝绸和湖笔两大特产最为出名，闻名遐迩，一直是丝绸之路的抢手货。据说丝绸之路上的丝绸湖州占半边天下；而湖州的丝绸陈家占半边天下。

被称为"丝绸之府"的湖州，有个陈家宅。这陈家宅一色的陈姓。世代做着丝绸的生意。人称"湖州丝绸第一家"。

据说陈家的先祖是春秋时陈国的国君陈胡公。当年，吴国又来攻陈，陈国向楚告急，楚昭王亲驾相救，驻兵城父，吴兵退。隔九年后，吴王夫差伐齐，打败齐军后，派人召见陈闵公，闵公鉴于其父客死吴国，马上应召前往，而此举又得罪了楚国，楚出兵讨伐。终于在公元前479年，楚惠王出兵北伐，杀掉陈闵公，将陈地划为楚国的郡县，陈国（现今河南淮阳）宣告灭亡。至此一部分陈胡公的后裔（或说陈姓家族）潜逃到了湖州，在这里生息繁衍。

陈家迁至湖州定居最早可以追溯到陈缜，相传他已经是遏父和太姬的儿子满的87世孙了，陈缜就是湖州陈氏东林支的始祖。传到第17世陈应恪（字敬山），迁居湖州府城内，住在学前街的谷诒堂。湖州这个地方盛产蚕丝，陈家借特有的缫丝技术才逐渐发达起来，慢慢成为当地的望族。《湖州府志・教义传》称赞陈氏“以孝义受钦于乡里”。到第24世陈绚，发展到鼎盛期。陈绚因为热心地方公益事业——修桥铺路，湖州府曾赠以“圣门狷者之流”及“矜式乡间”的匾额，以示纪念，并天下留名。

随后好景不长，1851年太平天国运动爆发，迅速影响到江浙一带。在太平天国运动的冲击下，身为当地富豪的陈家家道败落了。

1864年，太平天国运动失败，战乱结束，第25世陈延祐凭着为人勤俭谦和，生意蒸蒸日上，又红火起来。没过多长时间，家道复兴如初，又成湖州望族，远近闻名。业兴子旺，家道更加殷实。

应该说，陈家真正的显赫当属陈其美，字英士。

陈其美墓坐落在风景如画的岘山南麓，面迎碧浪湖。

墓道入口处立有一石坊，镌刻有孙中山亲笔书写的“成仁取义”四个大字。墓共三层，石栏曲折，拾级而上，四周刻有孙中山、黎元洪、蒋介石、胡汉民、戴季陶、于右任、居正、吴忠信等名人的诔词，墓碑“陈公英士之墓”为孙中山手笔，墓碑前有两根大石柱，分镌着陈其美生前秉持的联语：

扶颠持危，事业争光日月
成仁取义，俯仰无愧天人

1931年，国民党政府又拨专款重新修建了陈其美墓，气势更加雄伟。后来因长年失修，到“文化大革命”时，陈其美墓遭到严重破坏。

1984年3月，当地政府又拨专款按照1931年模样，修复了陈其美墓。新修复的陈墓墓顶雕刻着国民党党徽，墓前竖着刻有孙中山手书的“陈英士之墓”的花岗石墓碑。中央平台上的花岗石竖刻着“孙中山大总统诔辞”，叙述陈氏生平事迹。墓道长201米，宽12米。墓门中心横匾是孙中山手书的“成仁取义”，左边横匾“浩气长存”为林森手书，右边横匾“精神不死”为蒋介石手书，石柱上刻着两副对联。其一为于右任手书的“春尝秋禘生民泪；山色湖光烈士坟”；其二为蔡元培手书的“轶事足征，可补游侠货殖两传；前贤不让，洵是子房鲁连一流。”

修缮一新的英士公园，已向游人开放。这里人文气息相当浓厚，并在碧浪湖畔建立了碑廊，使湖光山色和英雄之墓相得益彰，倍增辉光。

写到这里，笔者不得不告诉读者：陈其美作为资产阶级革命家，他在辛亥革命中建立了卓越的功勋，在捍卫共和制、反对洪宪帝制复辟的英勇斗争中献出了生命。陈其美在世仅仅40个春秋，在中国多灾多难、风云变幻的年代，他没有追求改良主义而走上革命道路，可谓善始；没有走向革命的反面而成为光荣的烈士，可谓善终。陈其美虽然为国捐躯了，他的碧血化作天边的彩虹，他留下的献身精神和高贵品格是我们这个民族的永远宝贵的财富。他日若有机会来湖州，你一定要来英士公园凭吊，湖光山色会告诉你更多的英雄故事和感慨。

第一章　少年纪事

●“善长典”的新学徒

1891年9月3日。

清晨，随着太阳从东方升起，位于石门县城东街、热闹繁华的城区“善长典”铺的红门，“哗啦啦”一声开启了。

随着大门的开启，两位小学徒，身着长衫，脚穿布鞋，一高一矮，一胖一瘦，手拿扫帚，走出门来，清扫门前，叩首谢客营业。

不说别的，单说那位扫街的高一点瘦一点的学徒，就是青春少年陈其美。

陈其美命苦，七岁时生母吴氏因急病，引起腹痛难忍，早晨起病，晚上呜呼。生母去世后，十岁那年，父亲续娶杨氏。父亲也一直身体不好，花钱吃药，弄得家庭败落。1891年父亲久病不愈而去世。失去了父亲如同房屋少了顶梁柱，家中经济一落千丈。继母杨氏变卖了自己手上的一对金镯子，埋葬了父亲。

继母无力同时供养三个娃子上学，对其美说：二娃，家里的情况我不说你也知道。按照你父亲生前的遗愿，让大娃和三娃继续上学，安排你弃学经商，我也不落忍啊！如今到了这般境地，你看怎么办？

杨氏说罢泪水涟涟。

陈其美也哭了半天，才怏怏不乐地说：妈，我也不为难你。我下学！

继母杨氏停止了哭泣，说：二娃，你答应了？

接着，继母又托人安排工作。很顺利，在石门县城的“善长典”铺找到了一份学徒工的工作。这让继母欢喜不尽。

行前，继母为他缝制了过冬的新棉衣、新棉裤、新布鞋，拉着其美的手，说：孩子啊，小小的年纪，让你受苦了！少年远行，必成大器，当妈的等着这一天啊！

陈其美望着继母为自己做的“全身新”，泪流满面：妈妈，你要保重，我会努力的。

于是，陈其美背着那个在屁股后面打鼓的小包袱，一蹦一摆地离开了家乡和亲人，来到了一个陌生的地方——“善长典”铺，当上了一名学徒工，开始了独立谋生的人生之旅!

陈其美来典铺后的半个月,又收到了长兄其业的书信,信中勉励他:自强自息,先安定下来,如有想法,长兄再与你参谋! 你刚十五,来日方长!

望着如父长兄的信函,陈其美心里涌起一股暖流——他想“既来之,则安之”。

石门位于浙北平原的东侧,是石门县治所在地。春秋时代,这里是吴国和越国接壤之地,曾垒石为门作界,所以称“石门”。现在这里已经改名为桐乡县崇福镇。

晚清时期,石门镇上有善长典、永丰典、仁大典、济恒典四大当铺,“善长典”是其中最大最老的一所,号称“百年老当”。

来到这里,陈其美才知晓,“善长典”最初是由清代“红顶商人”胡雪岩开设的。

胡雪岩在经营钱庄,从事丝、茶贸易的同时,在湖州、德清、海宁、嘉兴、石门、杭州、金华、衢州、苏州、镇江、湖北、湖南等地设了二十三处典库。初设时,善长典资本在十万元上下,在石门镇是极其风光的。但 1883 年,它依旧也没有逃脱易主的命运。陈其美来到时,善长典已改由湖州帮、绍兴帮的商人合股经营。望着那高高的柜台,陈其美的心中不时涌起一阵阵沧海桑田之感。

应该说,“典当业”是中国封建制度下出现的一种独特商业形式,是在城镇中经营的金融机构之一种。表面上,它济急便民——事实上,某些时候也的确如此——收受押品,累计高额利息,少数能如期赎回者,典当铺获取了高额利息,多数无力赎回者,就籍没押品抵充本息。由于典当者多数是在穷途末路、告贷无门的情形下投物典当的,以度过眼前的困境,但接着是困境又至,根本无法赎回。所以,典当铺在当年属于暴利行当。

典当铺所采取的是散发着浓厚封建气息的管理制度,内部等级森严,职员迁升呆滞。按照典当铺的传统规矩,如果上一级职司没有出缺,下级就一辈子升不上去。晚清年间,一般商店的学徒,三年满师后,就可以立柜当正式的伙计,然后是三伙、二伙、大伙,其中大伙相当于经理。就是一般的木匠、泥瓦匠,三年学徒期满后,也最多再为师傅半义务劳动二年,五年便可以自立门庭。唯有典当铺这个行当,学徒是无限期的。善长典的学徒额规定为十名。如果在十名以外添收一名,则第十一名便分成两个半名,而要是收到第十二名,则第九、第十、第十一、第十二这四名就得变成四个半名。1891 年(光绪十七年)春天,陈其美来到善长典时,在学徒中位列第十二名,上面十一师兄如同十一座山,他要想升一次,就得有一座山挪走。挪走一座山，谈何容易。

在典当中学徒，主要是要学习对货物的鉴别能力，如金银的成色、破货的质地等，只有掌握这些技术，才能对进当来的货物开出合理的价钱。另外，察言观色，掌握顾客心理也是极其重要的环节，这要长期跟随有经验者学习才行。陈其美的学徒生涯也是从杂差杂役开始的。[①]

●典当行的“猫倌”

在“善长典”铺的三里远的北关，有一条鱼虾货市场。

每天天不亮，小商小贩们把在湖里打来的新鲜鱼虾，挑到这里卖个好价钱。市场很大，从东头走到西头，足有三华里，说是鱼虾市场，靠近东头的地方，还有不少卖新鲜蔬菜的摊位。这里热闹非凡，小商小贩的吆喝声，买方人的讲讨声，还有空气中弥漫着臭鱼烂虾的味道，充斥着这里。刚下过一场小雨，路面湿漉漉的。

早晨，人很多，陈其美也挤在其中。

他戴一斗笠，挑一担挑，担挑两头是两只木桶，在一个卖鱼虾的大户前停了下来：掌柜的，我要的货准备好了吗？

正在忙活的鱼虾老板，应承着回答：好啦——

接着，那老板把一桶小鱼小虾，过了秤，说：三十斤半，高高的，老客户，就算三十斤吧！

陈其美咧嘴笑了：掌柜的，照顾啦。

老板称完鱼虾后又道：陈伙计，我还有一些烂虾，昨天没卖完，喂猫没问题，价钱折半。

陈其美拿一根树枝在桶里搅动了一下，认为不是很烂：那就给我过过秤吧！

好啰——老板像唱歌一样拉着长腔。

过完秤，老板又唱道：八斤二两算八斤。

陈其美说：结结账。

老板说：好哩。

半天，老板又唱说：大洋壹拾陆元陆。

陈其美付完钱，把鱼虾放在两只木桶里，然后站起身，挑起桶，朝老板打声招

---

① 白希著：《上海第一都督陈其美》，金城出版社 1998 年版，第 19～20 页。

呼,就往回走。当他穿过长街,回到“善长典”的时候,还没进到当铺的后院仓库,猫儿就闻到了腥,发出喵喵的叫声。长期下来,猫儿也有了条件反射。而陈其美也对猫儿有了感情。他像照顾孩子一样,照顾自己的猫儿。

说起陈其美“猫倌”这个雅号,得回到“善长典”铺里讲。

且说“善长典”是四大当铺的龙头老大,门面最大,院子最深,员工最多。进了“善长典”的门面后,你再往里走,幽深的院子里,隐藏着十几个库房。里面分门别类地放着各种典当物。为了防止老鼠的利牙,他们饲养了百十只猫。因此,做杂役的陈其美就成了这百余只猫的长官。每天天不亮,他就起了床,担着担挑,到鱼虾市场上购买小鱼小虾,回来佐以碎米煮作猫食。应该说这是很琐屑的事,但陈其美不厌其烦,百十只猫个个养得膘肥体壮。他在养猫的三年间,由于经常出入集市买鱼,在当地结识了许多朋友,朋友们都十分喜爱这个外表精干、口齿伶俐的小堂倌。当地人谁家有婚丧嫁娶之事,都喜欢邀他前往做客。后来,陈其美的职务有所迁升,曾做过“寻包囡”。

这是一种专门为客户存放或寻取典物的角色,这个角色显然比喂猫要重要得多,尽管他还依然是个未入流的角色。

在“善长典”,陈其美还有一个绰号,叫“书生”。他爱读书,常用读书写字来打发寂寞单调的日子。

特别是晚上,当当铺的红门一关打烊后,高墙内的生活如同牢狱一般。所有的学徒工是不准出大门的。随着黑夜的降临,他会想到鬼怪们,越想越害怕,因此他用读书写字来排除心中的恐惧。经过不懈的努力,他终于练就了一手好字。这也算陈其美在“善长典”期间的一个意外的收获。也为他日后的成功打下了基础。

“善长典”的高墙,阻隔不了陈其美对外部世界的关注。

白天是他接触社会的好机会,一天,他在外出办事中,遇见一个老者,送给他一份小报《时务报》,老人告诉他:天要变了,娘要嫁了,西风盛了,东风衰了,国将不国了……他很新奇。后来他与这位老者成了朋友,每过一段日子,老者总要来店奉上一份小报《时务报》。于是小报成了陈其美窥视大千世界的一扇窗口。每次他都能从小报中找到他要看的消息。有的让他激动,有的让他愤慨。于是他对人生和世界有了自己的看法。

陈其美在“善长典”的时期,正是中国社会风云跌宕的时代。

1840 年,西方列强曾用我们祖先发明的弹药,轰开了中国的国门。在八国联军的枪炮下,一条条丧权辱国的条约——《南京条约》《辛丑条约》《北京条约》《马关条约》等29个不平等条约强加在中国人民头上。

这一时期既是中国由君主专制社会走向半殖民社会的开端,也是列强在中国建立殖民体系的形成阶段。在这一阶段中,《南京条约》与《望厦条约》《黄埔条约》构成了中国不平等条约体系中最重要的奠基石。通过这三个不平等条约,当时世界上最强大的三个资本主义国家——英、美、法三国在中国取得了如下权利:

自由对外贸易的通商权与片面最惠国待遇;协定关税的权利;在华传教、租地建房的权利;领事裁判权;部分中国领土的占有权。这些不平等权利构成了中国最早的不平等条约体系,无论是今后的租界、内河航运、高额赔款都不过是上述权利的延续、发展与补充。

1853年在上海的一场小刀会起义令英国人取得了控制中国海关的绝佳机会;第一次鸦片战争后14年,英法为扩大在华权益再度挑起第二次鸦片战争,这场持续4年的战争带来了一系列新的条约:中英、中法、中俄《天津条约》、中俄《瑷珲条约》和中英、中美、中法、中俄《北京条约》。

这次战争带来的新的不平等条约加深了中国半殖民地化的程度,欧美各国又取得了一些新的条约特权:胃口大开的领土要求;扩大对外贸易窗口的要求;内河航运权;鸦片贸易合法权;内地自由行动权;劳工出国权。

应该说,这一时期的不平等条约大多围绕着贸易而进行,对于当时的资本主义国家而言,工业革命后生产力的提高带来了大量的商品,在本国市场销售商品取得利润已不能完全满足资本家的欲望,因而就要开辟新的海外市场。所以各国采用的都是自由贸易的经济方针,政府制定的对外政策无不以扩大贸易对象、实现商品输出为主要目的。打开中国的大门,建立殖民地,要求五口通商、协定关税都是这一方针的具体体现。面对顽固不愿开放的清朝政府,各国就先以武力手段迫使中国政府谈判,再取得交易特权与商品市场。

自1860年后,清帝国进行了一场洋务运动的变革;在1860年以后的一段时期内,清政府"内外祥和",称之为"同治中兴"。但是,好景不长,西方资本主义国家相继进入帝国主义阶段。1876年因马嘉理案签订烟台条约。1883年,法国为侵略越南而挑起战争。在这场中法战争中,清军于马尾海战大败后在陆地战场上取得了决定性胜利,但此时清政府却主张趁胜求和。1885年李鸿章和法国公使巴德诺签订了丧权辱国的《中法新约》。这场战争显示了洋务运动的成绩,更暴露了洋务运动的严重不足。

此时,日本正处于明治维新时期;遂制定了入侵中国的"大陆政策",并通过不断扩军备战一步步实施其计划。在一切就绪之后,1894 年,日本发动了日本称为日清战争的甲午中日战争。由于清政府的腐朽,战争迅速失败。1895 年李鸿章和伊藤博文在日本马关春帆楼签订了《马关条约》。

此后，列强在中国大肆划分势力范围，强占租借地，中华民族同外国列强的矛盾日趋激化。以“扶清灭洋”为口号的义和团运动迅速在中国北方兴起(南方也有类似性质的运动，规模较小)。义和团运动在反侵略的同时也极端排外，仇视一切外来事物；在华北四处杀害外国人与信仰基督教的中国人，烧毁教堂、铁路等一切跟外国有关的事物。外国人纷纷躲入使馆避难。列强以保护侨民为名，英、法、美、俄、德、日、意、奥八国联合起来，组成联军进入中国，在天津登陆后向北京进发。清政府则以“义和团可用”，让义和团及清兵在北京围攻外国使馆，并向十一国宣战。八国联军攻入北京后，清皇室仓皇离开；并以政府之前是被义和团胁持为名，由李鸿章出面跟列强求和。义和团则被中外联合剿杀。同时俄国更乘机占领中国东北。1901 年，李鸿章代表清政府同十一国签订了《辛丑条约》。因为列强之间的矛盾，中国免于被瓜分。但条约对中国处以惩罚性的条款，包括容许外国在北京至天津驻兵，并对各国赔偿大额军费。李鸿章不久病死。这些条约像一条条绳索勒紧了中国人的脖子，让中国人窒息。

“善长典”的高墙也让陈其美窒息。

尽管“善长典”的高墙阻隔了外界的联系,但是它永远阻隔不了陈其美渴望了解外界的心。

江浙沪是当年革命风暴的中心,上海是新文化的发源地。石门距上海仅有百余公里,离杭州更近,不足百公里,离南京稍远,也不足二百公里。上海出版的《申报》《时务报》《昌言报》《新学报》《励志报》当天都能传到石门。抨击清王朝腐败的小说《官场现形记》《二十年目睹之怪现状》等,也通过进步报纸进行连载。进入 20 世纪,一批进步的作家又创作了一批革命反清的作品,在《大陆》《童子世界》《萌芽》等杂志上连载,纷至沓来。陈其美置身于书报的海洋中,每日不辍地阅读,使他广泛地了解国际国内形势,虽然置身于石门,却眼望中国、世界。天长日久,耳聪目明。一种埋藏在心底的革命的种子要发芽了——我要救国！我要革命！终于让他从胸中呼喊出来了。

此时此刻,他觉得石门小了,自己的工作不大称心了,他要走出石门,去外界寻找真理,一种朦胧之心也开始萌生了。

当《马关条约》签订的消息传到石门时,陈其美对清朝当局内行暴政、丧权辱国的行径极为愤慨。他“愤慨殊甚”，驰书亲友，预言中国人只要卧薪尝胆，自图振作，二十年后即能重振国光，洗雪国耻。他致函其弟陈其采，劝习西学，以求实用，表达了一个爱国青年对国家民族命运的关切之情，同时也表明了“位卑未敢忘忧国”的态度。第二年，陈其采获得清府选派，赴日留学。初始，他进的是成城学校，不久又升入士官学校。他给二哥陈其美回信说，进入士官学校后，又欲改习文学，校方没准。陈其美又回复说：“吾弟改文，谅难如愿，足见洋人办事认真，不容中改。畏难苟安，殊亦非理。”并鼓励他说：“凡能立志不苟，断不致降落人后。”

1898 年 6 月 11 日，光绪皇帝接受资产阶级维新派的主张，下诏变法维新，史称“戊戌变法”，但变法很快遭到以慈禧太后为首的顽固派的强烈反对。9 月 21 日，顽固派发动政变，囚禁光绪皇帝，维新派领袖康有为、梁启超被迫亡命海外，谭嗣同、杨锐等六君子喋血京城，戊戌变法彻底失败。次年，又发生了义和团运动，八国联军侵华。八国联军攻陷天津、北京，清朝最高统治者慈禧太后挟持光绪帝仓皇出逃西安。陈其美从报上获悉这一连串重大事件后，义愤国事不振，痛恨统治者内行暴政，外辱于强权，他在致陈其业的信中愤言清廷昏庸，妄信妖惑，并赞许两江总督刘坤一“能见其大”①。

●陈其美及其“恶作剧”

许多年后，人们来石门采访时，石门还留有陈其美的“恶作剧”的传说。

那传说活灵活现，甚至有些滑稽……

石门县城总管衙门口，墙上绘有无常的鬼像，香火甚旺。

石门当地老百姓都认为：这个无常鬼像“灵应如响，莫敢撄其锋”。

陈其美听后极为愤怒，说：“此魅竟敢祟人乎？”

于是他趁弄里无人的机会，对着此像说：国将不国，你白吃俸禄，吃我一刀！于是他一刀下去，将其腰斩。

1892 年 12 月的一天，正是所谓城隍菩萨诞辰之日。

陈其美与一位朋友结伴来到城隍庙游玩。进入庙门，只见到处香烟缭绕，一群群善男信女正跪在泥菩萨前顶礼膜拜。陈其美看到此情此景，不禁又好气又好笑，便在心中怒斥泥菩萨：“老百姓已经受到愚弄，你还在这里骄横自在，假作

① 徐泳平编：《民国陈英士先生其美年谱》，浙江人民出版社 1981 年版，第 16 页。

正经。”说完，便乘人不备，挑了两尊菩萨带回“善长典”，将其鞭打数百下，随后丢进了粪坑里，并道：“尔无端受民之香烟久矣。今以臭务相委，亦当恪守其职。”

第二天早晨，陈其美的同事朱和庭发觉后，将泥菩萨捞起洗干净，送回城隍庙。陈其美得知后，“怒甚，仍袖之以返，碎其形，投之于溺”。

“善长典”的主事知道后，狠狠训斥了陈其美，这也为陈日后离开“善长典”埋下了伏笔。

还有一次，正当当地百姓在城隍庙里问卜求签时，陈其美偷偷地将庙内的仙方签与西寺观音殿的仙方签对换了位置。求签人不知其故，以为是菩萨在发怒，地方要遭殃，因此惊骇异常，逢人便说，见人便讲。但久而久之，无有异样，人心这才安定下来。但乡民们并不知其故，直到陈其美离开石门后，才有人说破嘴，是陈其美当年搞的恶作剧。

……

不过，陈其美在石门的恶作剧和思想言行，在石门这个弹丸之地，还是开风习之先的。笔者认为，陈之所以有这样的恶作剧，表明他自己在向石门人提醒：快醒来吧，烧香磕头是不顶用的，只有靠我们自己！从来就没有救世主，我们要做新世纪的主人！

●男大当婚

陈其美自 1891 年进“善长典”，直到 1903 年离去，一共度过了 12 年的学徒生涯。

有言道，男大当婚，女大当嫁。在他当学徒第十个年头时，也即是 1901 年，陈其美年方 25 岁，乡里有人给他提亲。姑娘是同乡湖州人，大户人家，姓姚，名文英。陈其美与其只见了一面，就回乡迎娶了新娘。有记载：姚氏“性温恭，事姑孝，协理家务，有条不紊”。二人结婚后，相敬如宾，日子过得和和美美，不过使陈其美遗憾的是，爱妻姚氏一生没有生育。

在当时“无后为大”观念的影响下，陈其美又纳妾田氏。

田氏 1913 年 11 月生子陈祖华（字先夫）。1932 年陈祖华考入杭州笕桥航空学校。同年 9 月 9 日在试飞时，空中发生飞机相撞事故，遇难身亡，陈其美痛不欲生。

1915 年 2 月 13 日，陈其美在日本又与一名叫神谷山川的日本女子相见心动，与之结合。

当年媳妇当年孩。同年9月，生下次子陈祖和(字甘夫)。

有关陈其美私生活的资料极为缺乏。但我们从1914年陈其美从大连写信给陈其业、陈其采，信中透露说及对小妾田氏的评价和紧张关系："小妾田氏，年幼无知，其家人毫无教育，种种悖理妄为，祈勿与之认真可也。美现在亦只有听之自然而已。"

同一年，陈其美又致函侄儿陈果夫，再次提及田氏，信中说："家事，叔不能兼顾。田氏妾属种种无理犯上，叔亦不能遥制，惟心中甚觉不安也。"

不难看出，小妾田氏的行为无常的独特个性，和陈其美与之的紧张关系。

另外，楚厂在《陈英士先生五十年祭》一文中讲了一个陈其美以风流自诩的故事，顺手拈来，以飨读者：

> 民初军政要人豪商巨绅，每多于伎家宴客，银灯珠箔，锦桁明帘，清歌载酒，不亚东山丝竹，如上海之书寓、京津之小班，规矩綦严，比于日本之艺妓，只容侑酒，不许留宿。申江十里，开埠最先，声色甲东南，一般人士，于周末或度假休憩时，或有所征选，癸丑后袁氏报纸及反动政敌，竟以之为诋毁之具，称英士为"风流都督"，闻者多为不平，英士转不以为意，有时笑咏东坡"大江东去"，以公瑾当年自解。
>
> 在日时，日本名士冈田有民、出云弥助、藤田进、官崎寅藏、山田纯三郎、萱野长知等，多通汉字，每邀英士、展堂、精卫、仲恺诸人，为文酒之会。一日，聚于热海酒家，依山面海，风景殊胜，一艺妓颇明艳，能通华语，指点林泉丘涧，远近无遗。
>
> 英士先生极度近视，于其指之绚丽风景，仅能仿佛依稀，漫为领略，艺妓见状嘤然。时因联吟，诸人中聆声而集栏旁的有戴季陶、汪精卫，因询以何事？英士备述所以，精卫因得句"下临溪壑疑无地"，这句是写景，也含有嘲近视之意，随叫艺妓取笔写下，居然笔致娟秀，作管道升体。英士喜其慧且多能，回顾二人以上海话对戴说："簪花妙格也。"季陶因以日语详说管仲姬故事，并询问其名，知为"雪子"，英士问："你能作对句吗?"雪子深思有顷，取笔在原纸上写"再造可山赖有人"。
>
> 诸人激赏叫绝，冈田有民等并举杯为诸党人贺，以为佳谶。

因述"风流都督",并忆及此,以见前辈之流风余韵。①

●其弟赴日归来

1902年的冬天。

早晨,一场瑞雪刚落下。

"善长典"铺的营业红门还没开启,一位西装革履的先生已在叩门了。

他不是别人,正是陈其美在东洋留学的弟弟陈其采。陈其采结束了在日留学五年的生涯,昨天到达上海港,今天一早就匆匆赶到石门镇,与五年没有见面的二哥相见。

咚咚咚……

他终于敲开了红门。

一个当铺的小伙计开了门,问:先生,你找谁?

陈其美。

你是——

我是他的弟弟其采。

他在后院。小伙计点点头:你屋里坐。

陈其采进了屋,找一座位坐下来,小伙计又奉上一杯花茶,便说你先暖和一下,我去后院把其美喊来。

不一会儿,陈其美从后院跑过来,与其弟拥抱而泣,令所有目睹者感动。

"小弟,你什么时间回来的?"其美问。

"我是昨天到的上海,今天就来看你来了。"其采答。

"早饭吃了吧?"

"没有。"

"咱们一块吃早饭。"陈其美说完就带着其采去街边一家老店去吃早饭。

兄弟二人在店中落座,要了三屉小蒸包,两碗热米粥,外加两碟小菜,便有说有笑地吃起来。

对于留洋归来的弟弟,陈其美最想问的是:"日本为什么这么快就富强起来呢?"

陈其采想了想,说:"我看日本富强的源头应当是明治维新,维新后大办实

① 秦孝仪主编:《陈英士先生纪念集》,文物出版社1977年版,第263页。

业，国力日增。经过明治维新而渐趋富强的日本，利用强盛的国力，逐步废除了与西方列强签订的不平等条约，收回国家主权，摆脱了沦为殖民地的危机；而后随着经济实力的快速提升，军事力量也快速强化，分别于中日甲午战争与日俄战争中击败昔日强盛的两个大国——大清帝国与沙皇俄国，受到西方列强的注意，成为亚洲第一强国。”

“明治维新是怎么回事？”陈其美又问。

接着，陈其采讲述了在留学期间对他刺激最深的两件事：

一是有一次与一个日本同学闲谈时，日本同学说：“我们日本本国有许多东西都是从中国学来的，我们的法律是从你们那里学来的，我们的佛教是从你们那里学来的，我们的文字是从你们那里借来的，我们的京都是从你们那里学来的，甚至我们生活中的茶道、书道等等也是从你们那里学来的，但我们能打败你们靠的却不是这些从你们那里学来的东西。我们所靠的是从西方学来的东西。要不是明治天皇革新变法，我们大日本国也和你们中国一样要面临亡国灭种的危险了！”

陈其采颇以为然，点点头。

同学接着又说道：“中华民族是个优秀民族。但是我却不明白如此优秀的民族为何却不思进取呢？好不容易有个康有为出来倡导变法，却不为你们所容，只好跑到我们这儿来。难道你们中国人都不懂得变法图强吗？”

陈其采说：“懂得的人还是有的，只是力量太小了。”

另一件事是在一家书屋，陈其采想买一些书消遣。

店主在交谈中得知他是中国人后，随即向他推荐了两本书，一本是有关文天祥的，一本是有关岳飞的。店主说：“岳飞、文天祥是贵国的恐龙，也是我们大和民族所尊敬的英雄。如果你们中国人现在再多几个像他们一样的英雄，中国也许就不会亡于外人手中。”

停了停，店主又很倨傲地摇了摇头，“可惜你们现在还没有。”

店主说的话刺痛了陈其采的心，在默不作声地买下有关文天祥和岳飞的两本书的同时，他又从书架上找出诸葛亮、王阳明、史可法等人的传记，一并买下。

说着，陈其采从行李箱中拿出十几本书递给陈其美，“你要有兴趣，就读读这些书吧，一些不易懂的地方，我都用汉文注释了。”

以后的日子里，陈其美如同饿汉遇到面包一样，每日身心全放在了那些书上。越读，他心里感慨越多，越读他越觉国事日非。中国必须作一番彻底的改造，才能跟上世界潮流，才能摆脱亡国灭种的危险。虽然他只是一个普通的青年国民,但他坚信:“天下兴亡,匹夫有责。”

这一年的冬天很冷,很多夜晚陈其美都难以入睡。他原以为,自己终年苦读,见识极高,但弟弟留学归来后,见闻比自己广博无比。想想自己身居石门,苦苦挣扎,至今才混到个第三名深造上,实在是有点井底之蛙的味道。

大丈夫当以天下为己任,石门这地方是再也不能待了,不然,此生都将一事无成。[①]

① 白希著:《上海第一都督陈其美》,金城出版社 1998 年版,第 26 ~ 27 页。

第二章　首闯上海滩

●离开石门镇，是在一个朝霞满天的早晨

再见了，石门。

再见了，故乡。

再见了，朋友。

1903 年 3 月上旬的一天。

也就是弟弟陈其采留日回国的第二年，陈其美终于捺不住“善长典”铺的单调和寂寞，走出了当铺的高墙，去寻求自己的理想。

早上八点，他登上了首班去上海的小火轮，心情澎湃着。

应该说这是他第一次出门远行。

本来，当铺老板娘还一再强留，请他再考虑一下，他说决心已定。

老板娘又说：如果你真的决心已定，那十二年的学徒白学啦，你不觉得可惜？

陈其美再次摇摇头。

老板娘推心置腹地说：本来我打算下个月，就给你升级，增加你的薪水。

陈其美说：那就谢谢啦。

望着执意要离开的陈其美，老板娘一脸的无奈。

最后，老板娘不再挽留，倒与他谈起了心：辞了职，准备到哪里去？他说他想到上海去求学，那里的学校已经说妥。老板娘说，求学已过了学龄。老板娘又问：谁为你牵的线？陈其美说：我的表叔杨信之。老板娘笑了：杨老板不也是咱们湖州的名人！陈其美说对了。老板娘说：如果是杨信之，我们还沾边亲哩，那我就让账房给你结账好不好？陈其美说：那太好啦。

老板娘一共给陈其美结算了四年零三个月的工资，共计三百七十块大洋。这些大洋就在他身旁的旅行包里。陈其美在美美地合计着，如果说商校每年一百大洋的学费，三年再打打工，可以顺利地实现毕业。陈其美边合计边又紧盯了眼旅行包。他伸手摸了摸，那大洋还在。因为它是他的希望所在。

天渐渐下起了雨。

陈其美把脸贴近窗子,向远方望去。天水一色,水雾茫茫。20米开外就看不见东西了。陈其美把脸转过来,正好撞到对面座位上的一个年轻貌美的姑娘,穿了一身学生装,一笑两个酒窝。姑娘望着迎来的目光,开言了:先生,你要到上海去?

陈其美点点头:小姐,我看你像位学生?

姑娘笑了:好眼力。我是女师的。那你是——陈其美接过来说:我去读商校。

陈其美又说:我们认识一下,你贵姓?

姑娘说:我姓陈,喊我陈郁小姐就可以了。那你——陈其美说,我也姓陈。家是湖州的。

姑娘说:我也是湖州的。

陈其美说:我有异乡遇故知的感觉。

姑娘说:我也一样。

陈其美望了一下窗外,说:啊哟!雨又下大了。

他们隔着窗子望去,风也猛了,雨点大如豆粒,打在船舱的玻璃上,噼啪作响。不一会儿,他们发现雨水流进了船舱里,自己的脚下都有了水。

陈小姐惊叫说:你的旅行包那儿上水了!

陈其美弯下身子,取出旅行包放在头顶的行李箱里。然后又去清理脚下的积水,一直到雨渐渐地小起来,最后不下了。

他们乘坐了9个小时的船,在上海的十六铺码头靠了岸。

落日的晚霞,映衬出大上海的美丽。

上海的居民建筑都是石库门,这也是江南一带常见的建筑样式。石库门里有许多悠长的弄堂。这里东临黄浦,西逼城池,码头周边,大小店铺鳞次栉比,货栈、客栈、洋房、商行、烟馆、妓院、茶楼、酒店,令人眼花缭乱。尤其是码头旁那座高楼,让他数了半天层数。上海啊,真大真高!这是陈其美走进大上海的第一感觉。

在码头上,他与陈郁小姐分手后,陈小姐先打了一辆黄包车走了。而陈其美因是初到上海,他还等着杨信之表叔来接。此时,一个晃晃闪亮的东西映在了他的眼前,他走出十步远,伸手捡到那个东西,定睛一看时,是一个入时的绿宝石水晶钻戒。好漂亮啊,他的心在跳!

几乎就在同时,一名时装特异的男子走了过来:这是我的钻戒,你是从哪偷的?

陈其美辩驳说:我是捡的不是偷的!

谁做证明?

我……

没容陈其美再说,又走出来两位穿"警服"的人:跟我们走一趟!

陈其美不从,不过他已被控制住了。

接着他被带到码头外的一个公厕里,身穿"警服"的人,把他入商校的三百七十块大洋学费搜去,直到他一文不名才被放了。此时,太阳已经落山。来码头接陈其美的表叔杨信之,也因此没能接到陈。

陈其美的心情顿时由晴转阴一片灰暗。

多亏陈其美在船上与陈郁小姐结识,留下了她的电话。

他与陈郁小姐及时通了电话,并讲了在码头上发生的一切,结果还是陈郁小姐派车接他,将他送到了杨信之的同康泰丝栈。要不,陈其美就要在码头上挨冻受饿。

●同康泰丝栈的记账先生

在同康泰丝栈,杨信之老板把陈其美数落个没完没了。

杨说:我是去晚了一点时间,不过也就是一刻钟。原本是接上你就回来,不料想寻找不到你。我又上了船,让他们用高音喇叭喊你你也不应,不知你上哪儿去了。我还以为你是报错了船班,是下一班船呢!

杨接着又问:其美,你到底到哪里去了?

陈其美因受劫吃亏,不愿意把事情原委说出来,说出来也怕表叔笑话。

杨说,今天是怎么了?徐庶进曹营——一言不发。

陈其美抹眼泪了。

你到底怎么了?说呀!

我被骗了。

被谁骗了?

接着,陈其美说出了自己被骗的原委。

杨问,有多少学费被骗走了?

陈说,全部。

杨说,全部是多少?

陈说,三百七十块大洋。

杨说，这可不少！我给你报案去。

杨的屋里人说：这个世道，报也白报。街上杀人越货的多的是，你见警察管多少？

杨说，那就吃个亏，不报了。

可商校已说好，没钱是进不了校门的！

杨的屋里人说，其美怎么办？

杨耸耸肩，说：条条大路通罗马。世上谋生的道，也不只限一个求学哇！我看不行先安排在丝栈里记记账，以后再说求学的事。说到这里，他抬眼望一下陈其美。

陈其美许久才说，万般无奈，也只有这样了。

就这样，陈其美当上了同康泰丝栈的记账先生，实际是会计助理。

同康泰丝栈是杨信之先生所开，早在清光绪元年，杨信之就来到了上海洋场，他曾任过清政府的驻法公使，是湖州帮在沪资本家中的头面人物。在此之前他还任过意商信义洋行和荷兰安达银行的买办，1890 年后投资民族工业，创办了延昌丝厂，开设同康泰丝栈。当天晚上，陈其美被安排在同康泰丝栈楼上的一间临街小阁楼里住了下来。

好在阁楼外面是霓虹灯闪烁不停的夜上海，可以领略大都市的生活，不过，自己太晦气了，刚到了上海，就被洗劫一空，学不能上，只能静观时局。不过陈其美并不后悔，他庆幸自己终于走出故乡那片狭小的天地。

●结识蔡元培

陈其美到达上海的这一年（1903 年），上海街头巷尾传诵着两个新生事物：一是宣传革命的《苏报》诞生；一是《爱国学社》贴出了招生启事。接着，在上海发生了声势浩大的拒法、拒俄运动。一队队游行队伍，高喊口号上街示威。在街头当众焚烧法、俄的汽车。上海驻法驻俄使馆高度紧张。与此同时，《爱国学社》和《苏报》起了推波助澜的作用。尤其是《苏报》先后刊登了一大批驳斥改良派、鼓吹革命的文章，特别是邹容的《革命军》和章太炎的《驳康有为书》，给当时的社会带来了极大的震动。莘莘学子更是如醉如狂，在大街上谈论革命已成时尚。

身处革命潮流激荡的大上海，身为丝栈伙计的陈其美，此时此刻在政治上虽没有太多的表现，但他的心里已激起涟漪片片，他仍不满意眼下的职业，很有感叹地说道:“商贾征逐末利,何补于国家的危亡。”

在这个时期,他崇拜革命,特别是一些革命领袖,如蔡元培、邹容、于右任等。

在一个多云的傍晚,他结识了蔡元培,这让他兴奋不已。

那是陈其美到同康泰丝栈不久的一天傍晚,表叔杨信之让他去爱国女校接表妹杨兆良回家。在校门口,他见到了崇拜已久的蔡元培校长。

随着表妹的一声“蔡校长好”,他马上意识到这就是他崇拜的蔡元培校长。

于是,他立即掏出印有《革命军》的报纸,让蔡元培签名留念。

显然蔡元培校长很高兴,给他签下了大名。并询问他叫什么名字?

陈其美回答:我叫陈其美,是同康泰丝栈的职员。

蔡元培看他是一位爱国青年,当即表示:你可以到爱国学社做我们的会员。

陈其美睁大眼睛:真的?

蔡元培说:我说了,没问题。

陈其美说:我求之不得。

蔡元培说:欢迎,欢迎！于是他又伸出手来,紧紧握住了陈其美的手。

这天晚上,陈其美睡不着觉了,他久久沉浸在与蔡校长握手的幸福中。第二天晚上,他就如约来到了爱国学社。

爱国学社是由中国教育会设立的。中国教育会由章太炎、蔡元培等人发起创办,他们设想了编辑教科书,发行报刊,实行办学的计划,从文化教育入手,传播革新社会的思想。中国教育会刚刚成立 ,上海南洋分学,南京陆师学堂相继发生学潮,不少学生被迫退学。中国教育会为这些失学青年设立了爱国学社,接纳他们入学。这些热情奔放的青年,聚集一堂,意气风发,议论时政。上海的爱国人士,以爱国学社师生为基础,借张园开会,倡言革命,爱国学社还编有一种宣传革命的新刊物《童子世界》,并积极在《苏报》上撰写鼓吹革命的文章。

在爱国学社的会场里,陈其美见到会议组织者蔡元培先生。

蔡元培领他报了名,然后为他在会场里找了一个座位,让他坐下,报告会很快就要开始了。

陈其美对这里的一切都感到好奇。会场上有30余人,他扫视着每人面孔,一个个都是陌生的。

蔡元培敲击了一下桌子,让大家安静下来。并说:今晚演讲的人是于右任,他演讲的题目是《迎接新革命的到来》。下面欢迎。

随着大家雷鸣般的掌声,一位教师打扮的年轻人,戴着金边眼镜,文质彬彬地走上台前,向大家鞠躬,开始演讲。

对于右任演讲的幽默风趣，大家不时报以掌声。

从此，于右任就成了陈其美心中的英雄。他对他那富有鼓动性的演讲十分赞同。

应该说，于右任比陈其美小一岁，陕西三原县人，幼年家里很穷，少年时在山沟里做过工，放过羊，因而对生活有着火样的热情。不久前，因友人帮他排印出版了一本《半哭半笑楼诗草》，被奸人检举，到陕甘总督衙门告密，说他的诗是“倡言革命，大逆不道”。督抚衙门向朝廷密奏后，朝廷传下密令，要逮捕他归案。

而他当时正在开封赶考，得到老父托人送来的急信后，连忙化名潜逃，来到上海。到上海后，受到上海名人马相伯的赏识，吸收他入震旦学院学习，并用他为私人秘书。这期间他结识了蔡元培先生。

陈其美结识了于右任，对这位比自己小的兄弟竟然懂得那么多知识敬佩异常。在以后的岁月里，他们一直并肩战斗。

于右任和陈其美交谈一晚后，觉得陈其美谈吐爽快，日后必会成为一个坚强的革命者。

“来，我给你介绍一个革命者。”快分别时，于右任把陈其美拉到邹容面前。

“这位是邹容先生，是《革命军》的作者。”

“久仰！”陈其美热情地抱拳行礼，而邹容却很生分。

接着，陈其美出口成章，背诵出《革命军》来，让邹容非常感动：

> ……扫除数千年种种之专制政体，脱去数千年种种之奴隶性质……使中国大陆成干净土，黄帝子孙皆华盛顿……郁郁勃勃，莽莽苍苍……伟大绝伦之一目的，曰革命。巍巍哉，革命也！皇皇哉，革命也！

接着，于右任又把章太炎介绍给陈其美：他就是章太炎先生。

久仰，久仰！陈其美又激动地背诵出章太炎为《革命军》所写的警句来，又令章太炎大受感动：

> 呜呼！世皆嚚昧而不知话言，主文讽切，勿为动容，不震以雷霆之声，其能化为几何！

此后，在谈论《革命军》过程中，很快他们就都成为了好朋友和至亲。

●他乡遇故知，结识张静江

一天中午，他在上海爱国学社会见完邹容回家时，想不到在张园的后街遇上了初来上海在船上认识的陈郁小姐，此时她身穿红衣红裤，披肩长发，走起路来，有飘飘欲飞的感觉。

陈郁小姐——陈其美突然认出并喊道。

陈郁一惊：你是陈先生。

陈其美忙不迭地：老乡，湖州老乡。想不到分别半年，我们又见面了。

陈郁小姐说：是啊，这是在我家门口。说完用纤手一指，又说：到家玩去吧？

陈其美有些犹豫。

陈郁小姐说：湖州老乡，还有什么介意！

陈其美也就随着陈小姐进了家门。

爸，妈，我给你们带来一位湖州老乡！陈郁小姐一进门就喊。

陈郁的爸妈迎过来，接待了陈其美。陈其美自我介绍说：半年前我从乡下坐船到上海，想不到我与你家小姐坐在一条船上，半年后又想不到在家门口相遇。

陈郁的爸妈见陈其美很文静有礼，也很高兴，便问先生在哪里上班？

陈其美说：在下供职于同康泰丝栈，离这里不远。

陈郁的爸妈说：你们年轻人谈。

于是陈其美就跟随陈郁上了她的闺房。一个小时后，陈其美要离开，特意来到陈郁爸妈房间告别时，陈郁家又多了一位跛脚客人。陈郁的爸爸又把客人介绍给了陈其美：他是上海滩的奇人张静江先生，也是我们湖州人。

陈其美抱拳施礼：如雷贯耳，久仰大名。

可张静江表现得异常冷淡，他压根儿就没有看上这个乡下来的小子。

陈其美说：你是我们家乡的骄傲。在家乡我去过你的旧居，很开眼界。

陈其美还要说什么，被他伸手拦下了。

后来，陈其美再次来陈家玩时，陈其美问张静江为什么跛脚时，陈父作了认真的回答，他说：张静江 1877 年 9 月 19 日生于南浔，名人杰，字静江，佛号饮光，别号卧禅，浙江吴兴人。张静江是张定甫的第二个儿子，也是张石铭的堂弟，幼时便聪颖过人，生性侠义，此人少年时在一次救火中从屋上跌下，伤了坐骨神经，因而成了跛足，故称跷脚二先生。年轻时，其父以银 10 万两为其捐二品候补道衔。是上海的大名人。

后来我们又查资料，顺手摘来张静江的生平：

他是一个传奇式的人物，是二十世纪初江浙财团的四大亨之一，是国民党“四大元老”之一。孙中山称他为“二兄”，“中华第一奇人”；蒋介石称他为“革命导师”，陈果夫称他为“党国理财第一人”；毛泽东称他是“有经济眼光”的人。张少年时侠义救火，双腿伤残。25岁时随孙宝琦出使法国巴黎，开办通运公司，成立世界社，创刊《新世纪》周报，宣传各国革命壮举。1906年春，海上邂逅孙中山，开始从事反清斗争，为孙中山反清斗争出谋划策，并倾家资助革命经费。“二次革命”失败后，张支持孙中山成立中华革命党，并任财政部长。孙中山曾题“丹心侠骨”相赠，称他为革命圣人。1914年后，张回国开办上海证券物品交易所，蒋介石曾长住张家。张为蒋做月下老人，与陈洁如结为夫妻。张提供大量经费给蒋，并多次为蒋指点迷津，亲赴广州向孙中山说情，使蒋窃取黄埔军校校长之职。孙中山逝世后，他力挽狂澜，支撑危局，在担任国民党中央常务委员会主席、代理中央执行委员会主席期间，为蒋介石攫取党政军最高权力不遗余力，出谋划策。他还担任过中华民国建设委员会主任、浙江省政府主席等职。他主张走英美资本主义国家的道路，大力发展民族工业，对电力、交通、电讯的发展作出了重大贡献，还举办中国最大的西湖博览会。1930年11月与蒋闹翻，辞职避居杭州，1938年寓居美国纽约，致力于世界和平运动。没有他就没有辛亥革命的早日成功，没有他就没有蒋介石在国民党内的迅速崛起。1950年病逝。

虽然陈其美给张静江的第一印象并不是太好，但经过几番接触后，张静江改变了当初的印象，发现这位湖州“小老乡”，谈吐有序，彬彬有礼，竟喜欢起他来了，因而，陈其美也成了张静江的倾诉对象。

陈其美在上海的日子里，不光听了一些革命理论，又结识了一大批新朋友，常有茅塞顿开之感。那些日子，他常常置身于亢奋之中。

●反动派围剿《革命军》的出版者

《革命军》像一枚炮弹投向了敌营，引起了敌人恐慌。于是围绕着《革命军》

的大搜捕开始了。

1903年6月30日凌晨。一队警探与巡捕急匆匆跑出老闸捕房，搭乘老式警车，向坐落在同一条南京路的泥城桥福源里爱国学社《苏报》所在地风驰电掣地包抄而去。

在这前一天，捕房们已抓去了另一反清志士程吉甫。此事惊动了蔡元培，于那晚避走青岛；邹容也在蔡元培催促下，避住在虹口的一个美国传教士家中。只有章太炎爱国不怕杀头。

开门！快开门！警探和巡捕们闯进爱国学社后，指名要抓蔡元培、章太炎和邹容。章太炎坐在一张高椅子上，一副文人傲骨的样子。

“他们都走了。要拿的章炳麟，就是我！”

于是，章太炎被铐上手铐，押进了巡捕房。

捕房万没有料到，已避居他处的邹容竟在第二天来投案了。这位年轻的“革命军马前卒”是听说章太炎被捕，不愿置身事外，才决定挺身而出的，我没有做错，何必逃走?!

沪上报纸很快报道了此事，人们听说章、邹二人被捕，不禁大哗，有的暗自垂泪，有的失声痛哭。可见当时邹容和他的《革命军》影响太大了。

6月21日，清廷向沿海沿江各省督抚下旨：

> 查有上海创立爱国会社，招集群不逞之徒，倡演革命诸邪说，已饬查禁密拿。

两天后，两江总督魏光焘惊呼道：

> 《苏报》刊布谬说，而四川邹容所作《革命军》一书，章太炎作序，尤其肆无忌惮。

他立刻致函上海道袁树勋，命令把章太炎、邹容等拿下，并把《苏报》查封，《革命军》查禁。同时，他授意袁树勋，与统治租界的工部局打通关节，以清政府的名义，向上海会审公廨控告。

为了加快进程，魏光焘又派出南京候补道俞明震到上海，协助上海道办理，并特别叮嘱俞明震：“多对外国人说些好话，让外国人答应允许我们查拿，不至于让他们逃了。”

会审公廨当天接受清方请求，发出封条。

7月7日下午，工部局正式查封《苏报》。

封报时，当天的《苏报》已经出版。也就是说，章太炎被捕后，《苏报》还出了七天的报纸。在《苏报》被封的前一天，还发表了章太炎被捕后所写的《狱中答〈新闻报〉记者书》一文，以激昂的文字表达了反清革命的意志。

于是，一场长达几乎一年的幕后谈判在上海滩上开始了。

清政府的目标是将章太炎、邹容等人从洋人手中“引渡”到手，立即置于死地。内阁大学士张之洞就《苏报》案被捕诸人“解宁”息事，致电湖广总督端方，转达廷枢意见，强调要依靠《新闻报》总董、美国人福开森的力量，完成这项计划。

起初，美、英两国意见不一。美国因福开森的游说，主张把章、邹等人一律交给清政府，而英国则从维护列强在华的治外法权方面考虑，声称“租界事，当由租界管”。

卑鄙的清政府，为了引渡章、邹两人，竟然同意出卖沪宁铁路铺设权而贿赂洋人，遭到租界拒绝。

7月15日，会审公廨对章太炎、邹容等进行了第一次审讯。

参加会审的有清方代表、租界方面的代表等。这样，在上海租界这块中国土地上，以章太炎、邹容为被告，以清政府为原告，以外国人为法官，出现朝廷与自己的百姓打官司，而任由外国人定夺的奇闻。

7月21日，会审公廨第二次开庭会审，原告和被告的律师就能否立案问题，进行辩论。章太炎和邹容的律师琼斯说：“界内之事，应归公堂讯理，现在原告究系何人？其为政府耶？抑巡抚耶？上海道台耶？本律师无从知悉。政府律师如不能指出章、邹等人所犯何罪，又不能指明交涉之事，应该将此案立即注销。”

原告是古柏，也是西方人，他知道，按照西方的法律，个人言论自由，此案无法判决。但他拿了清朝官吏的大笔钱财，便里外串通一气，胡说八道。

时间到了半年后的12月24日，会审公廨判章太炎、邹容为无期徒刑。这个无理判决立即遭到了社会舆论的猛烈抨击。

时间又拖了半年后的1904年(光绪三十一年)5月21日，会审公廨不得不改判章太炎为监禁三年，从到案之日算起。

真真实实是一件历史奇案！是一件朝廷状告百姓的奇案！

在牢狱里，邹容受尽折磨，精神出现恍惚，身体越来越坏。时间到了1905年2月，他终于病倒，多次昏厥，急坏了狱友章太炎，他多方托人从外面买来黄连、阿胶等药物，给他滋养，但没有收效。章太炎又再三向狱方交涉，要求请医生为邹容诊治，竟遭拒绝。直到病情危急，宣布不治，会审公廨才同意保释出狱就医。

出狱前一天，邹容在工部局医院看病，医生给了他一包药。他回狱后服了药，第二天凌晨突然去世。死时口吐鲜血，人们怀疑很可能是被毒死的。

邹容的尸体被扔在狱墙之外，不久又被收殓停放在北四川路的四川义庄里。上海县华泾乡的义士刘三（季平）冒着危险把邹容的遗榇运到家乡，葬在黄叶楼旁。

邹容的死，深深地刺激着陈其美的神经，他觉得自己再不能继续做商人了，应该做这位小兄弟的后继者，去寻求救国的道路。不然，此生就枉为男儿了。①殊不知此时的陈其美已上了清政府的黑名单。国内已难容身了。

●湖南之行

1905 年深秋的一天，陈其美乘上去湖南的邮轮。

再见了，上海。

从 1903 年来上海，至今已跨三个年头了。

不是他不爱上海，而是上海已不容他一个革命者存身了。

昨天，清兵还搜查了他的住处，多亏他没有在家，扑了个空。要不，他也被捕了。

发生这件事后，蔡元培第一时间见到他，告诉他远走高飞！于是他决定赴日留学。

今天，为筹措赴日学费，他要到湖南长沙，向在新军中供职的弟弟陈其采求援。

这时的陈其采从日留学回来，已升至新军统带。无父尊兄。对于兄长陈其美的到来，陈其采自然高兴，问道：兄来有何打算？

陈其美说：我想赴日留学。

要学什么专业？

你学陆军，那我就学警察。

陈其采首先肯定：那好啊，各行当都有我们的人。

据其弟陈其采在日记中回忆：

---

① 白希著：《上海第一都督陈其美》，金城出版社 1998 年版，第二章。

当时我在湖南治军，先兄以我国实业不振，由于政治不良，决计抛弃商业生活，愿出洋留学，于是到湖南来同我商量。当时官费殊不易得，遂将我平日积余的钱，先挪去用，以后再继续接济。至所习学科，先兄说："你从前学习陆军，我则学警察，可乎？"我极赞成。学科及经费既决定，次年（年三十）即东渡入警监学校。①

据说，陈其美在长沙期间，还参与组织了"湖南全省绅商抵制美货禁约会"。事情的缘由是这样的：

1905年中国发生抵制美货运动，使罗斯福的对华政策遇到前所未有的挑战。抵制美货运动系由美国长期执行的排华政策所引起。华工入美和排华是中美关系史上的一个大问题。19世纪中期，由于淘金热和避太平天国战乱，大批中国人移民来到美国。尽管华人对加州贡献巨大，但由于经济和就业竞争加剧，美国排华情绪开始发酵，美国国会于1882年5月6日通过了《排华法案》。美国排华运动的方式多种多样。一是美国人在各地进行驱逐、虐杀华人；二是各地非法违宪的苛律迫害；三是美国联邦政府正式立法排华反华。于是，掀起了美国各地的对华人虐杀暴行。较严重的有：

1871年10月洛杉矶案：在美华人首次被集体屠杀；1877年7月旧金山案：白人暴徒焚毁、强夺华埠商家；1878年11月加州楚基案：千名华人被逐出，华人住所被焚；1878年9月丹佛惨案；1885年9月石泉惨案。而后，排华暴行如火，几乎延烧了整个美国：1885至1886年西雅图案；1887年6月蛇河案……

中国政府虽几经交涉，但无奈国力衰微，未能为华工争得平等地位，也没有使美国政府改变其排华政策。

罗斯福本人也是支持限制华工入境的，认为"低劣的劳工"是不能与"我们自己的工人竞争的"，而且，"廉价劳工也就意味着廉价的公民资格"；但他并不反对中国的知识人才入境，感到"我所面临的最大困难之一"，来自于"把本应入境的中国人拒之门外"；他这种区别对待中国移民的主张，基于一个更富心机的

① 何仲箫：《陈英士先生纪念全集》（一），台北文海出版社1970年版，第146、147页。

打算:“希望扩大对中国的贸易;希望更牢固地从精神上掌握中国”。1904年罗斯福为在大选中赢得力主排华的西部的支持,赞成国会通过新的排华法案。此时中美就移民问题所进行的谈判又告破裂。中国人和在美华人心中长期积压的不满和愤怒,顷刻间火山喷发般爆发出来。

中国商人和爱国人士准备在1905年7月发起抵制美货运动,得到在美华人的热烈响应。届时中国人均不购买美国出产的货物,不乘坐美国船只,不送孩子上美国人办的学校,不与美国进行商务上的往来,连在居华美国人家里干活的人也将罢工。消息传出,美国商界政界甚感震动。美国亚洲协会(American Asiatic Association)的负责人约翰·富尔德致信罗斯福,指出,一旦抵制运动发生,美国对华贸易将受到沉重打击,新英格兰的纺织业所受损失将会更大,故须重新考虑排华问题。

罗斯福将此信转给商务部长,并指示各级移民官员,不得对来美的中国绅士傲慢无礼,强调说,固应限制华工入境,但对获准入境之中国人必须以礼相待,“国家利益”和“文明”都要求这样做;并表示,“我将尽一切努力使这里的中国人处境好一些”。罗斯福的这种姿态,是迫于那些与中国有关的资本集团的压力而作出的。对中国抵制运动最为敏感的美国亚洲协会,在6月间派出一个代表团,向总统递交呈文,要求政府改变其排华政策。罗斯福的反应是于6月24日发布一项通告,申明严格执行有关法令,一方面绝对禁止华工入境,另一方面则公正对待允许入境的中国商人、教师、学生和旅游者,违者将予以立即解职。

罗斯福的这些举动当然不能平息中国人的愤怒。

7月,抵制美货运动在中国中部和南部掀起高潮。美国国内的不安情绪也在发展。新英格兰的纺织业主抱怨,中国的抵制一年将使其损失2000万美元;美孚石油公司则称抵制会给美国石油业带来灾难;英美烟草公司的销售额下降50%;美国面粉在中国也失去了买主。受到中国抵制影响的这些集团,纷纷要求政府改变排华政策;担心华工竞争的工会组织等利益集团力主继续排华;而那些对美国在华的长远利益较为关切的社会名流,如塞思·洛,则提醒罗斯福,如要保持美国在中国的影响,就必须与中国有权势的阶层恢复良好关系。

罗斯福几面受压,仍旧谨慎行事。他在分析抵制的原因时显得比较冷静,认为事情是由对待华人的不公而引起的,“归咎于我们自己的错误行为和愚蠢举动”。

他收到一份秘密报告,得知英、德等国故意在中国制造反美情绪,以排挤美国势力。他担心英、德坐收渔人之利,但也无良策可施,只是向清政府施加压力。

清政府不仅不理会美国的要求，反而提出重新订立有关移民问题的条约的主张。这种态度使罗斯福“非常不满”。

至8月31日，事态始有变化。清政府以同意出面平息反美运动换取美国修改排华法的允诺。罗斯福指出，既然引起抵制的原因是美国对华人不公正，那么国会，特别是西部的议员们，应当同意修改排华法；他还指示正在东亚访问的威廉·塔夫脱前往广东，与当地政府交涉平息那里的抵制运动，因为广东实际是整个抵制美货运动的核心，但他又要塔夫脱不要作出任何具体承诺。当塔夫脱抵达广州时，正值全城抵制运动处于高潮，广东巡抚支持反美行动，对塔夫脱的接待甚为冷淡。看来清政府一时也难以控制民间的反美情绪。

10月间罗斯福连续几次举行内阁会议讨论排华问题。他决定采取一软一硬两手。他并不打算从根本上改变排华政策，而只在执行上做点文章。他建议国会修改排华法，明确规定除劳工外一切中国人均可入境。同时他又对清政府实行武力恫吓，令美国海军到中国沿海炫耀武力，在菲律宾调兵遣将，做出准备对中国开战的架势。关于将发生第二次义和团起义的议论，也在美国国内流传。1906年2月，罗斯福向清政府提出一系列强硬要求，包括：敦促其采取“有效措施以防1900年的暴乱重现”；严惩一切排外运动；对于未能履行保护在华美国人职责的地方官吏亦应惩处；宣布抵制美货运动为限制贸易的非法联合。罗斯福的这些要求通过柔克义转告中国政府。清政府吃不住罗斯福的软硬兼施，同意按美国的要求办。罗斯福于是长长松了一口气，“我想不会对中国实行远征了”。

对于罗斯福处理抵制美货运动的举措，美国国内毁过于誉。批评的意见认为，抵制美货运动的发动者代表了中国新生的希望，触怒他们，就等于斩断了美国与新生中国的关系。企业界也有人认为武力恫吓的做法损害了对华贸易。

《排华法案》连同其他歧视性法案，在长达60年的时间里，禁止华人在美国买房，禁止华人与白人通婚，禁止华人在政府任职，甚至禁止华人妻子儿女移民美国等，严重违反了基本人权。

1943年12月17日，美国总统富兰克林·罗斯福签署法令，废除《排华法案》。他说：“国会和个人一样，也会犯错误。我们要有足够的勇气承认过去的错误，并加以改正。”

再说，当1905年上海、广州等地抵制美货的消息传到长沙，华兴会会员禹之谟即通过长沙商会发起召开全省绅商学界抵制美货禁约会，到会数千人，一致表示应尽爱国之义务。据陈其采回忆，当时在长沙的陈其美也满腔义愤，立即在长沙的浙江会馆召集各界开会讨论，响应上海抵制美货的运动。据说，开会前一天，陈其美邀请在长沙的浙籍人士王正廷、吴承斋等人参加。不料王正廷却以他是基督教徒，明天要去做礼拜为由，拒绝赴会。对此，陈其美大为不满，他反问王正廷："如果明天什么地方着火，基督教徒是否不去救火，而去做礼拜呢？"王正廷回答："当然去救火。"陈其美便进一步说："此次檀香山及爪哇侨民居留地的被烧，甚至平常的着火，你难道还要去做礼拜么？"王正廷对此无言以答，只好应允参加第二天的会议。①

据说，陈其美在长沙期间，还多次参观了陈其采所率领的长沙新军，并嘱咐弟弟"留意联络湖中革命志士作为反清革命的准备"。据此，章君谷还进一步发挥道：

> 陈其采陪同陈其美参观他所部的营房，检阅他的部队。陈其美欣然发现，满清新军大都是知识分子，水准相当高。他便暗地里督促陈其采，加强部队的精神教育，对士兵们多多灌输爱国思想，藉机联络新军中的革命同志。由于陈其美的这一次长沙之行，加以他三弟陈其采的多方配合，通力合作，在湖南新军之中普遍而深入地散布革命种子，因而才有六年以后，辛亥十月武昌起义而湖南省会长沙立起响应，从而促成了推翻满清，以及中华民国的建立。②

---

① 何仲箫编：《陈英士先生纪念全集》（一），台北文海出版社 1970 年版，第 146、147 页。

② 章君谷著：《陈其美》，台北文海出版社 1970 年版，第 23、24 页。

第三章　赴日留学

●离开上海，是在一个落霞漫天的傍晚

起风了。

上海黄浦江发怒了。一浪接着一浪地冲向码头和岸边。

1906年的夏天，一艘开往东京的邮轮，扬帆起锚，鸣放着沉闷的笛声，离开海面，向着大海深处驶去。此时，陈其美站在甲板上，风吹散了他的分发头。他一动不动，凝望着身后的祖国，潸然泪下。本来他是在压抑着自己，不让泪水流出来，可是他怎么也控制不住自己的眼泪。那泪水顺着他的脸颊，像条小河，汩汩而下……

作为一个青年人，谁说他不爱自己的国家？而是腐败无能的清府，外崇洋鬼，内压人民，国将不国，人民怨声载道。

作为一个青年人，谁说他没有自己的家？昨天他的家还被清兵搜查。

作为一个青年人，谁说他没有自己的朋友？不久前他的朋友邹容已被监狱抛尸荒野。

他从长沙回到上海后，清兵就一而再、再而三和他过不去。他已经没家了，流浪就是家。

在这个国将不国的日子里，陈其美更加迫切地感觉到，国家不需要商人，而需要大批振臂一呼的革命者。

他崇拜革命领袖，昨天，他在上海的街头书摊上买来一本《孙逸仙》，让他看了一夜，大饱眼福。今天他还把它带在身边。

书中记载着革命的故事，最让他感动的还是《伦敦蒙难》一章。

于是翻腾的大海化成书中故事，展现在他的眼前……

被捕后的孙中山，曾想到了死，因为残酷的现实已摆在眼前。

关于如何死的想法，他曾设计过多种。作为一个职业革命者，为祖国为人民而死，虽死犹荣。想到这一点，他又不无欣慰。他又想到留在旅馆里自己的衣物，包括那些革命党人的花名册，万一落入政敌手中，岂不更糟！他要与死神抗

争！革命者决不会放弃一丝生的希望。

要生，就要有生的办法，他首先想到了一般常人所想到的办法——逃跑。眼下关押的牢房在三楼，不说铁锁把门，单是那哨兵就有三层，窗户皆是钢筋加固。在这种情况下，逃跑是不可能的。他便将生的希望寄托在外界的营救上。这时，他立即想到了恩师康德黎夫妇，此刻，他为事前没听师母之警告而后悔莫及。如何把被捕的消息尽快传达给他们，这是问题的关键。被囚在异国他乡，举目无亲。唯一的老乡又是背叛者。他曾要求使馆同乡邓廷铿刺史帮助。邓假惺惺地作出援救姿态，反而骗去了孙中山一张带有“亲到使馆”的书面自供。后来，孙又写了一个纸条，裹以钢币扔于室外，也被发现。发现后又是一阵毒打。同时，他想到了那个学生，那个引他见同乡的学生宋芝田。他每天俯在窗前，望穿双眼，盼宋芝田下学回家，可是到头来，也不见其人影儿。时间不等人。接着，他又把希望寄托到每天给送饭的大师傅身上。可是那大师傅却是个呆痴人，金口不开，白费口舌，好像那上司给了他某种暗示似的。那公使曾有话，说几天后要送自己回国，与亲人团圆。说得好听，不如干脆说送赴刑场。从……想到这里，外面传来轻轻的脚步声。孙中山细看，是一个身背煤篓的老翁。

“大伯，我向您老求救！”蓬头垢面的孙中山拱手低声求告：“若不救，我今生就完了！我真真冤枉了！我家还有像您老这样高龄的老母侍养，还有嗷嗷待哺的儿女呀！”

“你为什么事被拘禁在这里?”几句话说得老翁好心酸，便停下活计问。

孙中山用英语说：“吾是中国之国事犯而出亡于海外者。”怕他未能领会，又打了一个比方：“中国皇帝欲杀我，如土耳其苏丹欲杀阿美尼亚人，土耳其苏丹之所疾视者，乃阿美尼亚之基督徒，故欲聚而杀之；中国皇帝之所疾视者，为中国之基督徒，故欲捕而杀之，吾即中国基督徒之一，且曾尽力以谋政治之改革者。”

老翁说：“不知英政府亦肯援助否?”

孙说：“英政府乐于相助，无需赘言。中国使馆背着英政府将我幽禁于斯，恐外人闻之。”又说：“吾之生命，实悬君手。君若能以此事闻于外，则吾命获全；否则予唯有束手受缚，任其杀戮。”

老翁的妻子也天天到使馆帮老伴烧火，老翁就把这件事告诉他的妻子，老夫妻俩商量好，决定搭救他。第二天早晨，老翁又来添煤，临走时以手指煤篓，孙中山走过去，见篓中有一纸条，拾起，上面写着：“吾当为君递书于君友，唯君书时，切勿据案而坐，因监守者伺察极严，得于锁孔中窥见君之所为，幸君伏于卧榻书之为要。”

于是，孙中山取出两张名片，伏在床上，面壁疾书，给康德黎匆匆写了几句话："致覃文省街46号詹姆斯·康德黎博士：我在星期天被绑架到中国公使馆，将要从英国偷偷运回中国处死。祈尽快营救我！中国使馆已租下一艘船，以便把我递解回中国，而整个途中我将被关锁起来，禁止和任何人联系。唉！我真不幸！请照顾目前这个帮我送信的人。他很穷，将会因为替我效劳而失去他的职业。"

当晚待老翁来收煤灰时，孙中山把名片交给了他，并将仅有的20英镑也给了老翁。

老翁将孙中山的书简和20英镑交给了他的妻子柯尔。她把书简藏在反折的袖口中，躲过密探从使馆直奔康德黎家。

在找侦探的同时，康德黎又两次找《泰晤士报》副主笔和记者，请其披露这一消息，但该报特别谨慎，未即时予以刊载。

19日，即为星期一，康德黎教授奉外交部命令，将孙中山被诱捕等始末写成报告，一式两份，呈英外交部。

外交部次长山德森提出初步意见是："试行一安协法，使中国使馆释放中山先生完事。因为诱捕之事，外界尚未公布，知者极少，不必扩大事态。及英国政府质询格来轮船公司，中国使馆确曾有定雇轮船之事，至此始知诱捕中山先生一案属实，遂正式加派侦探六人密伺于中国使馆之外。并分饬附近各警署，加强监视。同时将中山先生游美时的西装相片发交警署，以资辨认。"

当次长的意见报知部长萨里斯倍侯爵那里时，很快得到批准，命令山德森次长到外交部谒见他，并说明英国政府决定干涉到底！这是侵犯人权大案，也是对英国的不尊。

政府的态度引起了新闻界的强烈反响。

当日下午，《地球报》派人采访康德黎。康尽其所知以告，记者笔录后，经康同意，刊布于晚报。其标题曰：《可惊可骇之新闻》《革命家被诱捕于伦敦》《公使馆之拘囚》等。自此英国朝野大哗，康氏寓所访者不断，几乎门槛为穿。不到两小时，《中央新闻》《每日邮报》也各派记者一名，前来康氏寓所。康与之相谈大概情形后，两记者则径往中国大使馆求晤中山先生。接见者又是邓廷铿，他仍然拒不承认。于是记者示之以《地球报》的新闻报道。邓则狡猾地大笑说："皆是欺人之谈，纯系凭空捏造。"

《中央新闻》记者则正色相告：

"君毋庸讳饰，彼孙某被办于此，若不立行释放，则明晨将见有数千市民，围绕使馆，义愤所发，诚不知其所极耳。”

但邓仍不动声色，并且百般狡辩。各记者复出寻找马格里，最后于米狄兰旅馆找到了他。同时英外长以照会形式要中国大使馆放人，否则驱逐清公使出境！

当天，柯尔将《地球报》剪报随煤篓送给孙中山。中山先生看后，非常欣慰，他说："真似临刑者之忽逢大赦也！"

孙中山获释后即投书各报馆，对英国政府和报界表示感谢：

予此次被幽禁于中国公使馆，赖英政府之力，得蒙省释，并承报界共表同情，及时援助。予于英人之崇高公德，力持正义，素所钦仰，身受其惠，益堪征信。且予从此益知立宪政体及文明国所之价值，敢不益竭其愚，以谋吾祖国之进步，并谋所以开通吾横被压抑之亲爱同胞乎！爰驰寸简，敬鸣谢悃。

孙中山当时还未成为全世界闻名的革命家，而英国的政府竟能如此重视人权与国法，一丝不苟地助他恢复自由，极尽职责，这在腐败而又专制的清王朝统治下，是根本无法想象的。正因如此，他以亲身体验到英国立宪政治的文明和先进，更下决心为反清而奋斗。

胜利归于正义者。

……

这时，邮轮舱上方的播音喇叭响了：东京港就要到了——

陈其美格外激动。

他来日本的第二愿望就是有一天，他要见识一下革命领袖孙中山，争取加入孙中山的中国同盟会。

早在上海期间，东京同盟会总部也派何海樵由东京抵沪，秘密介绍蔡元培加入同盟会。前几天，同盟会执行部庶务长黄兴执总理孙中山书信也来到上海，正式委任蔡元培为中国同盟会上海分部负责人。

东京，陈其美革命人生的转折第一站！

●东京，革命的中心

1904 年的春天，正是中国留学生东移日本东京之际。

革命经过几多失败，孙中山已把目光盯上了留学生。他认为留学生觉悟高，素质好，是革命队伍的先锋。革命如果不与他们结合，便没有希望。

孙中山住在牛达区。当时，在这个区里，还居住着章士钊、杨度等几十名留学生。在这些学生中，杨度名气最大。为了号召革命，发展组织，商议起义大事，孙中山曾找到杨度等人，畅谈关于满、汉民族问题，关于革命与改良问题，无所不谈。他们尽兴地谈了三天三夜，双方都十分高兴。最后，杨度推心置腹地说："我赞叹你的高论，可我投身于宪政已久，难改初衷，不过我有个同乡好友，名叫黄兴，他真可以称得上是当今的奇男子，要文有文，要武有武，出类拔萃，他来辅助你，一定能成全你的大业。同时，我也愿意把他引见给你。"

"很好。"孙中山十分高兴，"不行，我可以前往拜访。"

杨度说："还是叫他来见你好了，他是小辈。"

中山急忙说："这样的事，没有什么前辈与后辈之分，我去找他！"

黄兴一见孙中山，大叫一声，一股热流直涌心胸。两人志同道合，相见恨晚，滔滔不绝一口气谈了两个多钟头。

从此，这两个革命伟人就开始并肩战斗了。

在黄兴的推荐下，又有76名留学生加入了兴中会。

这是孙中山楼上的一个大房间。

黄兴、宋教仁、陈天华、朱执信、汪精卫、张继、田桐、程家柽等17个省的留学生代表共七八十人，衣衫各异，或着制服，或着西装，间有着和服者，大都是青年人。大家挤坐在榻榻米上。

黄兴拍了拍手掌，宣布开会："17省的留学生代表到齐，请先推举会议主席。"

立刻响起一致的提名声："孙文君！"

"孙君为4万万人之代表！"

"先生是中国英雄中之英雄！"

孙中山站起来，语调激昂而又深沉："诸君，我们都是中国人。四亿中国人占了地球上人数的四分之一，算是地球上最大的民族，而且是最古老文明的民族。可是，现今世界上有谁看得起中国人呢！我们既是专制政府的奴隶，又是列强的奴隶，备受压榨，横遭杀戮……"

不一会儿，屋子里一片低泣声，许多人都热泪纵横。

孙中山："洪秀全创建太平天国，还是打倒皇帝做皇帝，内讧发生，终归覆灭。康、梁倡导维新，囿于和平手段，戊戌变法，昙花一现，'六君子'血洒街头。……要救国，只有走国民革命这条路！我们要相互联络，同仇敌忾，推翻清廷，建立光辉灿烂的共和国。当务之急，在于结束各自为战的状态，建立统一的革命政党，结成大团体！"

掌声雷动。

等孙中山把话说完,年轻人便跳起来争相发言。但因地方狭窄,跳起来的人只好又重新坐下,一个个像日本武士一样喊话。

“先生,只要17省同志齐心协力,中华的复兴指日可待!”

“先生,马上成立大团体!”

“叫‘反满同志会’!”

“叫‘讨满同盟会’!”

在嘈杂的喊叫中,最后一个声音越喊越响。

孙中山举起手,声音静下来:“革命的宗旨不专在反清排满,我们只反对压迫他人的满人。国体民生,皆当变革。至于名称,我提议定名为‘中国同盟会’!”

提问声:“誓词呢?”

孙中山的回答强劲有力:“驱逐鞑虏,恢复中华,创立民国,平均地权!”

争论声:“为什么要平均地权呢?”

孙中山说:“在文明富庶的欧美的城市中,到处都有贫民窟。我到过伦敦的街头,真是悲惨世界。同盟大罢工的爆发,绝非偶然。我们要思患于预防,勿使托拉斯跋扈专横。故于民族、民权主义外,复行民生主义,俾民族革命、政治革命和社会革命并举,毕其功于一役,建立一个独立、统一、民主、富强的共和国!”

从那天起,东京便成了革命的中心。在这个革命中心,有他们自己的报纸《民报》和刊物多种。

●警监学校轶事

1906年夏天,陈其美乘坐的邮轮经过十多天的航行,终于到达了目的地——东京港。当陈其美走下邮轮、望着这座海滨城市,他心旷神怡。

异国求学,是他多年的梦想。今天,他终于步着弟弟陈其采的足迹来到了东京,该让他多高兴啊!他深吸了一口空气,好新鲜啊,这与上海压抑的空气形成了鲜明的对比。

这次与他一起来东京求学的还有徐锷、谢持等同学,大家都一致赞叹东京的空气比上海的新鲜。

东京警监学校是清政府驻日公使与日本文部省协商,由日本大学代办的。以招收清政府派遣的官费留学生为主,但也有少量的自费留学生。学校开办后,进校学习的中国留学生越来越多,到次年(1907年),学生已达到800多人。

陈其美上的是自费生。

陈其美进入东京警监学校第三班，而徐锷、谢持则是第二班，主要是学习警察法律及业务。据说，陈其美特别聪明，对“功课领悟甚易”，成绩相当不错。

晨曦中，你可以看到他早起的人儿；月光下，你可以看到他练武的身影；星夜中，你可以看到他苦读的劲儿。功夫不负有心人。在班级，他的成绩总是第一名。

他的“文体”特别出众。他是班级中的活跃分子。他爱运动，他的擒拿格斗的成绩又是出类拔萃的。好警察必须有一手好的枪法，于是他“冬练三九，夏练三伏”。据称，他花钱买了一百只活兔，活蹦乱跳的，放在训练场上，当做活靶子训练，使他练就了百步穿杨、弹无虚发的本领。

据说，陈其美十分崇拜邹容、吴樾、陈天华等革命烈士，1906 年 10 月，陈其美在东京革命党人主办的刊物——《洞庭波》上发表了热情洋溢的五言诗《吊吴樾君》：

国运丁阳九，狐兔不掩形。
即我在草莽，那堪震威霆。
烈士是以起，杀贼红尘里。
一击天地崩，余响复震耳。
愤东未及展，武士不暇威。
丑类四方窜，血肉风雨飞。
贼胆一已破，君躯一已殒。
不惜一士命，惟于戒来轸。
异族钳吾民，悠悠数百载。
日短心自殷，途穷辙将改。
彼美多芳华，及时正可采。
不图方就道，遽尔遭倾殆。
独夫一何愚，暮四而朝三。
用心良独狡，路人畴不憧。
我爱吴夫子，视死忽如归。
慷慨赴大义，初阳生光辉。
志士赫然怒，有家且不顾。
使吴君而在，执鞭所欣慕。

看了陈其美的诗，不少人啧啧称赞。这个说，人不可貌相，海水不可斗量。那个说，这个陈其美，不光人长得帅，文章也漂亮！

就是这篇文章，让他认识了孙中山，加入了东京同盟会，真正成为革命人。

文章发表后的第三天，陈其美到商店买来了一把剪刀，随即把自己脑后像绳索一般的辫子剪了下来：要做革命人，不留清人小辫子！

一个月后的一天，一位自称同盟会的同志来到了陈其美所在的学校，声称要见陈其美。

陈其美说：我就是陈其美。你是——

对方说：我是同盟会的宋教仁，《洞庭波》的主编。

屋里坐。陈其美用手一指说。

二人在屋里落座后，宋教仁说：你是不是那个在《洞庭波》发表《吊吴樾君》文的陈其美？

陈其美：不错，那文章是我写的。有问题吗？

没问题。宋教仁直摆手说：我是说孙先生看了，叫好，并大加赞扬。顺便让我来看看作者。后来有人说是警察学校的学生，我就来了。

陈其美哈哈笑了：我以为是来问罪的，原来如此。

宋教仁又问：最近还写了什么？

陈其美说：最近学业很忙，没再写什么。

接着，宋教仁又问陈其美的自然情况，陈其美一一作答。

临分手的时候，陈其美突然问道：宋先生，你是中山先生身边的人吧？

宋教仁点点头说：你有什么事？

陈其美说：我能加入同盟会吗？

宋教仁说：加入同盟会，是要被清政府杀头的。

陈其美说：我不怕！

宋教仁说：我给孙先生汇报一下，再回答你吧。

陈其美说：我等着你回话。谢谢。

●会见孙先生，加入同盟会

半个月后的一天，宋教仁来找陈其美，表示可以见到孙总理。

陈其美很高兴，在宋教仁带领下，来到孙中山的住处——小石川区的武藏野。

武藏野在井之兴公园旁边，是个风景优美的地方，这里松柏青翠欲滴，鲜花四季次第开放。

陈其美很快见到了孙中山。

这一年，孙中山已四十岁，血气方刚。

他穿着一套在日本极常见的黑西服，中等身材，脸庞端正，留着两撇八字须，眼眶微陷，但双目炯炯有神。见陈其美到来，忙迎到门口，热情握着他的手说："欢迎！"

宋教仁说："总理，这就是陈其美先生，今天特来见你。"

"噢，你就是写'使吴君而在，执鞭所欣慕'的那位？那首《吊吴樾君》我拜读过，有气魄，有见地。"

"先生过誉。"陈其美有些不好意思。

在客房落座后，宋教仁为陈其美倒了一杯茶。

孙先生又道："古人说，诗言志，陈君的诗抒发了自己的心志，应该说是好诗。"

陈其美说："我的拙作何足挂齿。这几年，我陆续读到先生的许多文章，也读到你的传记，常常为先生的宏论所折服，极为仰慕先生，真像古人所云'生不用封万户侯，但愿一识孙逸仙'啊。"

"惭愧！"孙中山真诚地说，"在下鼓吹革命十数年，也组织不少起义，可惜收效甚微呀。"

"不，中国所缺者，唯先生之革命精神也。有了先生这种精神，何愁革命不成功？其美不才，愿追随先生，为革命肝脑涂地。"

"太好了！"孙中山激动地站起来，"如今革命势头甚健，正需陈君这样的人才。欢迎你加入同盟会。"

"这就来做陈其美先生入盟的宣誓吧。"

宋教仁说。

接着，孙中山把陈其美带到里面的密室。

陈其美举起左手，面对同盟会旗，手执宣誓词，道：

> 联盟人，浙江省吴兴县人陈其美。当天发誓：驱逐鞑虏，恢复中华，创立民国，平均地权，丙午年十一月二十八日，中国同盟会会员陈其美。

宣誓完毕，孙中山紧握着陈其美的手：我们成了同志。[①]

在孙中山住处，先生又把前来开会的黄兴介绍给陈其美。

黄兴原名轸，改名兴，字克强，一字廑午，号庆午、竞武。革命时期化名李有庆、张守正、冈本、今村长藏。湖南省长沙府善化县高塘乡（今长沙县黄兴镇凉塘）人。著作有《黄克强先生全集》《黄兴集》《黄兴未刊电稿》及《黄克强先生书翰墨绩》刊行。

1902年赴日留学，入东京弘文书院速成师范科学习，并参与创办《湖南游学译编》杂志，组织"湖南编译社"，介绍西方科学文化。1903年4月，为反对沙俄拒不从东北撤兵，同留日学生二百多人组织拒俄义勇队（后改称学生军国民教育会）。随后以学生军国民教育会会员的名义归国。回长沙后，任教于明德、修业等学堂，暗中进行反清革命活动。1903年11月4日（九月十六），借他三十岁生日为名，邀陈天华、宋教仁、张继、刘揆一、章行严等二十余人筹商成立秘密革命团体华兴会，后被选为会长。他提出在湖南首先发难，争取各省响应的方略，并决定从联络军、学两界和会党入手，准备在慈禧太后七十岁生辰时，乘机起义。事泄，黄兴等被迫流亡日本。在东京，他大力支持孙中山筹组全国革命团体同盟会。

1905年8月同盟会成立，被选为庶务（相当于协理），成为同盟会中仅次于孙中山的重要领袖。此后，他以主要精力从事武装起义，亲自掌握留日陆军学生的入会工作，并从中选拔一些坚定分子组成一个严密的团体"丈夫团"，为进行武装斗争准备力量。

陈其美加入同盟会后，立刻投入到革命党人广泛联络的活动之中。

1907年夏，陈其美回国度假，并筹措留学经费，了解国内革命形势。

在此之前，其弟陈其采已由长沙调至南京新军中任职。

陈其美到南京小住了几天，从弟弟处取到300元，准备重返日本。路过上海时，陈其美在租界发现一学校因欠租而被查封，该校当事人被拘捕，菩萨心肠大发，当即捐出陈其采给他的全部学费，帮助学校渡过难关。之后，陈其美又回到南京，向弟弟陈述了事情的经过，陈其采听了也为哥哥的义举感到高兴，再次为陈其美筹集到数百元，使他能够得以继续学业。

当陈其美回到警监学校时，发现学生已经多达800余人，每人每月学费5元，收入共4000元，而大学老教员到校授课者少，挂名的多，与学校当局所标榜

① 白希著：《上海第一都督陈其美》，金城出版社1998年版，第80～81页。

的延聘大学著名教师授课的宣传不符。这里有欺骗。陈其美当即与学校当局争论了起来。

陈其美并以学校“只知自己图利，罔顾学生学业”为理由，印发传单，利用日本学派分歧，要求同学赞助，另办一个东斌学校。

陈其美的同学魏伯桢站出来劝说：警监学校是清政府所指定，不能轻易改变，现在警监学校鉴于学生要求办新校，允许添聘几位名老师以满足学生的愿望，你陈其美适可而止，不要再吵了。

但陈其美不听，庄之盘也站出来附和陈其美。

后来，东斌学校的牌子终于挂了起来。

东斌学校由孙中山请日本人寺屋亨博士出面主办，专门收容被振武学校等拒之门外而且具有革命思想的自费留学生，旨在秘密训练革命骨干，学生大多富有民主革命思想，陈其美在东斌学校结识了徐锡麟、秋瑾等革命志士。

陈其美此时已年届30岁，在同学中年长，便以大哥自居。据说，陈其美还和一些同学组织了“军事体育会”，要为革命学好军事知识，练好体魄。陈其美对自己的留日生涯十分重视。后来，他为日本友人萱野长知题词时写道：

> 十年洲侠千金尽，九世仇雠一剑知；
> 为问门前车马客，还杯能酒忆当时。①

●他乡遇故知，结识蒋介石

蒋介石6岁上学时，正值清王朝走上衰败，国防空虚，财政拮据，国运自危。孙中山为推翻大清正奔走呼号。这年中日甲午战争爆发。7月25日，日舰在牙山口外丰岛附近的海面击沉清政府运载援兵赴朝的英船高升号，清军七百余人丧生海口。7月29日，日军攻击牙山东北成欢驿清军，清军败走，牙山失陷。8月1日，中日两国宣战。

学生时代的蒋介石以顽皮和淘气著称。

据他自己回忆：

> 3岁时，因为好奇，竟将筷子插入自己的喉管，呼吸受阻，血流不

① 贾鸿彬著：《陈其美》，中国青年出版社2011年版，第18页。

止，一时昏晕了过去，吓得母亲欲哭无泪。5岁那年，还是好奇，院中有一水缸，他与同伴要进行水中捞月的试验，谁知人小缸大，他一上去，就一头栽到了水底，动弹不得，多亏祖父及时发现，要不小命归天。在学校里，他也多与同学到溪流游泳玩水，有好几次险象环生。与同学做游戏时，常做恶作剧吓人。有一天夜里，他装扮成钟馗，把同学吓昏。他更多的是自充学生王，舞刀弄棒，抬脚挥拳，演习作战，每次都是身先士卒。很多同学惧怕他，但也跟他玩耍，常以“瑞元无赖”戏称之，而他不恼。有一次，他因出拳太重，伤了一位同学的眼睛，被家长告到学校，学校老师又找到家长。母亲把他关在屋里痛打一顿，他无奈之下，就钻到床底下，恰有邻居来访，他趁母亲开门之时，从床底爬起，溜之大吉，蒋母追之不及，气得号啕大哭。

因为小蒋淘气，时常有家长或学校来家告状，母亲也感到为难。于是，在蒋介石13岁那年，母亲执意把他送到了外婆家的溯源堂求学。所师者名叫姚宗元，姚也是当地名师。姚找他谈话时，他心不在焉，姚一眼没看到，他就跑到了竹林下打秋千乘凉。姚触景生情地道：“一望山多竹。”对方随口应答：“能生夏日寒。”

原为一副绝妙的对联！姚不禁点头称许，大为感叹。于是他像伯乐识马，见人就说，逢人便夸，后生可畏，如教养得法，此生前程不可估量。遂教他《尚书》《诗经》《易经》。因为姚宗元又与孙中山的同盟会有联系，也常向蒋讲解孙中山的反清革命，尤其是孙中山在伦敦蒙难的故事，在蒋介石心中掀起了冲天巨浪。于是尚武救国的思想深深地扎在他的心底。

同年夏秋之交，同盟会员竺绍康，身着中山制服，骑着一匹高头红马，来到学堂访问。蒋与其交谈后，极赞其风度。并爱其马，便牵马野外，百般戏耍。马怒吼，突咬蒋的后背。蒋倒地流血不止，极为狼狈，暑假回家，见母面未开言而大哭。从此，蒋每外出求学，总是哭泣辗转，不肯离去，其母送至30里外，仍是哽咽难舍。

这一年，有一外乡看相人，见蒋头部不一般，到其家摸其头部，并自言自语：“我从未见到如此骨相，此孩子殊奇特。”如是者二三次，后不复再来。蒋母也信以为真，无疑使她对未来有了一丝希望。寡妇熬儿不容易，母亲便把这唯一的希望都寄托在儿子的学业上，并努力实现这一线光明。

蒋母王采玉恨铁不成钢，恰在儿子学业有所抬头的时候，淘气的蒋介石发生了早恋。

这时的蒋介石论年龄不过十三四岁，世界对他来说都是新奇的。朦胧中他爱上了自家的表妹毛阿春。此时的毛表妹打完新春15岁，豆蔻年华，白皙的皮肤，穿着一件带花格格的短衫，扎着两条长长的辫儿，一笑嘴边有两个深深的酒窝。

阿春住在岩头村，离溪口陆上30里，水路18里，是堂姑蒋赛凤的小女。每年堂姑来溪口走娘家，或在娘家小住的时候，总是要带上阿春。瑞元和阿春年龄相差无几，因此他们也常常在一起玩耍，两小无猜。溪口镇北头有一条溪流，每逢下雨，溪流陡然流急，从山上带下来不少鱼虾。每到这时，他常叫上阿春和伙伴们，到那里去捉鱼虾。每每都是满载而归。自己家吃不完，还要送邻居尝尝鲜。这种青梅竹马的生活，使瑞元偷偷地爱上了阿春。别看瑞元是匹不羁的野马，可在小阿春面前百依百顺。后来，瑞元到榆林村上学时，这里离阿春家较近，只有两里路，闲暇时他常到岩头村，名为探视堂姑，实为看望表妹阿春。天长日久，瑞元喜欢阿春，阿春喜欢瑞元，到一起就有说不完的话，两人就暗暗定下了终身。

世上没有不透风的墙，就在他们十分要好的时候，一缕乌云遮挡了明丽的阳光。阿春的母亲蒋赛凤坚决不答应这门亲事。因为他知道瑞元调皮捣蛋的名声在外。于是她把女儿阿春关在屋里，不让其与瑞元相见。

却说蒋母得知儿子与阿春要好的事，她不像堂妹蒋赛凤那样，而是一百个满意和称心。她成全儿子，决定找媒人到对方家提亲，把阿春娶过来，使这匹小野马，套上“笼头”，也就省心了。

媒人蒋阿叔终于在一个早晨叩响了蒋赛凤家的门。

“不要敲了，我不想见你！”蒋赛凤还没有起床。

“你把我当成谁了，这么大的气？”蒋阿叔反问。

“你不是瑞元还是哪个龟孙！”

“快开门吧，我不是瑞元。”

蒋赛凤这才开了门。令她吃惊的是娘家大哥来了，又是道歉，又是端茶倒水，问吃饭了没有？蒋阿叔说，我来这里一趟不容易，七老八十的不是小孩子了，我问你家阿春与瑞元的事，你生哪门子的气啊，这不是天上一双，地上一对吗？

“大哥，都是自家人，说起瑞元，人家不了解，我还不了解吗？他那个劣性，我纵是有十个姑娘嫁不出去，也不嫁他那号的人！”

“话可不能这样讲，男孩儿淘气不算毛病。要我看瑞元童心四溢，活泼聪明，说不定还是国家栋梁之才呢！你不同意我也不劝，咱们骑驴看唱本——走着瞧，让你后悔一辈子。”果如蒋阿叔所料，后来瑞元当了高官总统，蒋赛凤再也不到溪口走娘家。传说有一年，蒋介石下野，住在老家，坐轿在溪口周边转悠，碰到了蒋赛凤，羞得她无地自容。蒋总统落落大方，让她坐轿，送她一程。蒋赛凤面如桃花，连连摆手，声称不要相送。

蒋赛凤送走娘家哥后，不到半个月就为阿春择婿嫁给了西山的一户人家。临上轿前阿春哭得泪人一般。结婚不到半年，两人就分手了。此是后话不说。

再说蒋阿叔回到家中把蒋赛凤的话一摆，气得蒋母差点儿背过气去；她不同意不打紧，都是娘家人，不该恶话伤人。我不相信我儿子找不到好过阿春的姑娘，我发誓要在岩头村的毛姓人家娶一个比毛阿春更好的儿媳妇。

蒋阿叔说，此事不妥，因为瑞元心中只有阿春，事情未过，硬要拉郎配显然是不合适的，只能酿成悲剧。王采玉问他有什么好主意，蒋阿叔说，你不要太着急上火，等过了这段时间，双方都冷静下来。我会到岩头村姚宗元那里为瑞元寻亲。一来说姚是瑞元的尊师，二来说，姚也喜欢瑞元，三来说姚在十里八乡也是个有头面的人物，家中的私塾收了不少村里村外的学生上学。姚给年轻人介绍对象不在话下，我想求他没有解不了的难题。

蒋阿叔的一席话说得蒋母尽是点头的份儿了。

不久，蒋阿叔大驾光临，其要求姚宗元一一点头答应。说毛姓人家中，要找出比毛阿春漂亮、贤惠的姑娘虽有难处，也要尽心。在姚看来，能与毛阿春相比的姑娘大有人在，这就是岩头村的毛鼎和家。于是毛福梅的形象映在了姚老的脑海里，身体修长，那可是个大辫子姑娘，长得不比阿春差，也是姚教过的学生。

岩头村位于天台山中，四面环山，村民们主要靠出卖山货度日。毛鼎和家世代经商，在村上开有一家祥丰米行和一家杂货店。毛家生意兴隆，收入不薄，在附近经常做一些修桥补路的善事，誉满四乡。

毛鼎和生有二子二女，长子毛怡卿、次子毛懋卿，长女毛英梅、小女毛福梅。后者之所以叫福梅，是因为出生时算命先生称她是一颗“福星”，取名为“福梅”。既有福相，又是小女，自然深得父母疼爱，视为掌上明珠。只是她出生在清光绪八年（1882 年）农历十一月初九，已经 19 岁，在当时还未婚嫁已属大龄。福梅没有嫁出去，主要原因当然是因为没有合适的人家。

令姚老先生担心的是福梅的年龄要比瑞元长 5 岁，有言道，女大三抱金砖。成不成先与毛鼎和放放风声再说。一日，姚老先生找上毛鼎和，声言要为小女物色一位公子。毛鼎和与婆娘正在为小女没有婆家而发愁哩，一听是这事，马上眼睛瞪大了:“说说看,是哪户人家?”

姚老先生开口道,也是我的学生,我看中的学生,村里人都知道,三年前我已说过大话,此生聪明过人,前程不可估量。

“快说,叫什么名字?”毛鼎和也等不及了。

“蒋周泰。”

“是不是那个小名叫瑞元的孩子。”

“对对对。”姚老先生接着说。

“那可是个调皮出名的孩子。”

“不错,在我教的孩子中他是调皮第一,还应该再加上一句话,也是聪明第一。这才是两分法。我们不能一叶蔽目,不见泰山啊!”姚老先生凭着三寸不烂之舌,把毛鼎和说得直点头。

姚老先生又乘势道:在溪口,蒋家曾是大户人家,莫同一般,蒋斯千、蒋肇聪曾为当地名流,溪口首富。可谓门当户对。瑞元虽说调皮但绝顶聪明,已经上学多年,算命先生更是有言在先,日后谋个一官半职岂不易如反掌。你这个岳父大人再也不是草民一个了。

且说溪口蒋家,本来毛鼎和就与其有生意来往,经姚这么一说,毛鼎和开始动心,为慎重起见,他还借生意上的事亲自赶到溪口进行一番暗查。暗查结果,果然如此,对蒋家和王采玉,邻居都说不错。唯一不足之处,只是对瑞元有些微词,认为瑞元调皮过度,但没有吃喝嫖赌这些方面的问题。

他同意了这门亲事。毛鼎和是有眼光的,因为他找了蒋介石作为自己的小婿,在对女婿的才华和运气上他的估计没有错,毛福梅以后也是妻以夫荣;问题是出在女婿没有看上他的女儿,所以夫妻不可能长久。这在媒妁之言、父母之命的旧式婚姻下,是常有的事。以后,毛鼎和没有沾到女婿的好处,在毛福梅被蒋介石休掉后,他再也没有见过蒋介石。蒋介石对岳父不满,但对毛家人还是另眼相待,毛福梅的不少亲戚投靠蒋介石后得道升官。

于是选定吉日良辰,在1901年的冬春之交,蒋介石与毛福梅拜了天地,入了洞房。可是在这时,新郎官不见了。这下可急坏了蒋母,马上派人去找。从前院到后院,从镇西到镇东,哪儿也找不到新郎官,急得蒋母直跳脚骂娘:“这个憨娃儿!”

无奈之中,蒋母只得派小女进了洞房,陪伴新娘说话儿。

日头落山了,夜幕笼罩着山镇。

蒋家洞房里的松油灯闪着昏黄的光。

新娘毛福梅坐在床边,心里有一团百思不解的谜;是不是新郎官不满意这门亲事逃跑了呢,还是……尽管陪伴的小妹再三解释,毛福梅还是眼泪巴巴地流着。直到吃过晚饭的时候,才见一个顽皮的孩子,被婶婶大娘推进了洞房,而后门“砰”的一声被反锁上了。

这时,新娘才如梦初醒,原来这才是真正的新郎官!新娘害羞地扫了一眼新郎官,立时像触电一般惊骇了:此人分明是个玩兴正浓的孩子,他左手拿着一把木制手枪,右手拿着捡来的纸爆竹;上身穿着土布褂子,下身是裤子,裤带长了些,半截露在了外边;藕节般的两条小腿上沾满了星星点点的泥斑……新娘哪里知道,这新郎官是被人从稻田地里捉鱼时拉回来的。

当婶子、大娘们把他推入洞房,他扫了一眼新娘,吃惊的程度并不亚于新娘。新娘长得姿容秀丽,光彩照人。人贵有自知之明,他面对着菱花镜子,看看自己的模样儿,竟像是一个做错了事的小孩子,不知是站着好还是坐着好,连手也不知往哪儿放了。待了片刻,他冲着新娘“嘻嘻”一笑,随后泥腿没洗,衣服没脱,便像单身时一样,直挺挺地钻进了被窝,很快响起了香甜的鼾声……

坐在床边的新娘,面对着这位陌生的新郎官,不禁又惧怕起来,他和自己想象里的意中人是多么的迥然不同!要是早知这样,还不如一辈子不嫁人。她有些难过,又有些不解人生之谜:为什么要离开家?为什么要到这举目无亲的地方来?女人的命运啊,苦啊!她失声痛哭起来,泪水沾湿了胸前的梅花,沾湿了大半片衣襟。但泪水却冲刷不了她那满腹的愁思和忧伤……

窗外想听悄悄话的人都替新郎官捏着一把汗。有的人担心地走掉了,但也有的“愣头青”,偏不走,想要看出个究竟来……

后来,毛氏为蒋介石生下一子,取名蒋经国。

蒋介石自幼就是“一个吃着碗里望着锅里的人”。

陈其美与蒋介石第一次邂逅的时候,是在东京浙江同学会的回家路上,在一片小树林里,一男一女相互间追逐着,用言语挑逗着,你跑我追,戏耍着,引起了路人注意。

陈其美一看,男的是中国人模样,一嘴浙江奉化口音;女的是本地女子,像是妓院的妓女,涂脂抹粉。片刻二人滚到了小树林里的石板上,男的追上了女的,二人使劲地亲吻起来……这让陈其美肉麻。

陈其美心想,这个浙江同学,也不参加同乡会,在这里斯文扫地,成何体统?于是他上前制止说:要讲文明,不要野蛮!

蒋介石听后一惊:你是谁?

陈其美厉声道:我是浙江同乡会会长陈其美。

听说过,没见过人,原来是你啊!

陈其美说:你把浙江同学的脸都丢没了,还不害臊?

蒋介石说:你们才不知道,饱汉子不知饿汉子饥,有会长在此,下不为例。

你敢保证吗?

有什么不敢!

你叫什么名字?

蒋志清。

好吧,今后要清清楚楚地做人!

这时,蒋介石又提出一个条件来,说你认识孙中山吗?我刚来东京,我想认识认识他!

认识他干什么?

我要革命!

我看你的辫子还是好长啊?

是,我一会儿就理!让孙总理看不到我的辫子!

好吧,我给你记住这件事。

于是二人说完就匆忙分手了。

等陈其美第二天再看到蒋介石的时候,他的辫子真没有了。虽然第一面印象不大好,第二次见面却给陈一个惊喜:真要革命了?

蒋说:那还能作假!

陈说:好,我祝贺你。另外,火车不是吹的,推翻清府不是说的,还要有行动啊!

蒋说:没问题。过几天,我再给你一个惊喜哩,才叫双喜临门。

好,我等着这一天。

接着,他们又无拘无束地谈论起革命来,让蒋介石眼睛放光。从此,陈其美不知为什么竟喜欢起这个比他小10岁的小弟弟来。

再说,蒋介石当面保证搞女人下不为例。那绝对是嘴上说说而已。他来东京后就与一位叫兰子的妓女一直有染。这一天,兰子说了:蒋先生,我们相好一场。有一件事我想告诉你这个革命者。

蒋问,要告诉我什么?

一个很重要的事。

什么重要的屁事,让你说出这么难?

孙文先生要大难临头了,你们的革命就要完蛋了!

蒋介石一惊:你不要吓人了!

兰子说:我可从来不吓人。

那你是从哪里听说的?

兰子说:我并不只有你一个情人啊。还是我老情人,他是这场暗杀的主谋者。话都说到这份上了,还能有假?

蒋介石若有所思地点了点头:我信,我是百分之二百的信。说完,他就穿裤子,兰子拦住了他:你这是干什么?

明天再来,明天再来!

兰子把嘴一噘生气了:早知道这样,我还不如不告诉你。

再说蒋介石穿上裤子,连风纪扣都没有来得及扣,就匆匆忙忙地赶到陈其美的住处:大哥,不好了,有人要暗杀孙先生了——

陈其美也紧张起来:慢说,谁要暗杀孙先生?

蒋介石说:一个日本人,被清政府买通的。

什么时间?什么地点?

蒋介石回答:就在今天,广场演讲会。

陈其美看了看手表:10 点已到,孙先生正在广场演讲。走,我们一块去,以防不测!

二人大步流星,来到广场,人山人海,孙先生演讲已经开始。

陈其美耳语蒋介石几句,自己便向孙先生身边挤去。蒋介石则在外围溜达着,监视着每一个可疑的人。

突然,一个黑大汉子,贼眉鼠眼,四处张望,像有心事,他转了一圈后,选择一个地方,开始往里挤时,蒋介石机灵地上前拦住了他,并狠狠地踏住了他的脚。

黑大汉说:你要干什么?

蒋介石目光如炬:你要干什么?

黑大汉迎来如炬的目光,心直打战。陈其美趁他犹豫的当儿,一个飞脚上去,踢到了他的腋下,“当啷”一声,一把暗藏的雪亮的刀掉落在地上。

那人要跑。蒋介石接着又是一个飞脚,把大汉重重地放倒。这时,很多人都围了上来,有人递来了绳子,蒋介石三下五除二,就把黑大汉捆个四蹄朝天。

这时,陈其美的纸条已传到孙先生的手中,孙先生结束了演讲,匆匆离开。

回到住处,蒋介石把凶手已捉拿归案的消息,告诉了陈其美,又让陈其美一惊喜。

蒋介石说:双喜临门,我可以拜见总理了吧?

陈其美说:总理还要给你请功哩!

当天,陈其美引领蒋介石见到了孙中山。

孙中山大赞蒋介石为人机敏,且有阳刚之气。孙中山说:这个事虽然虚惊一场,但你是有功之臣。你用行动证明了革命人的精神,证明了你符合加入同盟会的条件!由其美作介绍,我作证明,你就宣誓吧!

于是,在密室中,东京同盟会又一位新同志庄严地举起了左手:

> 联盟人,浙江省奉化人蒋介石。当天发誓:驱逐鞑虏,恢复中华,创立民国,平均地权。光绪三十四年五月二十日,中国同盟会会员蒋介石。

宣誓完毕后,孙中山紧握蒋介石的手说:推翻大清王朝,不是光喊几个口号,而是要用行动啊!打铁先要自身硬,希望在振武军校学好军事,练好本领,将来回国,大有用武之地!

蒋介石应道:我会认真学习的!

陈其美说:我们正在上擒拿格斗课。

孙中山赞扬说:那好哇!

此后一段时间,陈其美与蒋介石交往甚密。

陈其美发现蒋介石为人做事都极投自己的脾性,禁不住江湖豪气勃发,提出了拜把子结盟的要求,有酒同饮,有福同享,有难同当。

结盟那天,两炷香插上,八支蜡烛点亮,兄弟相敬如宾,跪在红地毡上,举杯邀天敬地,同发誓言。

参加结盟者除陈其美、蒋介石以外,还有黄郛。

三人互换了兰谱,陈其美居长,黄郛其次,蒋介石最小。事后,蒋介石特意把结盟的誓约刻在宝剑柄上,送给大哥、二哥,誓约云:“安危他日终须仗,甘苦来时要共尝。”这段誓约后来也确实成为他们兄弟共勉的准则。

此后,蒋介石成为了浙江同乡会的积极分子,又是陈其美各项工作的应声虫。陈其美感叹地道:得一知己,如同长一手臂矣。

●回国反清

1908 年的春天,稍纵即逝,已到了樱花凋谢的时节。

陈其美正在练习射击,突然总部秘书通知他傍晚去一趟,孙先生有话要谈。

当晚，陈其美按时来到总部。

原来是孙中山从南洋回来。继黄冈、惠州、防城、河口、钦廉、上思起义后，孙中山去年12月又发动了镇南关起义，亲自到阵地操炮，鼓舞士气，最后也以失败而告终。尤其是一些勇士的牺牲，比如徐锡麟、秋瑾的牺牲，让他格外扼腕。但孙中山没有被失败所吓倒。“失败，起义，再失败，再起义”，这就是孙中山百折不挠的意志。他这次来东京，是想动员更多的革命志士回国，再接再厉，继续组织发动起义。

陈其美听了孙先生一席话，立刻表示要尽快回到上海，投入革命的洪流中去。

“英士，你还没有毕业呀？”孙中山关切地问。

“我的军事课基本上都学到手了。再说，革命不是学校里教出来的，花盆难栽万年松，我争取在实践中锻炼自己。”

“好！有志气。”孙中山拍着陈其美的肩膀说。

“我打算后天就走。”

孙中山示意陈其美坐下来，说：“用不着这么急躁，一切都要从容行事。告诉我，你回去有什么打算？”

“上海是我起家的地方，我也熟悉，争取以上海为中心，发动会党，聚集力量，一旦时机成熟，就举义旗，先夺南京，再渡江北上，进而夺取全中国。”

“很好！上海是长江中下游的咽喉要地，扼住它，江浙一带就有希望了。要吸取我们以往的教训，诸事要谨慎，各方面都要准备充分，方能行动。”

“先生的教诲，我一定切记。”

于是1908年春，陈其美从东京取道香港，顺利回到了上海。

陈其美回国后，奔走于上海、浙江、北京和天津等地，联络革命同志，但由于清政府的严密控制，革命暂处低潮，一时尚难有大的作为。

到了夏天，陈其美决定以上海作为活动基地。他通过表叔杨信之的关系，到杨信之创办的湖州旅沪公学担任代课教员，并以此身份进行革命活动。他发展的第一位同盟会会员就是杨信之的弟弟——杨谱笙（1879—1949），名兆鉴，湖州大丝绸商。

此时杨谱笙担任湖州旅沪公学教务主任（校长为进士出身的南浔富绅刘锦藻）。1903年，陈其美初到上海时，其兄陈其业托杨谱笙“就近督教之”。陈其美赴日留学，杨谱笙出力促成。陈其美介绍杨谱笙参加同盟会，以杨谱笙的北浙江路私宅和湖州旅沪公学作为联络点和活动基地。于是这里成了他秘密活动的据点。

这年秋天的一天傍晚。

陈其美已经洗脚上床睡觉了,突然有人敲起了门。

原来是徐锷带着一位大户乡亲来府拜访陈其美来了。

徐锷先把应桂馨介绍给陈其美说:大哥,这应桂馨可是浙江的暴发大户,想为我们革命活动办点善事,捐点款。

应桂馨把礼放下,自我介绍说:应桂馨,在下浙江鄞县人,家父应文生在沪开了一家石匠作坊,生意不说好也不说差,还算可以,今天特来拜访陈先生,先生如需经费支出,在下当效犬马之劳。

陈其美挥挥手说:谢谢应先生的革命之心!

自己人,不用谢。应桂馨说到这里,话语一拐道:这几年响应政府办学号召,在咱们家乡办了一所崇义学堂。遭到别人红眼,日子过得也很烦心。如果先生能为小弟出面调停,小弟永不忘大恩贵德!

说话听声,锣鼓听音。陈其美听出了所以然,立马拍板道:这个事我去给你摆平!不是说吗,革命者就是抱打不平!

随后,陈其美便偕魏伯桢等一行人马来到宁波,调解崇义学堂纠纷。陈其美以钦差大臣之身,先后拜访了鄞县教育会、宁波教育会及宁波府中学堂的负责人,他每到一处便和该地负责人话不投机争辩起来。

但当地"地头蛇"并不买账,他们大声对陈其美说:这是我们宁波人的事,你是吴兴人,与你无涉,请你去管管吴兴的事好了。

陈其美说:路有不平总要有人铲!

结果弄得不欢而散。

一计不成再生一计。陈其美调查完毕后回到上海,即以"学生陈其美"的名义致电浙江巡抚,大批宁波教育会偏听、武断、摧残教育。陈其美并将此电文印成传单,广为散发,造成影响。不料,浙江巡抚却根据陈其美的电文,要求宁波知府彻查禀复,一时传为奇谈。因此之故,应桂馨便与陈其美结为手足兄弟,并成为陈的得力帮手。

此后还有一事。

那便是1908年秋末,在上海,陈其美还与郭恩泽、龚斌、庄士杰、王树懋、郑隆骧、黄宝箴、虞恺、徐锷等人策划筹办《大陆新闻》杂志。为躲避敌人耳目,刊物决定设在湖北汉口英租界区。搞了三个通宵达旦,拟定了招股简章十六条:

第一条　名称:《大陆新闻》

第二条　宗旨:鼓吹文明,代表舆论

第三条　基地:汉口

第四条　发行:每日出版

第五条　资本:总额十万元

第六条　股份:每股五元

……

不几天,当陈其美等一行到达汉口后,不知为什么走漏了风声,即为清朝两江总督端方侦悉。他们连夜密电湖广总督赵尔巽,说陈其美等人名为办报,实为从事反清革命,请赵尔巽予以逮捕。

这时急煞了一个人。他不是别人,正是汉口商会卢会长。

卢某与陈其美颇有交情,得此消息后,急忙密告陈其美,并奉送川资,让他赶快离开汉口。陈其美才得以免于被捕。①

陈其美回国活动一年,虽然碰了不少钉子,遇到了很多挫折,有孙中山做榜样,他毫不气馁。他说:"机会不可待而得之,须造而得之。即使我人自身不能成功,而可造一大潮流使中国趋于进化。"②

① 张继学著:《民国先驱陈其美》,兰州大学出版社 2002 年版,第 22 页。

② 何仲箫编:《陈英士先生纪念全集》(一),台北文海出版社 1970 年版,第 245 页。

第四章　经营上海

●重整待发

这一夜,陈其美与于右任二人睡不着觉了。

他们俩谈论得很晚很晚……面对现实,革命跌入低谷,上海同盟会的骨干人物此时大多已离开了上海,原负责人蔡元培已到德国留学,留下来的同志也都萎靡不振。去年间孙先生举行了四次义举,全部失败告终,同盟会的元气大伤。加上清政府大搞白色恐怖,全面搜捕革命人,一些人吓破了胆,背叛了组织,同盟会也受到破坏。

最后,于右任说:其美,眼下思想这么乱,形势这么复杂,上海同盟会是否要整顿一下,不然就应付不了新形势的工作。

陈其美说:是,这个问题已经摆到日程上来了。再者,还有一个问题,就是肃清流寇思想,立足上海,面对全国。去年我全国几乎跑了一圈,形势几乎都一样。所以,作为我们经营好上海很重要。

于右任说:是,我也有这个想法。不能流寇下去,必须先把大本营搞好,扩大一点,就是江浙沪,其次再向外发展。再者我们二人,既然孙先生信任我们,也要分一下工,有主内的有主外的,有搞组织的,有搞宣传的。

陈其美说:应该分一下工。你抓全面,你主内我主外,你抓组织我抓会党联络。

……

他们二人这次长时间的交谈后,又召集会员们开了三次秘密会议,也算是思想整顿。会后,陈其美按照组织对自己的分工,开始了会党联络工作。

陈其美首先想到了"江洋大盗"王金发。

王是清政府缉拿的钦犯。

王金发,名敬贤,字季高。

早年在家乡与胡士俊等创立大同学社,秘密进行反清活动。王曾参加竺绍康的平阳党,也叫乌带党,被推为"龙头"老大。1905 年在绍兴大通学堂加入光复会。同年冬赴日本,入日本大森体育学校学习。在日本期间,与陈其美结识,相见恨晚。

1906 年,王金发回国,在秋瑾主持的大通学堂任体育教员。1907 年,徐锡麟、秋瑾会谋组织光复军,在安徽、浙江两省同时举义,推徐锡麟为首领,秋瑾为协领,王金发与竺绍康、张恭、吕凤樵等任分统。王金发任绍兴光复军分统。不久,徐锡麟在安庆起义失败,紧接着,绍兴大同学堂被查抄,徐锡麟、秋瑾先后遇难,王金发被清政府悬赏通缉。王金发改名子黎,带领大同学社革命党人,潜入浙东山区,过起绿林生活。

陈其美想到这里,喊来了蒋介石。

蒋介石跑过来后:大哥,你找我?

陈其美说:我想把"江洋大盗"王金发找回来!

蒋介石问:他现在在哪里?

陈其美说:潜入浙东山区,当起了绿林大汉,杀富济贫。

蒋介石回答:那好,什么时间出发?

陈其美说:没有别的事情,你今天就出发。

且说蒋介石当天出发到了浙东山区,打听了三天,没有信息。后来又到了王金发的家乡嵊县去寻找,又未找到。真见鬼了! 于是蒋介石回来禀报。

接着,陈其美又派杨侠卿扮成樵夫进入剡山,边访边歌,终于找到了王金发,将其带到上海。陈其美与王金发拜天地,结为金兰兄弟。陈其美并介绍王金发加入了同盟会。

起初,陈其美与王金发在上海美租界开设一家外国木器店,但意不在贸易。不久,王金发又潜回家乡,"售卖所余家产,得千余金更筹借千余,共二千余金来沪。未几,即与陈英士、竺谪仙(即竺绍康)辈在沪开设天宝客栈"。

后来,应桂馨又来入股,越开越大,生意兴隆。

因为王金发是清政府缉拿的钦犯,不便公开活动。因此,王金发主要从事惩恶除奸和秘密联络工作,时人誉之为"聂政"。据杨庶堪写的《陈英士先生墓志铭》称"大盗王金发独屈服之(指陈其美)"。此后王金发成为陈其美的得力助手。

天宝客栈成为革命党人在上海的重要联络机关,或称交通站。凡是从日本和国内其他各地到达上海的革命党人,一般都落脚在天宝客栈。陈其美因此认识了各地的会党头目和革命党人。

●扩大地盘，智斗黄金荣

天宝客栈生意兴隆，财达四方，自然引起了“青帮老大”黄金荣的眼红。

一天，黄金荣便以收取保护费为名，派来两个喽啰。

进门便嚷：老板，要收安全费，200大洋，不得拖延！

店小二说：老板不在家，明天来吧。

两个喽啰说：老板不在家，我们就等着，先给我们二人端来两碟菜，一壶酒，我们喝着等着。

店小二说：那个是要银子的！

保证少不了！

店小二无奈，请示了陈其美，给上了酒和菜。

趁这两个喽啰吃肉喝酒的时候，陈其美抬脚到了前方的新军军营，找到了昔日的好友张营座：今天遇到了两个吃酒不给钱的无赖，你找两个兵给我摆平一下。

张营座与陈其采同期东洋留学生，一见是陈其美来了：大哥，你先头走，我带人马上就到。

陈其美说：好了。说完就往回赶。

刚赶到天宝客栈，两个无赖酒足饭饱后，便说：今天要不了，我们明天再来。再见。

店小二出来：客人慢行，你们的酒钱菜钱还没有付呢？

两个无赖说：你过来我给付！

店小二没有多想，抬腿就过了去。

一个无赖假装朝衣兜里掏钱，说：给！

店小二刚刚伸出手来，对方就是一巴掌。接着另一个无赖对着店小二又是一个大嘴巴：还要吗？这是我们的地盘！我先给你打个招呼，不交安全费，我让你卷铺盖走人！

两个无赖见店小二捂着嘴不说话，扬长而去。还没有走出客栈大门，两个新军士兵拦住了去路：吃饭付钱，天经地义！你们交钱了吗？

店小二马上说：他们吃饭不付钱还打人！说完大哭。

快交钱！两个新军士兵一人一枪，顶住了对方脑门。

两个无赖见不好，交了钱，仓皇而逃。

两个新军士兵说:告诉你们的主子,这是我们新军的地盘！不准你们胡作非为！

再说这两个无赖,回到大本营,向主子黄金荣一五一十地作了汇报。黄金荣听后心中一颤:好个陈其美,新军在支持他?

黄金荣不甘心天宝客栈的失去,第二天一大早,带了一帮荷枪实弹的弟兄,来到了天宝客栈的门前叫号:有种的,给我下来一个,我点你的天灯！

陈其美知道黄金荣不会善罢甘休,肯定会来报复的。他早准备了一个排的新军战士,暗藏在天宝客栈的各处,以防万一。陈其美听到黄金荣叫号,先让店小二上前应付,说他马上就到。实际他在布防士兵。

店小二上来说:列位,稍等！老板片刻就来！

你说话算数?

我说话算数！

不等店小二说完,几个无赖就上来把店小二五花大绑起来:老板来不了,你也回不去了！

休得无理！陈其美威风八面地走了上来,冲黄金荣一抱拳:黄先生息怒,以你的地位和名声在这里撒泼耍横,有失你的身份哇！有话好好说,何必先把我的人抓起来再说话,这样也太无理了吧?！

黄金荣说:昨天我的人收款不给。陈其美说:据我了解的情况,不是那么简单吧?我倒听说你的人喝酒吃肉不付钱,还动手打了我们的店小二,岂有此理哪！

黄金荣说:没那回事！

陈其美也摆下了姿势,以硬对硬:要是有那么回事呢?！

黄金荣见陈其美来硬的,恼羞成怒,取下腰中烧鸡枪,向天一声鸣枪:兄弟们,给我拿下！

几个无赖呼啦啦把陈其美围了个密不透风。

哪知陈其美练过武功,一个扫堂腿,转了一圈,扫倒了一片。

黄金荣见势不好,慌忙举枪朝陈其美射击,陈其美早已向他开了枪,打伤了他的手腕,击落了手中的枪。

其他倒地的无赖起来,再次向陈其美扑来。

眼见陈其美寡不敌众,新军士兵从桌子下面钻出来,一阵枪响,平息了这场战乱。这场天宝客栈的战斗,以陈其美的胜利、黄金荣的失败而告终。

●“天宝客栈”事件始末

1909年仲夏的一天傍晚。

天宝客栈外面已经布置了暗哨。

革命党人的一个秘密会议正在紧张地进行。

光复会领袖陶成章正讲着自己的义举行动的计划，他说：虽然前面几个起义都遭失败，我们不能因噎废食，更不能一日被蛇咬，十年怕井绳。我主张苏、浙、皖、赣、闽五省联合起义。我愿亲自出马领军，与清政府决一死战！

陈其美摆摆手，他认为：五省的面太大，应该把拳头握起来，对着一个地方打，这样才有胜利的可能，不然又面临着失败，不是失败不起，而是给大家的打击太大。

蒋介石围着陈其美的讲话紧敲边鼓，他说：集中优势兵力，攻其一点，这是兵书告诉我们的智慧。五省都发动，一是我们没有那个精力，到现在为止，各省民众未及宣传组织，搞起来困难很大。还是五省选一省为好。

陈其美说：五省选一省，我们要选择哪一个省呢？

王金发说：我是浙江人，我觉得浙江条件成熟，胜利把握较大。

陈其美说：大家都发表发表意见！

那就我们浙江吧！张恭最后作了表态：我愿统领！

大家一阵掌声。

陈其美说：讲讲你的想法？

张恭侃侃而谈：我打算准备时间为二十天，下月初一行动。

有人认为，准备时间要长一些。

张恭认为时间太长效果也不一定好。

陈其美最后表态：还是张恭说的是！散会，大家分头准备。

按照会议商量的方案，浙江各府属的革命党代表先后在一个星期内到达上海天宝客栈，研究行动方案。先后到达上海的有：

杭属有徐无生、盛碧潭；嘉属有褚辅成、蒋志亲；湖属有陈英士、姚勇忱、杨谱笙；宁属有庄子盘、周淡游、蒋著卿、董梦蛟；绍兴属有竺绍康、王金发；台属有孙及泰；温属有张云雷；金属有张恭、周华昌；缙云属有吕逢樵、吕月屏。只有衢、严两属代表尚在赴沪途中。

大家正在紧锣密鼓地行动着。

不料就在这时,原同盟会会员刘师培、何震夫妇,以及他的表亲汪公权从国外回到上海,得知了陈其美浙江起义的内幕消息,竟然见利忘义。这天傍晚,刘师培夫妇找到表亲汪公权:有一个好的买卖,陈其美要发动浙江起义,你眼下穷困潦倒,何不做一文章?汪公权脑瓜一转,心领神会:我知道了。当晚他就跑到了清廷两江总督端方处,告了密。

端方大喜,说:你不但给我消息,还要想办法一网打尽,我可是说话算数,大大有奖!

汪公权说:你说怎么办就怎么办。

端方说:设计诱捕。

在哪个地方设计?

花楼大戏院。

我看可以。

那就一言为定。

二人哈哈地笑起来。

第二天,霓虹灯下的花楼大戏院前,人头攒动。革命党王金发、竺绍康等人春风满面,持票入场。实际他们身后已有暗探盯梢。他们入场后就看见几个人贼头贼脑,鬼鬼祟祟,去抢他们的座位。王金发对竺绍康耳语了几句,随后他们就离场回走,刚到楼梯口,有警察拦住:此处不能出,前面有要人过来,请走侧门!

这时,竺绍康主动上前,递出金质烟嘴奉上:家有急事,给以方便!

不行!不行!对方软硬不吃。

王金发、竺绍康情急生智,急忙进了厕所,破窗而逃。

这时,密探也随后跟了进来,不见了盯梢,枪声大作,戏院乱成了一锅粥。其他革命党人,也趁机逃之夭夭。

娘的,他们跑了!

跑了和尚跑不了庙!

接着,他们又包围了天宝客栈,进行搜捕。

他们前院搜到后院,后院又搜到前院,恰巧陈其美出去吃夜宵去了,没有搜到,只有没有去吃夜宵的张恭被搜了出来,被秘密送往南京陆军监狱监禁。

陈其美等人吃夜宵回来,知道了此事,气愤填膺。

第二天,陈其美派王金发在英租界寿康里附近处决了叛徒汪公权。

随后他们利用夜暗,潜入刘师培夫妇的睡房,突然举枪道:我们是革命党人,今天奉命处决叛徒!

吓得刘氏夫妇,赤条条地滚到了床下,跪地求饶:老爷饶命!老爷饶命!只要不死,做牛做马都行!

王金发道:能否保证张恭人身安全?

给我一命,我负荆请罪,亲去南京疏通,保证张恭生命安全。

好,我先饶了你,如不成,我再问罪!王金发放了他们夫妇二人。

次日,刘师培夫妇踏上去南京的火车,向端方求情,端方思索良久,才同意将张恭转到南京上元县地方法院关押。

在张恭被关押期间,陈其美还秘密到狱中看望,并以重金贿赂狱卒,使张恭没有在狱中十分吃亏。直到南京光复后,张恭才得以获释出狱。

因天宝客栈事件,陈其美的浙江义举计划胎死腹中。

●白色恐怖中的陈其美

天宝客栈被破坏后,陈其美、于右任不得不在英租界重建革命机关。

据陕西革命党人张奚若回忆,辛亥革命前,他到上海联络工作,也是在堂子里认识陈其美先生的。他说:“那时候,陈英士当然是官方注意的人物,我和他初次是在堂子里见面的。浙江路清和坊的怡情别墅姑娘是他最喜欢的。第一次彼此就躺在姑娘屋里的床上交头接耳地说话。姑娘当然避开了,老妈子总不时进来倒茶拿瓜子。这是我第一次进堂子,此后还在那里吃过几次酒,也是陈英士请的。”①

陈其美借勾栏场所作为从事革命活动的机关,成天出入于秦楼楚馆,“阳为纵情声色”,确实给他添加了几分“风流”色彩。辛亥革命后,政敌们攻击他为风流都督、杨梅都督,原来事出有因,此仅为后话。

1909 年秋天,著名拳术家霍元甲来到上海传授武术,教授弟子。

陈其美很敬佩霍元甲的高超武艺,在与其交往中,发现霍元甲不仅武艺高超,而且极富爱国思想,便私下与其商量,在上海一起筹办精武学校以储备军事人才。霍元甲欣然答应。陈其美计划挑选 50 名志向坚定、体格强健的同志由霍元甲教授拳术以及军事学,以 6 个月为期,然后以毕业的 50 人分到各地去组织同样的学校,每人再教授 50 人,照这样下去,不到十年,可以练成数十万或百余万体力强健并有军事学识的青年。陈其美与霍元甲等人创办精武学校的举动引

① 《辛亥革命回忆录》(一),湖南人民出版社 1983 年版,第 146 页。

起了日本人的注意。日本柔道会挑选了十余名选手,来到上海同霍元甲较量,结果,日本选手不堪一击,遭到惨败。日本人比武失败,感到丢了面子,便图谋不轨,进行报复。

日本人了解到霍元甲患有热症,便介绍他到日本人秋野开设的医院去治疗,趁机暗下毒手,在给霍元甲配的药中掺了慢性药。霍元甲服药后,病情急剧恶化,不久即去世。这样一来,陈其美通过设立精武学校,培育革命军事人才的计划未能实现。①

这一时期,虽然陈其美的活动受到限制,但他很重视舆论宣传工作,他还参与创办了《中国公报》《民声丛报》《民立报》等革命报刊,鼓吹革命,为义举再造舆论。

《中国公报》1910年1月创刊于上海,为日报。编辑及发行人为陈其美、陈毓川、陈去病。从创刊号起,连续三天登载《中国公报宣言书》,其中警句用大字刊出,如:"我国之政府乃营私之政府也,而欲为官吏者,须先带有一种营私之目的。稍知自爱者即常以入官为戒。"该报主要内容有论说、专电、短评、世界大事记、国内大事记、小说、漫画等。除在国内发行外,还行销至日本。大约在1910年10月3日以后停刊。②

时间到了1911年4月。

陈其美收到了同盟会南方支部的一封信,信中表明领导人黄兴、赵声、胡汉民等准备筹划在广州发动一次更大规模起义。

陈其美大为振奋,决定前往助阵。

在一个落霞满天的傍晚,陈其美偕王金发等人上了南下的船。

谁知黄兴的起义提前于27日(农历三月二十九日)仓促发动,当陈其美从上海赶到广州时,起义以失败告终。此时的广州清政府官吏正大肆搜捕革命党人,一大批同盟会的骨干分子英勇牺牲。

一时间,黑云压顶,白色恐怖笼罩广州城。

陈其美在广州期间,以《民立报》记者身份作掩护,冒险进入广州城活动。据说,他公开走访了两广总督张鸣岐和水师提督李准,当面劝说他们要考虑舆论,对革命党人不可妄自杀害,以免自食其果。陈其美还请广州巡警教练所所长夏寿华协助,帮助一些革命党人脱险。后来清政府官吏识破了陈其美的革命党

---

① 张继学著:《民国先驱陈其美》,兰州大学出版社2002年,第28~29页。

② 方汉奇主编:《中国新闻事业通史》(第一卷),中国人民大学出版社1992年版,第88页。

人身份，立即派兵追捕，陈其美机敏地坐了一顶大力轿去拜访一个官员，从前门进，后门出，顺利摆脱追捕，逃到了香港。

广州起义的失败，使同盟会遭受了巨大损失。孙中山痛心地说："吾党菁华，付之一炬。"领导起义的黄兴、赵声等人受此打击后，心灰意冷。赵声因悲愤交集，无以排遣，经常狂歌大呼。一日，胡汉民招饮。食后，赵忽觉腹中剧痛，延医诊治后知患了盲肠炎，但他急于远行，不愿割治。拖延一段时间，炎症加剧，不得不开刀治疗。据说陈其美很崇敬赵声，在赵治病期间，陈其美一直陪侍左右，"躬为看护"。病中的赵声不时高声朗读杜甫的"出师未捷身先死，长使英雄泪满襟"的诗句，陈其美被感动得热泪不止。赵声终于不治身亡，陈其美又将赵声安葬在香港茄菲公园之侧，并在墓碑上为之题写了"天香阁主人之墓"几个大字。①

① 张继学著：《民国先驱陈其美》，兰州大学出版社2002年版，第31页。

第五章 同盟乐章

●中部总会在上海成立

1911年广州起义失败后，在港的同盟会机关更加涣散，赵声病死，黄兴异常消极，扬言今后将专意于暗杀，胡汉民则避不露面。应该说组织混乱，人心起伏。

谭人凤看到此情此景，心灰意冷，决定回老家，不再言革命。6月初，谭人凤路过汉口，遇到焦达峰、孙武等人。焦、孙等人正拟乘湖南铁路风潮举义。焦达峰劝谭人凤说："事在人为，何必抛弃前功？"谭接受了焦达峰的意见，决定不再消极。

谭人凤在日本见到了孙中山，开口便说同盟会组织涣散，等于名存实亡。孙问你有什么建议？谭人凤说必须改良会务，不改革会务，内部思想更乱。孙中山点点头，表示同意。

实际上，孙中山所领导的同盟会是由几个明显的带有地域色彩的革命团体，比如说兴中会、光复会、华兴会、学生军国民教育会等团体成员结合组成的。在同盟会成立后，作为总会的革命领袖孙中山仍将工作重心放到南方几个省市，比如广东、广西、云南省的起义上，无暇顾及北方，引起内部会员议论。他们说：孙中山只注意自己的家乡广东，对于长江流域的各省起义一点也不关心，华侨们捐的钱都砸在广东省去了，北方的起义别想占到一丝便宜。特别是广州起义失败后，大家更坚定了这种看法。不少人把矛头指向了总理。

这时，有人进行还击说："党员攻击总理，无总理安有同盟会？经费由总理筹，党员无过问之权，何得执以抨击？"

宋教仁提出了"上、中、下"三策纲领，认为："在边地发动为下策；在长江流域发动为中策；在首都和北方发动是上策。"有人归纳说："下策太不济事，上策太不容易，我们还是取中策为好。"于是，便有了组织中部同盟会的主张，坚持在长江流域动手发动起义。

不几天，谭人凤便沿江乘船东下上海，与陈其美等人商议组织中国同盟会中部总会事宜，得到陈其美有力支持：我早有此看法。此事不宜再推！马上开会，马上决定。

7月31日。深夜。

上海北四川路湖北小学的一间教室里，灯火通明。

这是一次有历史转折意义的会议。

陈其美与宋教仁、谭人凤、范光启、姚勇忱、吕志伊、章梓等29人集会在此，宣布成立同盟会中部总会。

会议通过举手，选举了中部总会领导人：

陈其美为庶务，管理一切不属其他各部的事务；

潘祖彝为财务，管理筹款事务；

宋教仁为文事，管理参谋、立案、编辑及其他相关事宜；

谭人凤为交通，管理联络各等社会及选举、会籍、纠察、赏恤等事宜；

杨谱笙为会计，管理财务收支事务。

会议还通过了由宋教仁和谭人凤分别起草的《中国同盟会中部总会章程》和《中国同盟会中部总会成立宣言》。《宣言》和《章程》表达了对同盟会进行改组和改造的意思。《宣言》批评同盟会"有共同宗旨，无共同之计划；有切实之人才，无切实之组织"，"唯挟金钱主义临时招募乌合之众，掺杂党中，冀侥幸以成事，岂可必之数哉？此吾党义师所以屡起屡蹶，而至演最后之惨剧也。"①

《宣言》还强调，在组织上，中部同盟会"奉东京本部为主体，认南部分会为友邦"。总机关设在上海，"取交通便利，可以联络各省，统筹办法。"各省设分部，"收揽人才，分担责任。"机关内部实行"合议"制，"救偏毗，防专制"。各团体对于总部，必须"同心同德、共造时机"，不可有"省界情感"之宿见，"举义"必须"由总部召集各分会决议，不得怀抱野心，轻于发难"。

会中总理之职，暂不虚设，"留以待贤豪"。

《中国同盟会中部总会章程》计二十三条。

它宣布自己的宗旨是："以推覆清政府，建设民主的立宪政体为主义。"发展对象为同盟会会员。它还强调指出："会员皆一律平等。"会员在法律范围内，"操持身体、财产、职业、居住、信仰之自由。"会员得按法律"陈清保护利益，及陈诉冤案"，"有选举、被选举之权"。会员须"保守本会一切秘密"，"不得入反对本会主义之他团体"，有"纳捐项、出劳力"的义务。

8月2日，中部总会召开第二次会议，一致推选谭人凤为总务会议长。

① 《辛亥革命在上海史料选辑》，上海人民出版社2011年版，第7页。

得知中部总会成立的消息，黄兴从香港发来了贺信：

欣悉列公热心毅力，竟能于横流之日，组织干部，力图进取，钦佩何极！迩者蜀中风云激发，人心益愤，得公等规画一切，长江上下自可连贯一气，更能力争武汉。老谋深算，虽诸葛复生，不能易也。光复之基，即肇于此，何庆如之！

不久，黄兴又致书陈其美，要他以过去的失败为教训，“严剔内部之人，用一人必深悉其底蕴，绍介者尤宜负其责任”，“用人不可不择”；并告诫陈其美：“吾党发难之组织，不可不以军律成立。”他特别提醒陈其美：“沪上虽仅有机关，其乞丐侦探甚多，亦当注意。”

孙中山也给予了肯定。

接着，各省分会相继成立。

在陈其美的悉心经营下，同盟会中部总会“会务益振”。

关于陈其美在中部总会的作用，另有文章描述：

原来辛亥革命时期的第二流领袖沪军都督陈其美，是上海青帮的大头目。上海的戏院里、茶馆里、澡堂里、酒楼里、妓院里，无论哪个角落里都有他的党羽。所以一些革命同志无论有什么活动都要拉他入伙，尤其是辛亥年中部同盟会之成立，大家都要依靠他做台柱子。①

●武昌胜利枪声为中部总会成立剪彩

在同盟会中部总会的推动下，文学社和共进会终于于9月14日在武昌正式召开联席会议，商谈两团体联合，成立领导起义的统一机构及武昌起义的计划。会上推蒋翊武为总指挥，孙武为参谋长。并设政治筹备处，举刘公为总理。

1911年10月10日。夜。

暗夜中的武昌城炮声隆隆，火光熊熊……

战火中，一匹奔马昂首长嘶而来。

---

① 杨思义著：《二次革命失败后国民党人形形色色》《文史资料选辑》，中国文史出版社1989年版，48辑第135页。

衣衫各异的民军挥动十八星旗高呼万岁,从各个角落欢腾而出,汇在一起,直到江边。

江面一艘军舰的舰桥上,两名海军军官执望远镜观望。

奔马上的骑手高擎一面大红旗,旗上赫然三个大字“孙武到”。

居民铺户竞相燃放鞭炮欢庆……

江边,“孙武到”大旗迎风拂动。

江面上轮船纷纷鸣笛致意……

公元1911年,当历史进入这个年头时,孙中山所宣传的革命已被国人接受,同盟会播撒的火种已遍布全国各地。国人觉醒,义举连绵。历史已完成了重要转折:新军已代替了会党;义举已由沿海向内陆蔓延。面对这一突变的新形势,湖北新军决定加紧武昌起义,以策应全国局势的变化。种瓜得瓜,种豆得豆,规律如此,莫可违背。虽然武昌发难得于偶然,成功则早已孕育其间。湖北党人对军学两界的发动,始于吴禄贞在军界任职之时,继续于科学补习所成立之后,中经日知会、湖北同盟分会的努力,到1907年,已在军队中站稳了脚跟,成立了30多个革命小团体。1908年,湖北新军中的革命党人实行联合,组成了湖北军队同盟会,成员遍及各标营。湖北新军成了党人重要的活动基地。同年12月,军队同盟会改组为群治学社,改变主要在新军军官中发展成员的方针,以士兵为主要对象,并与另一个革命组织共进会湖北分会进行联络。

至1911年夏秋之交,全国各地保路风潮迭起,四川尤为激烈,发展到武装起义的阶段。保路同志军在川籍同盟会员领导下,于9月初围攻成都,清廷震动。为镇压川路风潮、防止起义扩大,清政府急调湖北新军31标及32标一营入川。湖广总督则调29标、马8标及32标另在鄂第2、第3营驻防宜昌、沙市、郧阳、岳州、襄阳、恩施等地,以控扼川鄂、豫鄂、湘鄂等冲要。这时湖北新军中的革命力量实际上处于分散的局面。

孙武何其人也?

时势造英雄。武昌新军起义已基本就绪,但针对缺少一位有号召力、有影响的总司令一事,文学社社长蒋翊武与共进会参谋长孙葆仁密商,叫孙葆仁改名为孙武,自称为孙文之弟,一文一武,又自号为孙遥仙,与孙逸仙正好“兄弟相衬”。两人议定,十分高兴:“像不像,就这样干!群龙无首不行!”

接着,他们在新军中开展了宣传,介绍孙文的人品、功绩,与其弟孙武的密切关系。一时间人们都知道了:“孙武奉孙文之命来号召起义”,“孙文就是中国的华盛顿”,“孙文已在国外购买了很多兵舰、枪炮”,“武昌义举在即!”

一个名字是一面旗帜。一面旗帜是一声号令。

这一宣传果然见效，很多年轻人崇拜孙中山，一时间都投到孙武麾下，愿听其指挥，成就一番大事业。很多新军、青年学生都纷纷参加。入会的人越来越多，仅在湖北1.5万人的新军中就有三分之一的人入会了。

为了加紧起义的进度，他们一方面抓紧与孙中山所领导的中国同盟会主要领导人黄兴联系，报告义举，获得支持；一方面加紧组织工作的落实。

9月30日，黄兴致函在加拿大的冯自由，请其转告中山先生急速筹款，以响应四川。黄兴此时对湖北的革命起义计划，尚不大清楚，自云“不能妄断”。

10月2日，吕志伊、刘芷芬抵达香港，请黄兴北上武汉，但黄兴此时热心于暗杀张鸣岐、李准，无意马上北上，即日电告孙中山和南洋各埠，急筹款项，以接济武汉的军事行动。

10月3日，黄兴经与吕志伊、刘芷芬深谈后，方知武汉义举发动在即，如箭在弦上，遂又改变计划，于10月5日致函冯自由，请电告中山先生，武汉地区起义势在必行，请从速助款，并说明他不日即赴鄂中，与鄂中同志再举义旗。他说：“弟本以躬行荆、聂之事，不愿再为多死同志之举，其结果等于自杀而已，今以鄂部又为破釜之计，是同一死也，故许与效驰驱，不日将赴长江上游，期与会合。”信末再请冯自由转告中山先生，竭力援款为要。

10月7日，黄兴在去武昌前，又致函南洋和美洲各同志，呼吁尽快筹款，以应鄂省起义之举。

孙中山得知武昌起义已经完成部署，十分高兴，于10月8日晚，着深色大衣并戴礼帽，至旧金山《大同日报》编辑部，镇静而欣喜地转告同志们此一消息。次日，又致函筹饷局会计李是男，除汇出港款外，余款以中山先生名义存入银行，以备急用。同时告诉李是男，近日他将赴欧洲一行，联系外交之事，不能即时回国。

再说武昌革命党人此时却发生了意外。10月9日，孙武在汉口俄租界宝善里制造炸弹，不慎发生爆炸。俄国巡捕闻声赶来搜查，将准备起义的旗帜、文告、印件、名册等搜去，起义计划因而泄露。蒋翊武仓促下达命令，通知革命党人当晚12点，以鸣炮为信号举行起义。命令下达后，下午5时20分，由杨宏胜负责运送子弹至各营，途中于工程第8营营门口为清弁发觉，派兵尾追，杨以炸弹阻挡，及其抵达寓所后，又因失误被炸伤，旋被拘捕。这时蒋翊武、刘复基、彭楚藩正在小朝街机关部等候发难，亦为清吏侦悉，大队清兵来捕。蒋翊武因形象如学究，得以逃走；刘、彭和龚霞初、牟鸿勋均被逮捕，解送督署。到晚，各营党人均枕戈待命，而炮队部寂然未动，均惶惶不安，这是因为传达起义号令的邓玉麟到中和门时，城门已闭，不得出城，南湖炮队未得到命令所致。翌日拂晓，刘、彭、杨三烈士慷慨就义于武昌督署门外。

湖广总督下令关闭城门，按名册搜捕革命党人。当晚7点，武昌城内黄土坡新军第8镇工程第8营的一个排长巡营时，发现士兵熊秉坤、金兆龙有“越轨”行动，正做起义的准备，便令士兵将他们捆绑起来。金兆龙对着士兵大喊一声：“同志们，反吧！”他们当场打死了那个排长，鸣笛集合了40多个士兵冲出营房，枪声爆响，直取楚望台军械局。

枪声就是命令。

一方枪声，八方响应……

先是驻唐角的炮队11营与工兵11营同时响应，火烧营房。

辎重11营亦行动。炮、工、辎总代表余凤斋统一指挥以上3个营，以炮队11营攻武胜门，工、辎两营予以掩护。

守通湘门的第30标代表张鹏程见唐角火起，又闻枪声，即率队直趋楚望台，与守楚望台的工程第8营代表联合占领楚望台，打开军械库，分发子弹。

第29标排长蔡济民、李达武、李济臣等，听到工程营枪声，整队由保安门进攻督署。

第30标排长吴醒汉、徐达明、方维、陈伟、钟仲衡，也相应发动，占领蛇山。

测绘学堂学生，也临时参加起义，急至楚望台领械，驻守通湘门和楚望台。

第30标钟仲衡、卢雅卿等率队出中和门迎接南湖炮队，遂与炮队同驻楚望台，并分队到蛇山、黄鹤楼等处驻守。

马队8标徐国钧、黄冠群，也听到枪声便率队入城，巡逻各城门和传递战讯。

第32标代表单道康、孙昌福，也闻声率留守部队，由保安门入城，协同第29标进攻督署。

第41标第3营代表阙龙和胡培才、李文灿、邹栋、王世龙、顾鸿、梁栋、柳涤凡、李必胜、郑继周等闻声齐集操场，大呼站队，争取到队官胡廷佐。第2营廖湘云和姚钧，亦争取到队官李铭鼎。两营的管带分别逃走。两营由阙龙、廖湘云指挥，由长街协攻督署。

第31标代表江光国，见41标发动，亦率队分守宾阳门和忠孝门。

湖广总督瑞溦闻变召第8镇统制张彪商讨对策，用电话调兵，各标营无一应者，只有辎重第8营奉命分守各街口顽抗。

30标、41标急攻督署不下，阙龙受伤，犹力战不退。王世龙则以火攻督署前之钟鼓亭，炮队则开炮射击。起义军进攻总督衙门，瑞澂、张彪仓皇登上长江的“楚秦”兵舰逃跑。

继而蛇山、凤凰山炮台合击清廷布政使藩署，官吏望声而逃。至此武昌完全光复。

11 日晚和 12 日晨，汉阳、汉口的新军也举行起义。武汉三镇很快被革命党人占领。11 日，起义军把藏在黄土坡的 21 混成协协统黎元洪搜出，带到武昌红楼原湖北咨议局。当天，成立了湖北军政府，改国号为中华民国，任黎元洪为都督，又推湖北咨议局议长汤化龙为民政总长，目的是想借助他们的“名望”以号召民众，争取民心。

此次起义，揭开了辛亥革命的序幕，敲响了清王朝覆灭的丧钟。

犹如武昌一声枪响，全镇立即响应一样，武汉起义的一举成功，也极大地鼓舞了华夏四方。人们看到了希望，看到了成功。各省纷纷响应。

10 月 22 日，湖南宣布独立，成立军政府，推举焦达峰为都督。

23 日，陕西宣布独立，成立军政府，推举张凤翔为都督。

29 日，山西宣布独立，成立军政府，推举阎锡山为都督。

11 月 1 日，云南宣布独立，成立军政府，推举蔡锷为都督。

2 日，江西宣布独立，成立军政府，推举吴介璋为都督。

3 日，上海革命党在陈其美、李燮和等领导下起义。4 日，革命党占领上海。7 日，上海军政府成立，推举陈其美为都督。

5 日，江苏独立，推举原巡抚程德全为都督。

至 11 月下旬，全国 25 个省区，已有 15 个省宣布独立。清朝政府处在土崩瓦解之中。

●革命胜利的日子

中部同盟会庶务部长陈其美接到武昌急电后，他很高兴，他似乎从武昌起义胜利中看到了上海胜利的希望。于是他便电召在日本的留学生、同盟会员立即回国投入革命。这时，他也清楚自己以前的工作重心多在联络会党和资产阶级上层的工作，对于当地军警“鲜通声气”，缺少在上海发动起义的军事实力，条件尚不成熟。于是他把蒋介石叫到身旁，密谋一阵。10 月 12 日，蒋介石潜赴杭州，督促浙江革命党人起义呼应。

陈其美偕蒋介石连夜起程到了杭州，了解到政府新军中第 81 标和第 82 标倾向革命,可以成为起义军的主力。他们又和杭州的革命同志拟订了起义计划,然后他让蒋介石留在上海继续发动,自己抽身又去了南京煽风点火。

几天后,蒋介石又找陈其美汇报。

“干得漂亮!”陈其美表扬了蒋介石后,又交给蒋介石军费3600元,让他组织一支100人的“先锋敢死队”,由蒋率领赴杭州参加起义。蒋带队于11月3日返回杭州,将敢死队员分别埋伏在杭州城外的奉化试馆、仁和火腿店和革命党人李汉臣家中。当天深夜,传来上海革命同志已发动武装起义的消息,杭州革命党及时响应。4日深夜,蒋介石接到杭州起义指挥部的命令,率敢死队立即出发,由望江门进城攻打浙江巡抚衙门。敢死队员个个奋勇作战,清军溃不成阵,逃跑的逃跑,投降的投降。浙江巡抚曾韫被起义军活捉。革命党于当天成立军政府,推举汤寿潜为都督。

杭州光复后,蒋介石回到上海,协助陈其美整编革命军。陈又组建了沪军第5团,蒋为团长。

武昌起义后,正在上海的清政府公使伍廷芳,也宣布赞成共和,先后致信摄政王载沣和内阁总理大臣庆亲王,劝告清帝退位。情急火燎之中,庆亲王劝载沣重新起用袁世凯。

“这不成!”载沣摇摇头。1908年载沣要为哥哥光绪报仇,想杀袁世凯,怕引起军变,没敢动手,就以“回籍养疴”为名,把他赶出宫廷。这时袁世凯住在河南彰德府洹上村。

“挽救危局要紧!”

“就这样定啦。”载沣犹豫了半天,终于下了决心。于是任袁世凯为钦差大臣,节制冯国璋、段祺瑞的北洋军和湖北水陆各军。就在这一天,北洋军受袁密令,向汉口的革命军发起猛攻。

黄兴接湖北军政府电请,赴武汉“以资震慑”。黄兴多次组织领导过武装起义,且身先士卒,临危不惧,威名远扬。

10月28日,黄兴偕同夫人徐宗汉与宋教仁、刘揆一等乘江轮到汉口,旋即南渡武昌。黎元洪派代表及乐队、仪仗队在江岸隆重迎接。29日,黄兴以战时总司令身份赴汉口督师,设指挥部于歆生路满春茶园。11月2日,北洋军攻占了汉口。革命军退守汉阳,黄兴回到武昌。3日,都督府在阅马场举行了盛大的拜将仪式,特建一座拜将台,各机关人员及军队官佐,并派军队一标,于正午会齐军政府参加仪式。台上四角树立军旗,中央挂着一面大旗,上书“战时总司令黄”。黎元洪在台上亲将印信、委任状、令箭授予黄兴。黄兴慷慨陈词道:

“此次革命，是光复汉族，建立共和政府，无知虏廷仍无觉悟，派兵来鄂，与民军为难，我辈宜先驱逐在汉口之敌，然后进攻，收得北京，以完成革命之志。今日承黎都督与诸同志举兄弟为战时总司令，责任重大，实难负荷，但大敌当前，不敢不勉。因念军人以服从命令为天职，以艰苦奋斗为己任，兄弟愿从黎都督与诸同志后，直捣虏廷，恢复神州，虽捐躯献身，均所不惜。”

黄兴当日即戎装出发，赴汉阳备战，将湖北军队编为第一军，分片划区，保卫汉阳，并准备反攻汉口。

袁世凯攻占汉口后，一方面源源增兵，一方面急欲与武昌军政府谈判。他派蔡廷干、刘承恩带着他的信件来到武昌军政府。呈上信文：“如以承认君主立宪，两军息战。否则，仍难免以武力解决。”态度之横蛮，间有讹诈，立遭斥责。革命党人把信文公开，民众团体也在军政府门外示威抗议。黎元洪虽心有动摇，但迫于革命党人和示威群众的压力，不敢公开表示什么，只是说道：

“为项城（袁）计，即令返旆北征，克服汴冀，则汴冀都督非项城而谁？以项城之威望，将来大功告成，选举总统当推首选。”蔡廷干和刘承恩在黎元洪卫队的护送下返回汉口。

在和平试探受挫后，袁世凯见软的不行，又来硬的，即令冯国璋集中3万兵力猛攻汉阳，企图迫使武昌军政府就范。汉阳民军只有12000多人，不及敌军一半。黄兴指挥民军奋勇抗击，但因敌我力量悬殊，敌军攻入汉阳。黄兴在城破之际，决心与城共存亡，经同志劝止才撤出汉阳，乘轮返武昌。

“丢人啊丢人！”黄兴大呼。江轮渡至中流时，黄兴纵身投水，被左右救起，免于死难。当晚11时，渡江到武昌军政府，立即召开紧急会议。黄兴悲愤万分，深以为愧。他分析了汉阳之败，原因有三：“第一，官长不用命；第二，军队无教育；第三，缺乏机关枪。”黄兴主张放弃武昌，攻取南京，但被否决。27日，汉阳失陷，“武汉人心，悲痛异常，甚至车夫、舟子皆相视对泣”。

当时，最最使人忧虑的事是南北议和，此事在革命党内部呼声越来越高，暗中的进程也越来越快。

11月11日，江苏省都督程德全、浙江都督汤寿潜（原咨议局议长和铁路总理）和上海都督陈其美联名致电各省军政府，建议派代表，像美国独立战争那样，在上海开各省代表大会，但黎元洪却通电全国，要各省代表到武昌组织临时政府。以后，虽然各省代表陆续在上海集会，组成了“各省都督府代表联合会”；但公认湖北军政府为中央军政府。同意到武昌组建临时政府，这样，就更使黎元洪有资格代表南方革命党人同袁世凯谈和了。

再者，各省革命党人在建立军政府时，大都效仿湖北的做法，把都督这一最高军政要职交给原来的巡抚或协统等旧官僚。这些旧官僚，在革命党人的枪口下，依然两怕：不摘下红顶花翎怕革命党；穿上都督服，却怕半倒不倒的皇帝。

接着，程德全致电各省军政府，建议公请孙中山回国组织临时政府。此时，孙中山正在美国为起义筹款奔走呼号。

●陈其美收复上海

陈其美在辛亥革命史上的最大功绩，还不仅在于他能会同宋教仁、谭人凤等筹组中部同盟会，积极策划支援长江流域的革命运动，而是在武昌起义以后，迅速光复上海，影响了整个的革命战局，奠定了辛亥革命成功的基础。

上海的革命党人在陈其美组织下，加紧筹划起事响应。

参与筹备起义的有中国同盟会中部总会、光复会上海支部和上海商团公会三方力量，主要负责人是陈其美、李燮和、李英石、李平书、钮永建等人。革命党人除了由同盟会、光复会志士及帮会成员组成的敢死队，以及商团公会所办的地方武装可以依靠外，还得到了淞沪地区部分军警的支援。

且说1911年11月3日（农历辛亥年九月十三日）上午11时，枪声大作，起义者跳出战壕，边冲边打，率先占领了闸北巡警总局。

由于大势所趋，人心所向，驻沪清朝军警纷纷倒向革命党人。

午后2时许，各路敢死队与商团武装数千人至西门外斜桥西园（也称九亩地）举行了出战誓师大会。

陈其美等人上台发表演说，宣布上海光复战开始，在反清中争取独立！

起义口号声连天。

接着义军挥旗向上海县城猛攻，县知事衙门、道台衙门均很快被先后占领，上海县知事、道台逃入租界避难。至晚上8时，上海城内外已全部光复。但在攻打江南制造局时，意想不到的事却发生了……

江南制造局位于上海县城南门外的高昌庙。创立于1865年，是当时国内生产新式武器的最大兵工厂之一。革命军若能将制造局控制在手，军火便不愁缺乏。此时的制造局总办张士珩（字楚宝，号弢楼）是安徽合肥人，系李鸿章的外甥，所部卫队三百多人，都是安徽老乡，外人无法入手，必须硬碰硬地以武力去对付。

另外，防守制造局的，除驻军以外，还有特别巡警队，同时在黄浦江中还泊有一艘炮艇，协同防御。

情况十万危急！

怎么办？

下午4时，陈其美赶赴火线，另行组织一支百余人的敢死队前去攻打江南制造局，并亲自动员，随队督战。

敢死队携带向商团公会借来的40支步枪、子弹若干发，以及自制的土炸弹数枚，由杨谱笙、高子白带队，在陈其美督战下，边掩护边冲击，很快到了制造局门前。

陈其美一方面是急于求成，一方面也是感到在大局已定的情形下，实在不必要造成敌我双方无谓的人员伤亡，于是他请各同志暂停攻击，自己则准备入局劝降。杨谱笙站出来劝说："千万不可以，这是非常危险的事，万万不能冒险。"

陈其美坚定不移地说："只要有益于大局，个人安危何足计较！"

接着在枪声中，他杨起了自己手中的白毛巾，示意对方和谈。

对方大哗的枪声立刻停了下来。

战场恢复了死一样的平静。

陈其美大喊："为了不必要的双方牺牲，我愿意做人质，双方进行谈判！"

对方喊道：你是谁？

"我是陈其美——"

"我们不认识——"

"你的长官认识我，我可以赤手过去，让长官认识，好吗？"

"好吧——"对方也扬起了白毛巾。

这时杨谱笙再次相劝："对方居心险诈，先生万不可去！"

陈其美说："为了上海的光复，为了不必要的流血，我已把自己生死置之度外了！大家不要劝了！"

陈其美说完跳出战壕，扬起手臂高呼着：我是陈其美——

枪声暂停，两军对峙的阵地显得出奇的宁静。战场仿佛在突然间远远遁去，留下的只是悠远的蓝天，开阔的旷野，微风吹拂的一丛丛青草和不知名的小花。

陈其美高喊：我是陈其美，我是陈其美——

他身穿白衫，在这一片开阔地上飘然地、镇定自若地朝前走着。"哒"像是一枪走火，把大家的心紧悬起来。或像是一错觉，鲜血从陈其美的白衫上慢慢渗透开来。

应该说，这真是一种错觉。难怪这种错觉在为后来沪上都督竞选时加分。

陈其美在人们错觉中到了对方的阵地。

果然,等他进去之后,便消息杳然。

实际上是他劝说无效,反被扣留了。

当时陈其美进去,劝说张士珩投降,免遭流血之祸,并晓以大义,说革命党已在外面围攻,声势赫赫。不料张士珩丝毫不为所动,喝道:送上门来了,还不给我绑起来!

于是几个膀大腰圆的人上来,立马将陈五花大绑,并骂道:“你们这批亡命之徒,待我将外面这些狐群狗党打死,再来杀你。”

陈其美见劝降办法行不通,只好束手待毙。

劝降失败,只得硬攻。

下午5点,枪声大作,战斗重起。

敢死队乘制造局放工时候,拥入局门。当时守军中一部分人同情革命,但还有一小部分人在总办张士珩的督率下负隅顽抗。守军先放空枪以示警告,敢死队见无子弹,便冲上前去投掷炸弹,守军于是以实弹射击,当场打死一人打伤二人,敢死队进攻受挫。待击退革命党人后,得意扬扬的张士珩便要来杀陈其美:陈其美,你的部队被打下去了,你还嚣张吗?

陈其美说:我不相信!你赶快投降,我会给你一条生路!

你高兴得太早了!说完一个巴掌扇向了陈其美。

张士珩恼羞成怒:给我开刀问斩!

当时制造局内有一个名叫张杏村的士兵,暗中支持革命,在局中充当内应,在旁眼见陈其美生死系于一发之际,乃挺身而出说:“此人乃微弱书生,有何本事,杀不杀,无济于事,但他们党人很多,均不怕死,今若杀他,设异日他们专来找总办谋报复,可了不得。”

张士珩还嘴硬:“我不怕他们,更不怕死。”

张杏村复晓以利害:“总办所说甚是,但总办的少爷、小姐均在外居住,身家性命以及财产,也当顾虑。即我等在此自当同总办出力,设若革命党成功,他们必不饶恕我们。请总办想想,何不等到大事平定,再来杀他不迟,横直他在这里哪能跑得脱。”

张士珩听了张杏村之言:“你的话有道理,我可以让他晚死一会儿。”便放弃了立即杀害陈其美的念头,但仍要让他吃点苦头,遂将陈其美仍捆绑在柱上,命人取用冷水从口注入,使其难受。

听说陈其美被俘,李平书赶忙与李英石一起到制造局见张士珩,谓陈其美系

《民立报》记者,请求将他释放。张士珩哪里听得进去,说什么书生不知利害,妄思革命,徒送死耳!李平书察言观色,见不能立即释放,只好先行返回。

深夜,李平书与沪上名绅王一亭再次赴制造局,以上海城自治公所、上海县商会名义,保释陈其美。张士珩顽固地表示,既然声称是《民立报》记者,那就要该报馆出具担保书,保证以后不再来局滋扰。

陈其美被扣押的消息,不胫而走,传遍了上海,广大军民纷纷前来搭救陈其美。唱戏的伶人夏月珊、夏月润,也率领同班同台演武戏的几十名朋友,提着刀枪棍棒,争先赴援。革命党人见陈其美不得获释,决计以敢死队再次攻局。

不到半夜,张士珩又得到消息,说革命党人已在上海联合所有军警来攻制造局。起初张士珩还不相信,后听接连报告说上海道台、县官均已逃亡,全市皆悬白旗了!此等消息,令张士珩心慌意乱,胆战心惊。于是他下了决心,一不做二不休,下令把陈其美斩了!

两位枪手把枪对准了陈其美的脑门,只待扳机扣响!

没容枪手扣动扳机,敢死队已先敌开了火,击毙了两个枪手。

随后,革命党人发动了猛攻。

起初局中以机关枪抵御,防守严密,不得入。不久,清军起义士兵和商团武装前来支援革命党人。制造局被团团围住,遭受到商团、敢死队与士兵数千人猛烈的攻击。起义军从防御薄弱的制造局后墙翻入,举火焚厂,局中顿时陷入慌乱,守军非逃即降。4日凌晨,清政府在上海的最后堡垒江南制造局终于被攻破了。总办张士珩见大势已去,携襄办乘小火轮逃往租界,仓皇逃命的他当然顾不上杀陈其美了。

起义军冲进制造局后,起初到处找不到陈其美,最后才在局后厕所旁一间储存废铁的小房间里发现了他。只见他席地而坐,被钉上了脚镣手铐,身体被粗麻绳绑在一张木凳上,头紧紧贴着墙壁,头发被钉在墙上,全身动弹不得。他被同志们放下来,打开脚镣手铐时,早已周身麻木。被人扶着走了几步,活动活动身体,然后被送回去休息。至此,上海乃胜利光复。

第六章　沪上都督

●刘福彪的一枚手榴弹摆平了都督人选

自11月4日上海光复当天起，革命党人与上海地方各界人士，便在小东门内海防厅旧址连日召开大会，讨论独立后的措施。

大家都认为上海乃地方冲要，必须推举一个统领军政的人任都督，但在都督人选上，却发生了严重的分歧，有功于上海光复的三大势力都想染指，差点酿成内部火并。当时，同盟会方面竭力推举陈其美，帮会、报界和留日学生也都拥戴陈其美；光复会方面拥戴李燮和，淞沪一带的起义军警也支持他；上海地方绅商则推举钮永建或李英石当都督。

话说11月6日这一天，推举沪军都督的大会在上海城小东门的旧式五开间高大平房海防厅内举行。海防厅内外，人流如潮；进门处，由肩背步枪的卫兵分列两排站岗警戒；厅内正面会场上空悬挂着“沪军都督推选大会”的红色字条，整个会场庄严肃穆。

下午2时整，鼓敲一阵，陈其美身穿学生装到达会场，前后跟着陈其美的把兄、青帮老大范高头的徒弟，号称“四庭柱”之一的刘福彪率领的几十名敢死队队员，一个个膀大腰圆，威风凛凛。刘福彪跟着陈其美走入会场，敢死队员们则留在了厅外。

陈其美进场后，一阵鼓鸣，李燮和骑着高头大马也进了会场，腰悬佩刀，背后跟的是几十名商团团员，一个个凶神恶煞。

两军到齐，陈其美与李燮和分别抽签，然后演讲。

结果李燮和抽得上签，先上台演讲。台下一阵阵掌声雷动。

李燮和演讲结束，陈其美上台演讲，自然也是掌声雷动。

两人演讲后，推举都督的会议不久便陷入对峙的局面。且说商团代表以李燮和“军事学识渊博，指挥上海光复任重功高”为由，提议李燮和出任都督。而同盟会和会党方面则坚决不同意，推荐陈其美为都督。

你声高我声更高。争执之中，黄郛拔出了手枪，声称是陈其美先进入上海制造局，立下第一功。这时在场的商团军官也拔出了手枪，称陈其美进制造局后即被拘捕，后来是李燮和指挥全党和商团攻下制造局的。

双方争论不休，大有火并的气势。这时刘福彪高举手榴弹，突然大声吆喝："攻打制造局，陈先生身先士卒，吃了那么大的苦头，都督非选陈先生不可，否则我手榴弹一甩，大家同归于尽"！

在这样的威胁下，其他人都屈服了，最后经过斡旋协商，大家同意由陈其美出任沪军都督，李平书为民政部长，钮永建为军务部长，伍廷芳为外交总长，沈缦云为财政部长，王一亭为交通部长，张承槱任沪军北伐军总司令兼沪军敢死队总司令。11月8日，中华民国军政府沪军都督府正式成立。

辛亥革命是我国近代历史的转折点，在这个时期中，所以能转危为安，挽回当时的革命局势，关键一点就是上海光复。在武昌发难以后，如果没有上海的光复，来做武昌大力的声援，面对疯狂反扑的清军，则革命事业可想而知一定会遭受到重大挫折，说不定清政权或可再苟延若干年。上海光复，革命局势发生极为有利的改观。因为上海是中国最重要的工商业城市，媒体又极其发达，国际舆论和国内民意，多以上海的反应为标准。上海成功摆脱清政府统治，令革命军声势大振，全国民心因此日益倾向于革命军。

在上海光复的影响下，11月5日，江苏省会苏州、浙江省会杭州几乎同时宣布独立。至12月2日，江浙沪革命联军攻克南京，长江下游一带遂全部光复。

在上海的三位都督：沪军都督陈其美、江苏都督程德全、浙江都督汤寿潜同各省都督代表举行会议，决定临时政府设在南京，并公举黄兴为大元帅，黎元洪为副元帅。但是，黄兴由于汉阳之役受挫，在内部很遭一些人的非议，他自己也很沮丧，大有饮恨终身之意；再加上黎元洪反对推举黄兴为大元帅，结果黄兴竟然在上海为欢迎黄任大元帅而举行的大会上宣布："鄙人才力不胜，请各位容许辞此大元帅之职！"全场一片哗然。

当然，宋教仁等同志是能理解黄兴的。这位忠勇的战将，同盟会的柱石，心地坦荡无私，他推辞不就的原因，除了以上那些消极方面，还有一条，就是他认为最高职务应当虚位以待孙中山。黄兴虽然也认为利用袁世凯逼清帝逊位，不失为一条策略，但他到底是希望孙中山赶快回来主持大局。考虑到局面的复杂性，如果黄兴执意不就大元帅之职，此职就毫无疑问地落入黎元洪之手了，但黎元洪是宋教仁等革命党人无论如何信不过的。所以，宋教仁坚决主张在孙中山回国前，应当由黄兴来主持大政方针。经过多人劝说，黄兴总算勉强答应暂时担当大元帅之职，一俟孙中山回国，理应由这位同盟会总理执掌大权。

然而，黎元洪几乎立刻作出反应。他通电全国，反对上海方面推举黄兴为大元帅。与此同时，加快了南北和谈的步伐。12月17日，作为袁世凯的谈判代表，唐绍仪到达上海，同革命党代表伍廷芳谈判。

同日，在南京，一群江浙联军的军官聚众闹事，迫使各省代表改选黎元洪为大元帅，黄兴当副元帅。南京的立宪党人、旧军官自称拥黎派，排斥黄兴；而革命派中拥护黄兴的人，激愤难抑，提出逮捕闹事军官，惩办改选黎元洪的各省代表。南京，处于革命军内部火并的前夜。亏得能干的宋教仁巧于斡旋，才使南京的政局得以维持。

好像混乱、争权夺利还不够似的，光复会的领袖、一代文宗章太炎竟然在这时提出：革命军起，革命党消。革命阵营内部的思想非常混乱。宋教仁面对这一切，望眼欲穿地盼望着孙中山回来。他相信，只有众望所归的中山先生回来，才能扭转目前的混乱局面。盼啊！革命党中有多少人像宋教仁一样，翘首以待他们的领袖孙中山早日归国。

接着，各省代表在汉口英租界顺昌洋行开会三天。讨论的内容是成立中央政府，通过《中华民国临时政府组织大纲》。并议定，“如袁世凯反正，当公举为临时大总统”。这又为袁日后窃权埋下了伏笔。历史就是这般复杂、微妙。

12月25日，同盟会总理孙中山从海外归来，到达上海，陈其美朝夕不离左右，会商临时政府组织方案。12月29日，孙中山被各省代表推选为中华民国第一任临时大总统。1912年1月1日晨，孙中山由上海启程，前往南京赴任。陈其美不仅准备了专车，并派卫队护送。即日孙中山在南京就任临时大总统职，以那一天为中华民国元年一月一日。

●招募姊妹花，艳惊陈其美

陈其美走马上任上海都督的第一天，就约法三章。一方面整顿社会秩序，一方面设立招募站，扩充沪军，乘胜追击，扩大战果。

他上任的第二天，上海的大小街头，凡是繁华的市井，都设有招募站，都飘有招募新兵的红绿标语，和一群臂戴红袖章的工作人员，那标语上写着“一人参军，全家光荣”、“参军保家，支援南京”、“打倒军阀，解放镇江”等等。看了这些标语口号，让人心动，不少应征青年在招募站的长桌前排起了长队，等待报名登记。

这是上海南京路上一个招募站，这里的报名青年更是人潮涌动，不但有男性，还有女性。尤其是戚家二姊妹，更吸引了人们的眼球。她们是孪生姊妹，芳龄十八，花枝招展，自称是“辛亥三杰”秋瑾的学生，更是引起了招募人员的格外注意，急忙报告陈大都督。

陈其美飞马来到南京路，验证真实，果然让他着实高兴，俯下身来，望着这两位豆蔻年华的姐妹问道：“你们俩中谁是大姐？”

两人只笑不答。

一旁的工作人员让陈大都督猜一下。

陈其美左看右瞧，像一个模样，长得一般无二，让他无法猜测，人们的喊声越来越大。

陈其美索性指着右边的道，你是姐姐。

不对，我是姐姐。

逗得大家都笑了起来。

接着陈其美又问起姐姐叫什么名字？

姐姐说我叫戚志锐。

那妹妹呢？

妹妹说我叫戚志峻。

你们为什么参军？

她们姊妹一致回答，支援南京前线。

陈其美又道：听说你们都是秋瑾的学生，秋瑾的学生个个都是人才，武艺超群。正好你们手中有花枪，给大家耍两下，让上海市民也开开眼界！

在陈其美的要求下，姊妹俩手持花枪，英姿飒爽，片刻后耍将起来。只见她们手中的花枪，翩翩起舞，身前身后，身左身右，不见了姐妹身影，只有花枪的舞动，场地越扩越大，犹如两股“旋风”，忽左忽右，满场飘动，瞬间人们鼓起掌来，掌声中两个“花球”又弹跳起来，满地生风，更是赏心悦目。

雷鸣般的掌声中，陈其美喝声停，俩姐妹方才停止下来，口不喘粗气，亭亭玉立。陈其美赞不绝口：欢迎姐妹从军。军中英雄，古有花木兰，今有戚家姐妹。从今后我要成立沪上女子国民军，任命二姐妹为队长，传授武艺，杀敌立功！人们再次报以掌声。

后来南京光复中，沪上女子国民军起了很大作用，她们勇猛冲杀，把战旗插上南京城楼，立了头功，受到了陈其美的嘉奖。再就是后来执行保卫孙大总统的活动中，先敌开枪，枪杀敌特，保护了大总统的人身安全，再立新功。

戚家姐妹不爱红装爱武装，而陈其美爱江山更爱美人，以后戚家姐妹成了陈大都督的私交和红颜知己，这已成世人皆知的新闻佳话，此是后话不谈。

●剪辫子之风，威惊上海滩

如果说招募站招募新兵是陈其美的一大发明，那么剪辫子之风，又是陈大都督亲自倡导，蔚然成风。

且说，上海华洋杂处，车站码头处，剪辫子之风盛行。自古以来，男人留辫子，女人裹金莲，是大清王朝留下来的旧习。陈其美一上台，发表演说：新人崇尚新时代，辛亥革命推翻了皇帝老儿，我们是中华民国，要开一代新风。辫子不能再留，裹足不能再长，否则我们就不是中华民国。陈其美一发话，立刻在城池要冲，遍贴布告，晓谕市民剪辫。

布告有文：

> ……自汉起义，各省响应，凡我同胞，一律剪辫，除去胡尾，重振汉室。……

看到这则布告，仍有一些因循守旧者，心存疑惧，仍然小心地留着长辫，我行我素，大摇大摆，出没街市。这惹起了上海光复中那些曾与清军浴血奋战的驻沪士兵的强烈不满，他们自动上街，三五成群，先在城池外围，见到留辫者就剪；后来又扩展到市内各繁华处，见人就拦，将长辫强行剪下后放行。

在主要的交道口，他们设有剪辫站，名曰“新人头”，还配有宣传节目。

这时，从阴沟里也冒出一些地痞流氓，三教九流，则趁机兴风作浪，附和风从，不但在街上拖着人剪辫，还闯入民居、店铺里去剪。一时间整个上海，被搞得人心惶惶，谈辫色变，一些居民很愤怒。于是剪辫双方扭打致伤者有之，告到警局、闹到公堂上的也有之。

据白希先生编著的《上海第一都督陈其美》中记载：

> 闸北有个叫周延龄的，不但头上辫子被剪，而且金戒指也被捋去。他向警局告发。警务长穆湘瑶不但不同情，反而风趣地批评他：“你意存观望，戴着一条猪尾巴还不知羞耻，你遇到强行剪辫的，也是应该。强行剪辫，固有不当，不过这也是由你甘愿继续做满奴的心肠所引起的。你所说的金戒指一事，谁知是真是假呢？”

最有趣的要算在小东门站岗的一个警士，他自己把发辫盘在头顶，用警帽盖住，掩人耳目，却向行人宣传警务和剪除"胡尾"的训令。恰巧，一个熟悉他内情的沪军士兵走过。振臂一呼，旁观者响应，逼令他把警帽取下。于是，真相毕露。过路行人都驻足观看，哂笑他说："你好不害臊：劝人去除胡尾，却自己暗藏着来掩饰欺人，实在可恶！"几个年轻力壮者上去揪住这警士的油光大辫，"咔嚓"剪下。

强迫剪辫行动从11月中旬延续近十日，种种有损民军荣誉、丧失军政府威信的纠纷不断出现。传说沪上外长伍廷芳的老父亲，也被强行剪了辫，惊动了伍廷芳，他亲自出马找到陈其美理论。

陈其美心想也太不像话了。于是，他一面发文各驻军营部，严禁士兵上街强行剪辫；一面就在11月21日这天分别在闸北自治会所和小南门群学会堂亲自主持演讲，沉痛劝谕市民从速剪辫。他的演讲恳切坚决，听者莫不动容。后记成文，在报上刊出，又印成传单发遍全城。

申城华界各地，立刻就有不少团体或个人，组织起来，大力推行义务文明剪辫运动。就在陈其美讲演后的第二天，小南门的群学会，就假座榛荟学校召开了两次义务剪辫大会，到会民众达千余人。会议主持者传达军政府剪辫要旨后，即请来理发匠为自愿剪辫者剪发。剪发分两种：剪圆顶、板刷头的，概不取费；剪分头，"西装头"的收费一角。第一天，剪辫四百余根，第二天又剪辫三百余根。

东南城地方协会也于大东门火神庙举行了义务剪辫大会，发起人袁领丰作了一番慷慨激昂的讲话后，就有三百多人当场参加了剪辫。

闸北的自治会所设立了一个义务剪辫团，请警局派警士会同团员沿街打铃劝人去会所剪辫。

还有个人举办的义务剪辫会，更有刺激性。有个叫徐志棠的，他在会审公廨隔壁的畅园茶馆内，设了个义务剪辫处，规定三天内来剪辫的，理好发，不但分文不收，还另赠大肉面一大碗。

上海所有华界的剪辫运动，虽然轰轰烈烈地进行，但在租界，军政府的布告、晓谕却贴不进去，行政命令也无法实行，租界内华人，仍然拖着长辫，在繁华街头摇来摇去。军政府无奈，只得请外交总长伍廷芳，备函公共租界工部局和法租界会董局，明确照会：

上海业已光复，共和政体成立，华界汉族人民均将逊清强加之发辫剪去，惟贵局势力范围以内华人尚未剪辫，实未臻完善，故来函商请，允准租界内华人自由剪辫，请鼎力协助，勿稍加阻止为幸。

接到公函，法租界领事甘司东令巡捕房允准租界内理发店为汉人自由剪辫。一时间，亚尔培路、爱多亚路、霞飞路等理发店，纷纷亮出"本店欢迎来客剪辫理发"的招牌，有的店为了争取剪辫顾客，还张贴"剪辫加理发，愿留下发辫者，不但不收理发费，再贴小洋两角"的红纸来竞争。剪辫者日众。一些因循守旧老人，也在子女们的劝说下，无奈剪下拖了一生的"猪尾"。

法租界在法董的协助下，绝大部分汉人剪掉了长辫。

上海公共租界情况则不同，当时美英德日等十余个国家横行其内，他们在中国耀武扬威惯了，从不把中国官府政令放在眼里。原先，他们就禁止华界的军民自发组织的剪辫团体进租界，也不准租界内理发店贴剪辫广告。接到伍廷芳商请协助公函，工部局采取的是"既不支持也不稍加阻止自由剪辫"的态度，使这席卷全上海的"除此数寸尾，还这大好头颅"的剪辫行动，未能获得圆满成功。

●紧急推动东南地区的光复

上海光复后，身为上海大都督的陈其美，作为同盟会中部总会的负责人，不以上海的光复为终点，积极配合同盟会驻沪机关，推动东南地区的解放。

几乎在上海光复的同时，杭州的光复战也已打响。

11 月 2 日，陈其美接到杭州汤寿潜的通报，杭州起义在即，日期定在 11 月 3 日至 7 日间，请求上海给以人力、物力的支援。

放下电话后，陈其美又把蒋介石、王金发、王文清、陈泉卿、张伯岐等一行唤到密室，让他们率领百人敢死队速赶至杭州支援。另派庄之盘、庄正瑛、赵平之等一行携带起义经费和军械弹药前往杭州。

上海义举的胜利，极大地鼓舞了杭州义军的志气，起义部队当即决定于 4 日夜发难。枪声一直响到拂晓，义旗插到城楼顶，浙江巡抚增韫被活捉。汤寿潜被推选为都督。

应该说，蒋介石率领的敢死队发挥了相当重要的作用，原以为杭州光复后能占一席之位，谁知事与愿违，令蒋介石大为失望。

陈其美安慰他说："把心放长远些，不以一地一城，患得患失。杭州光复了，接下来就是镇江、南京。”

蒋介石不语。

11 月 5 日，镇江的枪声打响了。

镇江位于中国江苏省南部，长江下游南岸。隋置润州。北宋置镇江府。1929 年改丹徒县为镇江县，曾为江苏省会。

长江与京杭运河交汇于此，沪宁铁路横贯东西。宁镇、镇扬等干线公路四通八达。镇江港包括高资、老港、谏壁、大港四个港区，为长江下游重要河港之一。

为了拿下镇江，陈其美曾动员说：“镇江为长江第三门户，吴淞、江阴光复后，长江第一门户和第二门户为我军所有。因此，镇江亦不难即日攻取。”

陈其美号召：“忠义豪杰之士，均应乘时奋兴，共伸天讨，诛锄胡虏之恶政府，建立共和之新国家。”

陈其美又指出：“对于驻防旗兵，凡是诚归顺者，则以人道为怀，概免其死；对于顽抗革命军，为虎作伥者，杀无赦。”

11 月 6 日，陈其美在上海与同盟会会员、驻镇江新军第三十六标一营管带林述庆等人具体研究了镇江光复事宜，决定由上海支援弹药。

据时任新军第九镇正目、参加过光复镇江的高骞回忆：

> 辛亥阴历九月十六日夜，约近九时，林述庆特由沪向陈英士接洽妥当，将沪军攻下的制造局所获得的六厘米五口径子弹三百多万发完全运输到镇，准备接济镇江光复之用。子弹妥当，林旋赶回镇江。

且说林述庆得到这批子弹后，如鱼得水，随即攻城战斗打响，次日凌晨攻入城心，驻防旗兵缴械投降。然后四门打开，迎接革命军。

镇江光复，军政府成立，林述庆因有功而被推选为都督。

上海四周主要城市光复后，只剩下南京城还处在清军手里。

●辛亥革命胜利的奠基之战

在公元 1911 年 10 月爆发的辛亥革命的武装斗争中，南京城的光复之战，以其战斗激烈、战果辉煌而载入史册，成为辛亥革命胜利的奠基之战。

南京地处南北要冲，战略地位十分重要，历来为兵家必争之地。武昌起义爆发时，南京驻有两支军队：一支是以旗兵和绿营兵为主的旧军，约 2 万人；另一支为新军新建陆军第九镇(师),5000余人,由统制(师长)徐绍桢率领。以旧军、新军为别,南京的政治力量明显分为两大派,清两江总督张人骏及铁良、张勋等,极端仇视革命,效忠清廷,其中尤以张勋最甚。新军中的广大官兵多为知识青年,受民主革命思想影响,对清政府的腐朽统治普遍不满,加之著名革命党人赵声、柏文蔚等曾在第九镇中广泛宣传革命思想,使得不少官兵倾向革命。

各地新军的起义,强烈地冲击着第九镇官兵的心灵,也使张人骏等提高了对九镇的戒心。经过密谋,他们将第九镇部队调出城内,驻防于离城30多公里的秣陵关。并扣发新军的弹药,每个士兵只发三颗子弹;派出江防营部队在距秣陵关十多公里处驻防,以防御新军,同时每天派出侦探到第九镇驻地刺探军情;更有甚者,铁良的亲信桂城竟企图行刺徐绍桢,被当场抓获。消息传开,九镇官兵义愤填膺,纷纷要求起兵举事。此时,上海、杭州、苏州、镇江、常州、无锡相继光复的消息传到兵营,徐绍桢遂决定率部起义。他一面派人去上海与陈其美联系,以求得弹药的援助,一面召开各团队指挥官会议,布置行动计划。

11月7日晚9点多钟,埋伏在城内的苏良斌派人送信给徐绍桢,说已密约巡防营、督署卫队营士兵半夜起义,请第九镇部队攻城接应。徐绍桢对这一消息未辨真假,加之时间仓促,而且大部队调动已来不及,就未采取行动。8日凌晨,苏良斌起义失败。第九镇在不知消息的情况下,决定按原计划起义。

8日拂晓,第九镇官兵向南京城挺进。中午11时,各路纵队到达距花神庙不远的一条河边时,立即分散行动。中央纵队的骑兵继续向花神庙前进,三十三标的部队通过姑娘桥,向望江矶一线展开,三十四标也向双哑巴树一线进击。设在石马村的起义军司令部与前方失去了联系,三个纵队互相之间也不通音讯,只好各自为战。下午5时,总指挥沈同午得到情报,说虽然城内苏良斌的起义已经失败,但仍有一支炸弹队埋伏城里,准备与攻城大部队里应外合。于是,他派出传令兵命令各纵队全线出击,进行夜袭。

晚7时许,中央纵队向雨花台方向发起冲锋,当部队冲到离雨花台只有一公里的地方时,士兵的5发子弹早已用完,只得隐蔽在田埂后。9日凌晨2时30分,中央纵队组织了敢死队,在手榴弹爆炸的烟幕中,敢死队员一度攀上雨花台东峰,插上白旗,并徒手夺得两挺机枪,终因后续部队未能跟上,又被清江防营夺回阵地,几十名敢死队员壮烈牺牲。

在激烈的战斗中,虽然第九镇官兵作战英勇,战术灵活,但由于没有弹药,部队分散行动,无法配合,所以伤亡惨重。除中央纵队外,左、右两个纵队的进展也不顺利。9日天亮时,战斗局势已经明朗,攻城无望。为了避免更大的牺牲,沈同午下令全线撤退。在浓浓大雾的笼罩下，攻城的起义部队相继撤出战场，向镇江方向退去。这一仗，第九镇官兵伤亡数百人。

攻打南京城失利之后，第九镇统制徐绍桢立即东去上海，与同盟会上海总部陈其美和各地革命党人驻上海的代表会商。

由此，上海都督陈其美亲自主持会议，分析全国形势。当时全国的形势较为复杂，一方面，不断有新的省、市宣布独立，就全国而言，革命党人的力量日益壮大；另一方面，武汉危急，被清廷重新起用的袁世凯玩弄反革命两手，在用北洋重兵围攻武汉的同时，又派代表到武昌进行和谈的试探。武汉的起义军队在黄兴的率领下正苦苦支撑。

陈其美开场便说："鉴于南京城内清军实力较为雄厚，必须联合江浙各地革命军一致行动，才能攻下！不然，必遭失败。"

粤军参谋长犹龙说："欲定大事，非速攻南京不可。南京一日不下，武汉必危。武汉不支，则长江一带必不能保，满虏之焰复炽，祖国亡无日矣！"

会议经过讨论，决定组建江浙联军，以徐绍桢为总司令，会攻南京。

会后，陈其美随即派黄一欧等人先到杭州和朱瑞联系，向朱瑞力陈组织联军会攻南京的重要意义，朱瑞欣然同意。随后，黄一欧等人又到苏州见程德全、刘之洁，到镇江见林述庆，他们都赞成组织联军，并且认为越快越好。

在征得各方同意后，陈其美即于11月11日以沪军都督的身份致电江苏都督程德全、浙江都督汤寿潜，提议组织江浙各处联军，会攻南京，并推徐绍桢为联军总司令，电文称：

> 江宁民军退却，集合镇江力图恢复。徐督绍桢素为新军爱戴，此次剧战，亲冒锋镝指挥，退兵仍守纪律，尤见大将伟略。现苏、浙、沪赴援各军，若无主将，殊为危险。敝处决拟公推徐都督暂充此次克复江宁各军总司令，凡各路赴援水陆军队，统归节制调遣，以期统一兵权，早日克复，东南大局在此一举。一面电请徐都督即日任事，贵都督谅表同情，祈即转饬各军长官，均应暂归节制，至接济军火，敝处当殚力以筹。

对于陈其美的提议，程德全、汤寿潜迅即回电赞成。但镇江都督林述庆却因不满意徐绍桢在起义前后的表现，通电要求改推总司令。柏文蔚"恐失上海诸君感情"，极力劝说林述庆"隐忍"，林始勉强同意。

13日，徐绍桢在镇江设立联军总司令部。陈其美派遣洪承典为沪军先锋队司令，率领由商团与学生军临时编组的600人的队伍开赴镇江，听候调遣。苏、浙各地先后加入联军战斗序列的部队还有：林述庆率领的淞军3000人，朱瑞率领的浙军3000人，刘之洁率领的苏军3000人，黎天才率领的淞军600人，以及松江等地的巡防营等，总兵力2万人马。

11月15日，参加会攻南京的各路人马齐聚镇江。

正在围攻武汉的清海军“镜清”“保民”“楚观”等14艘舰艇，顺江而下来到镇江，投奔革命党人，使得会攻南京的联军水陆并进，军威大振。

革命军大兵压境，袁世凯给张勋电报称：“东南半壁，悉赖我公。”

张人骏、铁良、张勋等决定死守南京，以江防营和巡防营为主力，在南京城内外各要点设防，准备依仗地形和武器的优势与革命军大战一场。

11月20日，江浙联军会攻南京的战斗打响。

在攻打南京的战役中，陈其美负起了后勤保障的重担。江浙联军总司令部的总兵站设在上海，各军所需的军械、军饷、服装、医药等等的补充均依赖上海供给。在此期间，陈其美“不分昼夜，兼筹并顾，苦心调度，使各方面都能如愿以偿，全力作战”。戴季陶后来也感慨万端地说：“南京之克，其军需之接济，亦赖上海。”

为了切断张勋逃跑的退路，联军司令部首先派镇军和扬军的两个营渡江进攻六合。22日，浙军朱瑞部进击麒麟门，与张勋江防营交战，战斗十分激烈。此时，清军在乌龙山、幕府山的大炮不时发射炮弹，威胁着前进中的联军部队。曾任幕府山炮台军官的同盟会员宫成鲲联络两台的一部分官兵，将炮栓拆下收藏。24日夜，粤军和浙军游击营乘军舰在乌龙山麓登陆，炮台内起义士兵开栅内应，一举占领炮台。第二日，粤、浙两军继续配合，激战数小时，攻占幕府山炮台，使清军失去城外两座堡垒。同时，驻守在下关江面的清水师十三营的40艘战船起义，下关东西两座炮台也归向革命军。张勋失去了江防。

革命军用幕府山的大炮向仪风门、太平门的守军猛轰，张勋在城内的指挥部北极阁及两江总督署，也不时遭到大炮的轰击。11月25日拂晓，浙军先头部队100余人在马群与清兵数千人相遇，陷入重围，正午时分，浙军大队赶到，与清兵混战。下午4时，浙军攻占孝陵卫，击毙清兵千余和张勋的得力助手、巡防营统领王有宏。26日，江浙联军全线出击，苏军刘之洁部由淳化镇进攻上方镇，下午占领高桥、龙桥，翌日晨攻占七桥瓮和上方镇；扬军徐宝山部进攻浦口，海军协同作战，炮轰浦口和狮子山炮台，使下关与浦口交通断绝；浙军朱瑞部和沪军洪承典部击退张勋的反扑，击毙清兵数百人，进至朝阳门（今中山门）外。战至此时，守城清兵基本上处于被包围态势，但城东的天堡城炮台，仍对联军构成威胁。

天堡城位于东郊紫金山第三峰（今紫金山天文台所在地），城高险陡，张勋在此驻扎江防军一营和机枪4挺、重炮10余门。联军以镇军、浙军、沪军围攻天堡城，激战数日，死伤众多，仍未攻下。

徐绍桢总司令急电陈其美，要求上海火速增调兵员和枪支弹药。

徐在电报中说：

> 浙军急需七厘米九枪弹，请火速运一百五十万到龙潭，交龙潭兵站转交。立盼。

陈其美接电后，立即增派革命部队。29日，从吴淞调陆军一标，用火车运往南京。30日，新招沪军第一、第二标也开赴南京；分率所部乘坐火车和南琛兵舰前往南京助战。11月30日，陈其美还向李平书等人借得快枪500支火速运到南京前线。

11月30日晚，浙军组成近200人的敢死队，冒雨强攻，经过一天一夜的战斗，于12月1日攻克了天堡城。这一仗，联军伤亡了数百人，山上山下，到处可见尸体。镇军管带杨韵珂事迹尤为感人，他身中枪、炮弹，伤40余处，临终前高呼："不夺此要塞，不要收殓我尸。"死时年仅30岁。同日，苏军也攻占了雨花台，将清兵压至城内，团团围住。

张人骏、铁良和张勋知败局已定，遂请美国领事和鼓楼医院院长、加拿大籍马林出面，要求联军允其出城。江浙联军命令守城清兵全部缴械投降，张勋所掠公款80多万银元必须全部交出，否则将于12月2日中午发起总攻。

12月1日晚，张人骏、铁良在下关乘上日本兵舰，狼狈不堪地逃离南京，住进了上海租界。张勋则率领残兵2000余人，出汉西门经大胜关渡江逃往徐州。

2日，江浙联军发起总攻，攻城部队所向披靡，势如破竹。苏军自雨花台入南门，镇军自紫金山入太平门，粤军入仪凤门，其他部队也相继入城。

3日，浦口被扬军攻克，南京完全光复。

●陈其美诛斩陶骏保始末

要说清这个事件，必须重新回到攻打南京的战役。

在江浙联军总司令徐绍桢的指挥下，四路联军齐攻南京城。

四路大军箭在弦上,直捣南京两江总都督府。

且说南京守敌张人骏、铁良在下关乘上日本兵舰,狼狈不堪地逃离南京,住进了上海租界。张勋则率领残兵2000余人,出汉西门经大胜关渡江逃往徐州后,12月3日联军发起总攻。

林述庆领导的镇军,在其副手参谋长陶骏保的主张下,要占先机,夺得头功,要先于四军抢占山头,占山为王。

林述庆领会其意,忙下令淞军,停止眼下攻击,绕道占领两江都督府。于是淞军一路冲击,首先攻进了总都督府,安营扎寨。林述庆占山为王,自称起宁军都督来。镇军参谋长陶骏保也居功自傲地说:林都督每次进出都督府时,你们都要吹号行礼才对。

林述庆抢占了总都督府后,不到五分钟,联军总司令徐绍桢也打了过来,见林述庆住进了总都督府,占山为王,也在都督府内找一地方,挂起了"江浙联军总司令部"的牌子和旗帜。

接着其他攻城各军在总都督府外分别找了地方驻扎下来了。

四军会合后,军中高层,大家互相走动,弹冠相庆。南京社会名流也来总都督府,一一参拜攻城英雄。南京城内城外也不时地响起鞭炮声,以庆贺攻城的胜利。

再说林述庆,占山为王,自称宁军都督,趾高气扬,自行号令,根本不把其他三军头目放在眼里,包括联军总司令徐绍桢。

一时南京城群雄无首,气得徐绍桢跳脚直骂娘:这个野心家不得好死!

镇军陶骏保暗自得意,他自摇羽毛扇,看徐绍桢跳脚。

一时,南京社会陷入混乱。

徐绍桢无奈只好发电给上海的陈其美,他不光是沪上都督,而且还是同盟会中部总会领导人,请他拿主意:

> 南京全城光复,皆群策群力所致,桢实无丝毫之力。而今善后事务极繁,务求推举都督,以图长治久安,俾桢潜身归隐,没齿铭感。

再说陈其美作为中部总会的领导人,也是密切关注南京的形势的。林述庆、陶骏保的种种劣迹,早有人向他报告。还有一事,让陈其美愤愤不平,那就是在江浙联军攻打南京最为紧急的当儿,陶骏保自作主张,在镇江车站扣留了陈其美发往南京前线的弹药。据有人报告说,陶的目的是希望联军攻城失败,彼可率领镇军继攻南京，即可因光复南京之功当选南京都督。

……

陈其美想到这里，知道徐绍桢的难处，需安抚一下，立即回电徐绍桢说：

文电悉。我公功成身退，高义可风，惟鄂难正炽，北雾尤恶，尚非大君子洁身独善之时，此间已公推程雪老移驻江宁，为江苏都督，并推林公为出征临淮总司令，东南要人，本党英俊，共表同情。程老今日赴宁，此征尤为重要，大局安宁，必资伟划，惟为国知玉，不尽欲言。

徐绍桢接电后，虽因陈其美没有让他主持南京军政而有所失望，但对他对这件事情的处理还是基本满意的。很明显，若是举徐绍桢为南京军政长官，林述庆必然不服，定会酿成其他不可预测的后果。

再说重镇南京攻克后，北伐问题提到重要议程上来了。

为处理南京的有关善后问题，陈其美就电邀徐绍桢、林述庆、陶骏保一起来沪，然后部署进军北伐问题。

徐绍桢接电后，话不投机，未和林、陶商议，匆匆叫上代理第十七协统沈同午，连夜赶赴上海。第二天上午九点徐绍桢偕同沈同午一起来到沪军都督府。

陈其美正开始一天的办公，见徐绍桢、沈同午前来："欢迎，欢迎，此次攻克南京，二位劳苦功高。"

二位道："哪里哪里，全凭陈都督运筹帷幄！"

落座后，徐说："林述庆野心勃勃，小人得志，不把我放到眼里也就算了，还有程雪老，也是骂声不断，说什么大清遗老，狗屁不通，自以为有战功，实际什么也不是！"

沈同午也在旁边敲边鼓说："物以类聚，人以群分。还有那个陶骏保，狼狈为奸，他们一唱一和，臭味相投。上次攻打南京时，就是他在镇江扣押了你支援南京的军火，招致前方失利。攻下南京，又要称王称霸，岂有此理！？"

陈其美说："噢，你也这样认为？"

沈同午说："不是我一个人这样看。事后我也查清了，命令是陶下的。同时他还说徐绍桢仅会纸上谈兵，不懂打仗！子弹送给他，等同放鞭炮。"

陈其美又把脸偏向徐绍桢，想听听他的意见。徐说："他比林述庆更坏！"

陈其美说："我们革命队伍中有些人自以为是，老子天下第一，总以为自己的功劳最大，只有自己才是最革命的，无法无天，想怎么做就怎么做，其实，这是革命的大敌。现在革命尚未成功,就如此居功自傲,如果革命成功,还怎么得了?看来,我们有必要清理门户。同盟会的门不能只进不出!”

徐绍桢点点头说:“要清门户,革命得有纪律。姑息只会养奸,杀一才能儆百。如果把林、陶除掉,今后定然不会再有不听命令的人了。”

陈其美说:“这事要慎之又慎,还得从容考虑,我要征询克公和程雪老的意见,然后才能作出最后的决定。”

徐绍桢、沈同午走后,陈其美立即密电程德全,询问徐、沈二人所言是否属实,并问处置意见。程德全随即回电,说徐、沈二人所言是实,并指出:镇江地处要冲,扼介于沪宁之间,对弟处所受威胁固大,对兄处亦属难保安宁,唯有扑杀此獠,翦除荆棘,方是为革命前途铺平道路。

陈其美又与同仁宋教仁、章太炎等谈话,均是杀声一片,林、陶犯了众怒。

接着,陈其美又想起了上海光复后,争选都督一事,陶对陈其美反唇相讥,那话语那眼神还深深留在他的记忆里。

最后,陈其美把程德全的电报送到黄兴处,并说:“我想执行军纪。”

黄兴说:“革命军就是应当有铁的纪律。你核准事实,该执行的就执行。”

有了黄兴的这句话,陈其美算是有了主心骨。

再说林述庆和陶骏保二人,接到陈其美的电报,也未与徐绍桢商议,直奔上海。不同的是他们二人并不着急,慢腾腾地到了上海。到了上海,天已黑了下来。林述庆告诉陶骏保说:今天放假会朋友,明天再说。

这话说到了陶的心里。原来陶在上海有一情人,叫沈慧芝,多年未见,想重拾旧欢。南京光复后,陶就托人打听过沈慧芝的下落,结果“非陶不嫁的沈慧芝”早与上海滩的史量才结婚生子。这让他气急败坏,不过他已得知了沈慧芝的地址。

陶骏保与林述庆分手后,叫住了一辆黄包车,带了两个武士,直奔沈慧芝的住处,叩开了门,恰巧是史量才开的门:你是?

陶说:我是沈慧芝的男人!说完递过来一张名片:镇江军参谋长陶骏保。

史量才倒抽了一口气,连说屋里坐。

陶骏保自己先进了屋,撞见了沈慧芝,沈十分惊恐,不知所措。

陶说:不认识我了?跟我走吧,这个地方太寒酸了!陶说完向门外的武士使使眼色,于是不由沈慧芝分说,两个武士就把沈押到了黄包车上,被陶拉到了一处豪华宾馆住了下来。

在宾馆里,陶得到满足后,美美地睡了一大觉,直到第二天天已大亮,心想坏了，拜见陈其美约定的时间过了，于是他赶快穿上衣服，随便吃了早点，便匆匆忙忙赶到陈其美府上，要求接见。

门卫让他不要急，安排他在会客厅里等待接见。

陶骏保接过门卫送来一杯茶刚喝一口，沪军都督府卫士队兼侦缉队队长郭汉章走出来叫道："陶骏保！"

"到！"陶骏保立马站起，还以为陈其美要接见他呢。

一位戴臂章的人，拿着一张纸走过来，"陶骏保，你听候判决！"

陶骏保大吃一惊，顿时脸颊冒出了豆大的汗珠。只听那人一口气念下来，罪名如下：第九镇在进攻南京雨花台时，陶骏保中途截留由沪运往南京的械弹，以致第九镇士兵遭受极大牺牲；还有陶骏保进入南京后不听命令，胡作非为，搜刮民财等。最后处以死刑，立即执行！

陶骏保大呼道："我冤枉！我要找陈都督申诉，这是天大的冤枉！"

郭汉章义正词严地问："你的罪行，白纸黑字写得清楚。你还有什么话说？"

陶骏保说，"白纸黑字就能定人死罪吗？我违犯军例，应经军法会审，你们这样不明不白，算是什么？"

郭汉章一听，觉得有理，忙跑到里面，直陈陈其美说："都督，陶骏保不管怎么说也是革命军高级军官，是否应慎重处理，以防激变？"

"治乱丝，无从理，快刀斩乱麻。执行吧！"陈其美态度坚决，丝毫没有改意。

5时许，郭汉章亲自执行枪决。

他把陶骏保拉出辕门外，掏出手枪，连打十三枪，陶骏保才晃晃悠悠地倒下。

接着，郭汉章又率领便衣卫士前往跑马厅三泰旅馆二十一号房间，捉拿林述庆。不过，他们迟了一步，林述庆得到报信已经逃走。

郭汉章一边指派卫兵前往沪宁车站和各轮船码头分头缉捕，一边回都督府报告。

听到陶骏保被枪决一事，身在南京前线的淮军司令柏文蔚第二天亲自赶到南京，发表反对意见。说陈其美听信了徐绍桢的一面之词，杀了陶骏保。如此惨杀，对革命事业有损失，以后希望大家慎重，时宋遁初在座，对其言深表同情，主令追回正法林述庆的命令。

为了对这件事情有个说法，陈其美在《民立报》上刊登了枪毙陶骏保的告示。告示如下：

照得令行惟肃，难容附饱之鹰；绝恶从业，宜去害群之马。昔汉高含泪而斩丁公,诸葛掩泪而诛马谡。盖既为军界罪人,则难稍舒法网也。兹查镇军参谋陶骏保,前于联军会攻江宁时,所有沪江解赴前敌军用弹械,胆敢妄肆意见,私自截留,致张贼未能即除,民军颇受影响,东南大局,几被贻误。幸各军不分畛域,奋勇力攻,始得于本月十二日将全城光复。迨后正应合群策力,以图北伐,直抵黄龙。乃陶骏保一味营私,拥兵自卫不放联军入城,占据各要隘,通电各处,捏报军功,几酿大变,致临时政府未能即日成立,而义旗北伐,因之迟延。种种行为,令人发指,前日复敢潜来沪上,广布谣言,煽惑人心。所有劣迹,经本都督彻底查明,爰与大元帅黄、江苏都督程诸公再四筹商,均以此等汉奸,实难宽纵。当于本月二十三日酉刻,将陶骏保在军前明正典刑,以昭军纪。深恐我各同胞,不知底蕴,妄相疑猜。为此出示晓谕,仰军民人等一体知悉,勿违。切切特示。①

●智取"地头蛇"

上海光复后,财政拮据。

无钱难生存。陈其美便召集财政总长沈缦云到都督府商议,让沈想办法保证日常开支。沈说:万事开头难。摊派只能一时,创设中华民国银行,发行公债和军用通票是当务之急。陈其美说:我这都督只能给你一周时间,就要拿到现款,保证政府的运转。沈说:请放心,我会加班加点工作,争取百万没问题。陈其美说:一言为定。

沈缦云说完就去落实,先把"中华银行"牌子挂出来,再去设计公债和军用通票,设计完以后,又让陈其美一一过目通过。通过后,又拿印刷厂监印,然后再开新闻发布会,请来了专家、学者和记者,还有各大银行的老板。这一切办下来,沈总长是一路小跑,到了第七天,公债正式发行,除了个别的散户认领外,几家银行的老板并不买账。承诺没有兑现,这让沈缦云大伤脑筋。

陈其美听了沈的汇报,哈哈大笑说:承诺没实现不是你的问题,是那些银行家不把我这个都督放到眼里,我来处理此事。今晚开一个银行家的会,我来主持,你去通知召集。

沈缦云一听很高兴,长官没怪他,反而出点子开会,他何乐而不为呢?于是

① 白希著:《上海第一都督陈其美》,金城出版社1998年版,第403页。

他满口答应:我现在回去就通知。

当晚八点钟,座谈会在都督府会议厅进行。

上海市各家大小银行的老板都到会了。沈缦云清点了一下人数,见都到会了,便对陈其美都督说:大家都到齐了,开会吧。

陈其美说:到齐了,就开会。今天的会,是"民国公债认领会"。长话短说,效果第一,谁认领完谁就可以走。不走者我与沈总长相陪。革命者不分先后,识时务者为俊杰。以前是大清,现在是民国,革命军政府遇到了一些问题,那就是钱紧,紧到了什么程度呢?揭不开锅了。现在是我这个都督和沈总长在向你们诸位讨饭,说求也好,说逼也对,我门外有士兵放哨,安全第一,谁也跑不了。我要说的话说完了,沈总长你补充吧?

沈缦云说:要说的话陈大都督都说了。在座的不少是我的好朋友,我的公债已开始发行,爱国爱家,希望大家认领,有钱多认,无钱少认,多少不拘。早认早回家。现在开始吧。

大家你望望我,我望望你,没人讲话。

沈缦云说,我可点名了?长存,你是我的老同学,就算学兄遇到了困难,算是帮忙,你认领多少吧?

那个名叫长存的先生,应该说他不但是沈缦云的学弟,还有点沾亲带故的亲戚,听到总长的点名,也不好意思了,说:我抛砖引玉吧。我不像在座的诸位有实力,我先报十万吧。

像点燃了的鞭炮啪啦啦地响开了。

这个说我报二十万。

那个说我也报二十万。

我报三十万。

……

我报五十万。

我报一百万。

大家鼓起了掌。

到了有人报一百万的时候,有人溜出了场。

他不是别人,正是上海前大清银行的总经理宋汉章。大清银行的前身是户部银行,是清朝官办银行,总行设在北平,全国有分行四十多处,枢纽在上海。上海光复后,该行宣布停业整顿,实际上是冻结资金,该行每年收放往来银达六七万两,名义上说官商合办各半,但官款居多。陈其美内查外调,得知该行资本少说也有一千万两银。

这时的宋汉章，出门后是上了卫生间，他不是小解，而在卫生间他点燃了一支烟。陈其美眼尖，让手下人盯梢他，别让他跑了。盯梢人见他没跑，等他抽完烟回到座位上，陈其美开言了：你上卫生间的时候，大家都报完了，最多者五百万。我看你不必最高，也是五百万吧？

宋汉章说：陈都督，我是真人面前不说谎，本行乃属北平的一个分行，而且又是个官商合办的银行，本人实不能做主，万望都督谅解不是！

陈其美一听，明显他是在耍嘴皮子，糊弄人，心想我要治治他：革命已经成功，理当接收大清政府的财产。我没有采取行动，知道吗？识时务者为俊杰，望尔三思而行，不要一错再错！

宋汉章并没把陈都督放在眼里，听后没有表情，两手一摊，无可奈何：我说的都是实话！若是不信，可以调查。

陈其美强压怒火说：五百万让你为难，那就三百万，一个不能少！

宋汉章说：手续没法走。

当时的大清银行设在租界区，公章票据都在洋行，宋汉章认为陈其美奈何不了他。

陈其美怒气冲天：我看你是敬酒不吃吃罚酒，你先回去吧，明天再说！

宋汉章见陈都督软下来，腿肚子打转：陈都督，你说话当真？

陈其美拿眼扫视了他一下：走吧，看着叫我恶心！

宋汉章匆促离开，他刚一走出都督府门外，就被陈其美的沪军上来，三步并作两步，把个宋汉章捆绑起来，塞进一辆马车里，向郊外驶去。

“陈都督是让我回家的，你们要干什么？”宋汉章惊慌不安。

“到了，你就知道了。”

马车拉着宋汉章，一直往前跑。

很快，马车驶进了一个军营，一个军官说，“都督说了，我们即将北伐。你不愿拿钱，就到前线送命去。”

宋汉章答应认购公债三百万。

陈其美的脸上终于露出了笑容。

为此事，有人对陈其美大加指责。

陈其美笑说：“不管黑猫白猫，抓住老鼠就是好猫。只要对革命有利，我可以不择手段。他的银行是在租界，如果是在华界，他不合作我就封了它！”

11 月 21 日上午，中华银行已发行公债八百万，并召开了新闻发布会。

陈其美主持了这次仪式，并在会上讲了话。中华银行所发行的“中华民国军用钞票”立即进入流通领域，票面上有“沪军都督”、“财政总长”的红色印章。这种钞票直到二次革命时，还被革命军大量用作军饷。不但保障了军政府的正常开销，还为革命军北伐奠定了基础。

为了扩大中华银行的实力，陈其美又照会海外华侨商会，希望动员华侨认购股份和公债。海外华侨们热心支持，筹得了相当一笔款项，这更让陈其美心喜。

第七章　扶助孙文

●中山归国，16年的海外漂流终于画上了句号

孙中山到达英国不久，1911年10月12日傍晚，在到一家饭店就餐前，购得一张报纸，从上面看到了"武昌被革命军占领，革命政府成立"的消息。孙中山喜出望外。他心情异常激动，多年的奔波，多次起义的失败，始终如愁云在笼罩着他。今日消息传来，愁云不驱自散。

"今天我请客。"孙中山对同伴高兴地说。

"要请客必须到高级餐馆去。"

"那当然啦！"

于是，在孙中山的带领下，几个同伴直奔杨氏饭店而来。

要知道这杨氏饭店相当豪华，东西很贵，顾客多是上等英国人，华侨很少去。招待人员都是日本人和中国人。孙中山带同伴昂然直入，选择中央的座位，挥手请大家入席。傍晚来用餐的人很多，原先招待还好，坐定后，刀叉餐盘跟着送来。后来人越来越多，情况就变了。邻座有比他们后到的，都已有菜来了，而他们的仍迟迟不来。孙中山环视四周，随即拿起餐刀连续在餐盘上猛击几下，发出"当、当、当"的响声，这么一来，大家都把视线集中到他的身上。餐厅的管理人马上跑过来，问是什么事。

孙中山正襟而坐，庄严地说："我们是来用餐的，不是来看别人吃饭的。"

管理人立即道歉，并另调专人招待，非常客气。这虽是一件小事，但却给同伴留下了深刻的印象。

孙中山本想由太平洋回国亲自指挥作战，像当年指挥镇南关战役一样，亲自发炮，以矢平生之志！但又想到共和国即将成立，它将遇到外交、财力方面的重重困难，也为了切断清政府在国外的援助，决定暂不回国，先在国外开展外交活动。此时他认为："当尽力于革命事业者，不在疆场之上，而在樽俎之间，所得效力更大也。"不料，后来半个月，国内革命党人的电文接踵而来，有黄兴、宋教仁、宋嘉树、陈其美等。有报告喜讯的，有邀请他回国任总统的。此时，应付电文已

成为他不可少的工作。

在英国伦敦时期，他依旧住在老师康德黎先生家，各地信件也都寄往此处。

一天，邮差送来一封由清使馆转来的电报，正巧孙中山不在。康夫人一见“清使馆”三字，中山伦敦蒙难的恐惧又在她心中复出，唯恐泄露中山行踪，为慎重起见，便将电报号码抄录，并临摹下中文译文，将电报退回清使馆，表示孙文不在此处。

孙中山回来后，康夫人呈上电报，他看了一眼，笑着塞入口袋。

康夫人疑惑不解地问：“由清使馆转来的电报是不是秘密的？”

“不是，电报要我回去做新共和国的总统。”

“真的，我还以为有别的事呢！”夫人道。

康德黎听后连忙从内室走出来道：“那你愿意不愿意就任这个大总统啊？”

孙中山想了想回答说：“假如没有更合适的人选，我是愿意就任的。”

孙中山的态度平平常常，毫无狂喜之色，他依旧筹款，致使归国之期一拖再拖。康德黎十分钦佩，盛赞他这个弟子“大有耶稣的救世精神，却无一丝自私自利的野心”。

同时，这位老师由对学生的认识又推而广之，逢人便讲：“我自己是个医生，与逸仙相处甚久，确知中国人是世界优等民族，大脑重量重于西方人，故中国人有智力魄力特长，复经四五千年进化，循天择演进之例，愈经天择愈精良，所以不是西洋人能够赶上的。”

不管这“至高至上”评价是否科学，但它却是中山先生为东方人赢得的。

一个月后，在国人的急切催促下，中山先生终于起程回国了，12 月 12 日抵达香港。

1911 年 12 月 25 日，一个不平凡的日子。

这是耶稣诞生的日子。

圣诞节前的日子，人们忙着购置各种节日用品和圣诞礼物。邮电局也格外忙碌，雪片似的圣诞卡要从这里飞出去。按西方人的习俗，即使平日不通音讯的亲戚，圣诞节总要寄上一张圣诞卡，写几句贺词。等到圣诞这天，租界里的大饭店、大餐馆、大舞厅也一概爆满。

然而今天，一个压倒一切的新闻吸引了全上海的注意：

就在圣诞节这天，孙中山抵达上海吴淞口。

以黄兴为首的革命党人和前来欢迎孙中山的党、政、军、民各界人士云集在码头上。

无风的黄浦江，被笼罩在蒙蒙的雨雾中，透着一股透骨的寒意。孙中山一行乘坐的“香港”号邮轮，很早就停在吴淞口外，等候靠岸。由于雾太浓，沪军都督陈其美派去迎候他们的“建威”号军舰转了一圈竟然没有找到。

孙中山站在甲板上焦急地眺望着，身后站着胡汉民、廖仲恺，美国人咸马里，日本人宫崎滔天等人。

面对着祖国，孙中山此时心潮起伏：经过16年海外流亡生活，终于回来了。其间虽然多次返国，但都是秘密的，都必须乔装打扮。今天终于作为一个堂堂正正的主人回来了。这个将一生贡献给中国民主革命事业的伟人，从来置个人荣辱生死于度外，现在也深深地感喟起来。然而，他没有更多的时间沉浸在个人的情绪中，他知道他面临着严重的局面。他要为中华民国谋得财政贷款的希望都一一落空了。而国内，根据宋嘉树和其他同志不断拍发的电报，看来情况极其严峻。清军尚控制北部中国，其军事实力显然非革命军所能相比。且革命军内部纷争不已，艰难的革命刚刚开始啊！

想到这里，孙中山更急了，他多么想赶快踏上国土，去澄清那纷乱的天宇，去扫平清军盘踞的北国，统一大好河山。

正在这时，一艘汽艇穿过雨雾，急速地划了一个大的圆弧，轻巧地在“香港”号一侧靠上了船舷，翻身上来一个精悍的中年人。他竟是宋嘉树。

当孙中山见到似乎从天而降的老朋友时，两人紧紧地拥抱住了。咸马里觉得很奇怪，宫崎滔天是认识宋嘉树的，便敬佩地介绍：“查理·宋，同盟会的老革命家！”胡汉民也是认识宋嘉树的，便悄声向廖仲恺介绍他的特殊身份和勋业。廖仲恺赶紧走向前去，握住宋嘉树的手：“宋先生，真是劳苦功高啊！”

大家在甲板上热切地叙谈着，宋嘉树想把一切都告诉孙中山，孙中山也是一切都想问，结果谈话是又零碎又急促。雾中的细雨虽然很小，但却很密，不知不觉就把大家的衣帽打湿了。大家正要返回船舱时，远远传来一阵隆隆的炮声，众人猛一惊，但旋即省悟，必定是“建威”号发现“香港”号而发出的欢呼。果然，不一会儿，一只小艇驶近“香港”号，上来两个慌慌张张的军官，一个是“建威”号舰长的代表，一个是沪军都督府的代表。他们是来欢迎孙中山一行的。预定上岸的地方是金利源码头。

孙中山一挥手：“好，那就准备靠岸吧。”

宋嘉树忽然叫一声：“不行。”然后指着孙中山说，“你就穿这身湿漉漉的衣服在上海上岸？”孙中山这才发觉自己的衣服已湿透了，皱巴巴地贴在身上，他不好意思地笑了一笑：“我只此一套衣裳。”

宋嘉树知道他的老朋友一向生活简朴,但今天不同寻常,金利源码头成千上万的人在等着一睹孙中山的仪容风姿,新闻记者必定会在此刻拍下无数照片,这些照片将会在历史上反复出现。让中国革命的领袖、同盟会的总理,穿这么一身有伤尊严的衣服出现,那是一种不可宽恕的过错。因此,他眼睛滴溜溜地在周围众人身上扫过,忽然把沪军都督府的代表拉过来,同孙中山的个子比了比,然后以不容置疑的口吻说:

“你,马上把身上这件外衣脱下!快!”

在场的人开始都愣住了,等到弄清宋嘉树的用意时,都高兴得笑起来。让孙中山戎装和上海人民见面,又精神,又有意义。

船在薄雾中稳稳地开往金利源码头。

宋嘉树将孙中山拉到一边,掏出孙中山当初在法国时拍到国内的电报,不满地说:

“逸仙弟,你怎么能拍发出这样的电报?”

孙中山当时的电文是这样写的:“今闻已有上海议会的组织,欣慰。总统自当推定黎君。闻黎有推袁之说,合宜亦善。总之,随宜推定,但求早巩国基。”他已觉察到这电报的失误,所以现在很爽快地承认:“查理兄,这是我的过错,给国内同志带来麻烦了,很对不起。”

“还好,《民主报》在刊登这封电报的同时,发了一条很巧妙得体的编者按,说是孙先生不以总统自居,系一种谦虚之美德。况且将来大总统一定要按国民公意选举产生。”

孙中山在这位兄长兼诤友的面前,总是那么亲切、坦率、自如:“查理兄,你真是我的好参谋,好顾问。当初胡汉民、廖仲恺都主张我去广州,一边战备,一边静观天下之变;倒是你一直催促我立刻直赴上海。那一封封电报,催得好啊!我反复思考,现在我革命党人所可倚仗的就是人心,假如我不到沪宁前线,对内对外大计,其他人决不能统筹担负。党内部纠纷,必然贻误战机。东南一旦失利,两广何能独守?”

宋嘉树高兴地赞扬:“太正确了,国家之重任,民众之期望,集于你一身!”

孙中山突然想到:“查理兄,返国以后,内政势必纷繁难理。请为我物色一个能干的秘书,尤其要精通英文。”

“现成有一个——霭龄。怎么样?她已经做了我好几年的秘书了,肯定可以胜任这个工作。”孙中山赞许地点点头,把机要工作托付给霭龄,他完全放心。说着说着,金利源码头已不远了。只见码头上人头攒动,很多人都在不停地挥动帽子,而且隐约可以听到不断传来的欢呼声浪。孙中山可能也没有预料到眼前会出现这样热烈隆重的欢迎场面,他身着黑色戎装,脱下军帽,高举右臂,满面春风向人们微笑着致意。人们回敬以雷鸣般的掌声。同盟会上海机关鸣礼炮21响致敬。霎时,金利源码头鼓乐齐鸣。

到码头来迎接的有黄兴、陈其美、蔡元培、汪精卫、黄宗仰等。孙中山在与陈其美握手时说:上海的都督,好样的!

陈其美说:先生一路辛苦。

孙中山一行好不容易同各位同志一一握手问好以后,立即就被中外记者团团围住。

这时,宋嘉树赶紧把霭龄找来,告诉她从今以后,要当孙中山的秘书,并要她立刻就着手工作,现在的任务是尽可能详尽、正确地将孙中山同别人的交谈记录下来。宋嘉树等到霭龄挤到孙中山的身边,又远远地瞥见孙中山和蔼地对她说了什么,这才悄悄地离开。

一群记者围拢上去,争先恐后地向中山先生提出各种问题:“您带回多少武器以助革命军北伐?”“听说您这次回来,为革命军募捐到很多款项,这是真的吗?”

孙中山回答道:“予不名一钱也!所带回者,革命精神也。革命之目的不达,无和议之可言。”

他环视一下四周,又对人们表示:“创业难,守业更难,从前革命的困难已破除,但今后,会远远大于从前,必须同心协力共同克服,否则从前的奋斗也就半途而废了。”

宋嘉树从商团书业公会分团中,亲自挑选了一批有文化的排字工人充任孙中山的贴身卫队。事先已经选定法租界宝昌路408号一幢三层法式洋楼为孙中山的住处。但是当宋嘉树这天到法租界公董局,要求让持枪卫队进驻宝昌路时,公董局却推三阻四,他们只同意沪军都督陈其美派四名卫兵当门卫,说其他安全问题,租界当局可以维持。

交涉再三,宋嘉树急了,因为如果保卫工作不落实,孙中山不能贸然住下。他抓起桌上的帽子断然地说:“好吧,孙中山先生无法在这样的安全措施下住进法租界,我们可以另想办法。不过,报界是知道孙先生预定的住址的,如果他们作出的报道,有损于一贯以自由、平等、博爱为宗旨的法兰西的声望的话,我就无能为力了。”

公董局的头面人物出场了。他们觉得与其得罪可能成为新中国统治者的孙中山，还不如稍稍显示友好与关怀。所以他不仅同意两排军队驻扎在宝昌路，而且派出了十几名军警探员，作为辅助。宋嘉树刚刚把他们安置妥当，天就黑下来。

远处的教堂响起了悠扬的钟声，欢乐的圣诞之夜开始了。

当晚孙中山在上海都督陈其美陪同下，观看为他归来而举行的《长生殿》演出。

孙中山的护卫由年轻的戚志锐与戚志峻姐妹两人担任。在杭州起义中她俩是叫敌人闻风丧胆的“敢死队员”。

《长生殿》中的御林军首领陈玄礼的扮演者，是清朝多年豢养的刺客李方行，此刻正欲乘机刺杀孙中山。两姐妹也接到将有刺客活动的情报，所以每时每刻都十分警惕。

剧情在紧张地进行，陈玄礼上场了，一阵高腔之后，猛然来了个亮相。就在此时，志峻发现陈玄礼的袖筒里有一只手枪正对着孙中山。

志峻大吼一声，箭一样窜上舞台，扑向刺客。一声巨响——枪打偏了。

与此同时，志锐掏出手枪，几乎不用瞄准，只听“砰砰”两响，最亮的两盏灯顿时破灭。她对都督陈其美喊：“你设法挡住刺客！”而她自己护卫着孙中山，趁屋中大乱，迅速夺门而去。舞台上的志峻也在群众帮助下生擒了刺客。

孙中山安然无恙。号称巾帼女侠的两姐妹护驾又一次立了大功。

中山先生一行从哈同公园抵达宝昌路下榻处。宋嘉树跑出去迎接，迎面见孙中山神采奕奕地走进来，后面紧跟着宋霭龄。孙中山笑着悄悄对宋嘉树说：“查理兄，你推荐的秘书是美国式的高效率秘书。”跟着进来的有黄兴、陈其美、汪精卫、李平书，一个个都急于同孙中山谈话，宋嘉树却不等孙中山坐定，就说：“现在，基督徒们，让我们一起来祈祷！”尽管汪精卫等人颇为不满，孙中山却欣然跟着宋嘉树认认真真地做起晚祷来了。

●倡组中央，拥护孙文做总统

革命的最终目的就是政权问题。

孙中山领导的这场资产阶级革命，其梦寐以求的就是推翻大清王朝的专制统治，建立一个资产阶级的民主共和国。

早在武昌光复后，全国各省市纷纷效仿，枪声不断，胜利的消息频频传来。随着各省市的光复，为共和国的创建打下了一个坚实的基础。于是酝酿共和国的建立，分别在武昌和上海两地开始了重要活动。

先说上海，在陈其美的倡导下，先征得江、浙二都督程德全、汤寿潜的个人同意，并以三人名义，向已宣布独立的武昌、长沙、安庆、南昌、苏州、浙江、太原、西安、广州、济南、桂林、云南、贵州等省军政府都督发出通电，称“今接湖北黎都督及镇江林都督两处专电，意谓上海交通轻便，组织机关，用为开会之地。闻命之下，距跃三百，亟当遵照输用，特通电贵省，商请公举代表，定期迅赴上海，公开大会，议建临时政府，总持一切，以立国基，而定大局。”

据曾任江苏都督府出席各省代表会议的代表袁希洛回忆：

> 陈其美任沪军都督后，发起组织各省代表团，商议组织中华民国临时政府。陈其美主张代表由各省都督指派，江苏人士则主张由各省临时省议会或咨议局推出代表，因此两者之间发生了摩擦，进行了明争暗斗。

此电发出的当天，立即得到了各省的热烈反映。江苏代表雷奋、沈恩孚，浙江代表姚桐豫、高尔登接电的当日，就提出建议，建议在中央临时政府未成立之前，先推举伍廷芳为革命军各省临时总代表，负责办理外交，争得外国承认。

接着，15 日，江、浙、赣、湘、皖等七省代表带着使命，齐聚上海。

上海都督府，华灯初上。

在陈其美的主持下，七省代表畅所欲言，协商成立《各省都督府代表联合会》。会议正开到热闹处，内务局的同志进来把一份电报呈给陈其美。电报内容是：湖北军政府黎元洪邀请各省代表到武昌开会，商讨革命军成立国民临时政府一事。

陈其美看了看电报发出的时间是：11 月 9 日。上海收到已过了 6 天。

陈其美说：我们已经相聚上海了，再到武昌去，还是怎么办？听听大家的意见。大家你一言我一语，最后七省代表的意见是：武昌是革命首义之地，理应表示尊重。不过武汉一地正在激战，安全第一，会议地点仍是上海为宜。再说“上海一埠，为中外耳目所寄，又为交通便利，不受兵祸之地，急宜仿照美国第一次会议方法，于上海设立临时会议机关，磋商对内、对外妥善之方法，以期保疆土之统一，复人道之和平。”

七省代表又建议“以武昌为中央政府的所在地，在中央政府未成立之前，先推举湖北都督黎元洪代行中央职权，请其委派伍廷芳为临时外交总代表”，一致诚恳要求黎元洪速派代表来沪开会。

电报发出后，上海七省代表仍开会，等待黎元洪的到来。这一天，代表联合会通过了《革命军各省代表大会组织大纲》，规定革命军各省派代表二人，由都督府、咨议局各派一人组成代表大会。这种规定把清政府所设的咨议局与革命军都督府并列，同样有选派代表之权，陈其美是有着自己的看法的。但是基于大多数的同意和大局观念，他没有坚决反对。这也表明当时时局的复杂性和彻底推翻清政权的艰巨性。

总统人选是成立全国性中央政府的首要问题。在武汉主持战事的黄兴主张成立以孙中山为总统的中央政府，并派专人于11月10日将电稿送至沪军都督府，"嘱转发大北公司，催孙中山返国，并报告军情。"11月16日，陈其美发表通电，公开提出选举孙中山为临时总统。18日，陈其美又致电各省都督，转告江北都督来电的意思，称"大总统一席，非孙中山莫属。"

孙中山是众望所归的革命领袖，对此连一些立宪派和旧官僚也是承认的。江苏都督程德全11月14日致各省都督的电报中也称："大局粗定，军政、民政亟须统一，拟联东南各省军政府公电恳请孙中山先生迅速回国，组织临时政府，以一事权。"但他同时又指出，在孙中山回国以前，应由黎元洪代理。

11月24日，陈其美又收到了湖北方面黎元洪的电报，见到了黎元洪特派员居正先生，转告他们认为代表会议一定要在武昌召开！

陈其美又让七省代表商讨。

最后统一意见：为尊重湖北军政府意见，决定各省到沪代表一人赴鄂参加代表大会，一人留守上海担任联络事宜。

11月30日，革命军十一省代表齐聚汉口。

代表大会在敌人炮声的"祝贺"中开始了。

三镇危机四伏。此时的汉阳已经失守，会议原计划在武昌召开，不料武昌也开始了炮火连天，只好暂时迁移汉口英租界顺昌洋行召开第一次革命军各省代表大会。会议公推湖南代表谭人凤为议长。

正说话间，一发拖着长长尾巴的曳光弹带着呼啸从洋行的窗口外飞过。

黎元洪镇静自若，他把英国领事建议南北两军停战三日的来文念给大家听，让代表商讨。

来文转达北方所提的两个方案：一个是全国性的，由袁世凯内阁代表清政府，希望独立各省公推全权代表一人，与之进行全国和平谈判；一个是局部性的，由北洋军将领冯国璋代表湖北前线北洋军阀军，黎元洪代表湖北革命军，先进行湖北地区的停战谈判。

英国领事转来北洋军所提的局部地区的条件，其中有“匪军必须退出武昌城十五里，所属炮舰必须卸下炮栓交英国领事代保管”等条。这哪里是什么停战条件，纯粹是迫降书。而且条件中仍称革命军为“匪军”，是对革命的极端轻蔑！与会代表针锋相对，提出：“清军必须退出汉口十五里，其运兵火车必须交英国领事代封存。”

对于英国领事转来北洋军所提的局部地区的条件，大家当时就炸锅了。这个说：“娘的，把我们当成‘匪军’，太不拿正眼看人了！”那个谈：“还要我们退出武昌十五里，什么他妈的条件？”“把炮闩交给英使馆，必须他先交。”……

大家你一言我一语，把北洋军阀的条件驳了个体无完肤，而作了“以硬对硬”的回答。但应该看到，这次来武汉的代表多为立宪党人，他们还没有把脚站到革命军的一边，对革命仅是同情，对袁世凯的议和派抱有强烈的幻想。只要袁反正倒向革命军一边，大清王朝就可以顷刻倾倒，革命军就可以兵不血刃马到成功。

于是，12 月 2 日，代表会议竟然作出决议：“虚之临时总统之席，以待袁世凯反正来归。”会议通过时，陈其美以黄兴曾提议孙中山为临时总统为题，进行了说辞：“孙中山虽流亡海外，但他的威望和威信，推为临时总统当之无愧！”

结果，应声者没能过半。

●民国京都之争：是武昌还是南京

隆冬的汉口虽然冰天雪地，但清军的炮声还是响彻云霄。汉口英租界顺昌洋行灯火通明。

十一省革命军代表大会仍在正常进行。

12 月 3 日，代表大会通过了《临时政府组织大纲》。

12 月 4 日，在汉阳失守、武昌告急的情况下，传来了特大喜讯：东南重镇南京都城光复，被革命军攻下。听到这个突来的消息，大家一阵欣喜。正在这时，一阵排击炮声打来，惊天动地。有的代表当场提议：“临时政府应该迁到南京，南京曾是几代皇朝的都城！”

不少人附和：我们的会议应该搬到南京去开！这样也避开了清军的炮声。

有人不同意：此地为首义之区，离开这里，就等于无源之水、无本之木。甚至说是四不像了。我反对。

这时，又是一阵清军的炮声响起，比刚才的声音更大更强。

清军的炮声，以及战场形势的变化对于临时政府所在地的争议产生了决定性的影响。

陈其美和宋教仁等人本来就不愿意各省代表去武昌开会，更不愿看到黎元洪在湖北成立中央政府，当南京光复的消息传来，他们就集议将临时政府所在地由武昌改为南京。这时又传来黄兴在湖北督师失利，将要回上海，陈其美立刻表示：作为东道主的上海，我们由衷地欢迎："克强为革命领袖，果来，吾辈当竭诚欢迎之，并以全力拥护之。"

再说，伍廷芳则因武汉形势不好，不愿到汉口与清廷谈判，希望唐绍仪到上海进行谈判。唐又满口答应下来。

于是，代表会议又决定改以上海为议和地点。

黄兴抵达上海时，"英士及上海同志，欢迎拥护，一如其言"，让黄兴甚为感动。次日，在沪军都督府召开了一次重要的紧急会议。参加会议的除陈其美外，还有黄兴、宋教仁、章太炎、程德全、汤寿潜以及各省留沪代表们。

会中，关于临时政府的地点，黄兴主张南京，章太炎主张武昌，二人相持不下，争个脸红脖子粗。

陈其美的天平还是南京。为了达到这个目的，他提议由黄兴担任大元帅，并向江浙的立宪派作出让步：提议程德全担任江苏全省都督；张謇出任两淮盐务总理。结果是大家一片掌声。

12 月 4 日，陈其美与江苏都督程德全、浙江都督汤寿潜，以及赵凤昌、章驾时、章太炎、王一亭、蔡元培、顾忠琛等知名人士，和留沪各省代表在上海的江苏教育总会集会，决定南京为临时政府所在地，并选举黄兴为暂定大元帅，黎元洪为暂定副元帅，仍驻武昌。

但选举黄兴为大元帅的动议，仍遭到了一些与会代表的非议，一位老名士说："黎宋卿在武昌首义，劳苦功高。先头赴武昌一部分代表，已举黎为中华民国军政府大都督，事实上为大元帅。今反被选为副元帅，在黄兴之下，太不合理矣。"程德全的代表，湖南人章驾时感情冲动，极力附和其说，坚决要求推翻成案，以黎为大元帅，黄兴为副元帅。

但陈其美等人没有理会这些反对意见，他一面为黄兴布置行辕，调遣军队，一面与程德全及各省代表准备召开欢迎大元帅大会，但黄兴鉴于反对意见很多，不肯贸然担任大元帅一职，经陈其美、程德全再三劝说，"大元帅为一时权宜之计，将来中华底定，自当由全国公选大总统"。黄兴才勉强答应就任大元帅。

当天,陈其美和与会代表致电武昌:

临时政府前经议定武昌;现在南京光复,鄂军务适紧,援鄂之师、北伐之师待发,亟须统一。今同人分议不如暂定南京为临时政府所在地,举黄君兴为暂定大元帅,黎君元洪为暂定副元帅兼任鄂军都督,藉免动摇而牵大局,俟赴鄂代表同到南京再行发表。所有编制日内并力准备,俾进行无滞。事关紧要,不得不从权议决,务乞鉴谅,并请转达到鄂各省代表,请即日来沪会议。

在汉口的各省代表听了这个消息,大多表示反对。他们对黄兴任大元帅一职非常不满,要求黎元洪以都督名义通电全国取消上海方面的选举案。最后这个方案两方都做了妥协。同时他们还认为留沪代表违反了11月24日代表联合会议的决议,那次会议决定留沪代表仅负联络之责,并无组织政府之权,此项选举应作无效。

陈其美不同意这种意见,他说:"代表不分留沪赴鄂,权利地位完全相等。你们一去无消息,怎见得上海的就不能行使正当权利呢?"他力劝黄兴出来承任。

12月中旬,汉口、上海各省区代表分途到达南京,大家聚首一堂,所谓的地区和职权都不存在了。通过协商,决定根据《临时政府组织大纲》,在12月16日开会选举临时总统。

接着,又有消息传来,说唐绍仪曾在汉口表示:"袁世凯并不反对共和制。"(注:实际是袁想借此机会当总统)于是,又有不少代表在选举临时总统的问题上动摇起来。

12月16日代表会议上,有人临时动议:"应当根据12月2日汉口代表会议的决定,暂时不选举临时总统,虚席以待袁君世凯反正归来。"

又有人提议:"在此过渡时期应先成立中央军政府代行临时政府的职权。"

以上两项提议均获通过,大元帅的问题因而又被提到会场上来,同盟会代表与非同盟会代表通过协商,采取了相互迁就的态度,将留沪代表所选出的两个元帅颠倒了一下,以黎元洪为大元帅,黄兴为副元帅,大元帅在武昌主持军事不能分身来宁,由副元帅黄兴代行其职权。

组织军政府的问题决定后,很多人希望黄兴早日到南京组织军政府。此时,陈其美接到胡汉民来电,说孙中山已在回国的途中,准备迎接孙中山。

孙中山回国后的1911年12月26日，在上海寓所召开同盟会高级干部会议。会上，对于中华民国政府形式、结构等重大问题上仍出现了分歧。

宋教仁主张责任内阁制，效法法国，总统为名义国家元首，由总理执掌大权。孙中山主张美国总统制。他说："在国家政治生活正常情况下，实行内阁制是可以的。但是当前是个非常时期，实行内阁制就不适宜了。我们不能对一个唯一可以信赖的人加以种种限制，我也不愿意处处依从别人的意志，耽误革命大事。"

但宋教仁不顾陈其美、黄兴、张静江等大多数人的反对，依旧坚持己见，孙中山为了顾全大局，同意了宋的方案，并提议黄兴任内阁总理。但是，各省都督府代表会却以16比1的绝对优势否定了内阁制而通过了总统制。

接着，在上海宝昌路408号孙氏寓所，孙中山主持的这次同盟会在沪领导人会议，形成了一个重要的文件：《同盟会本部宣言书》。

会上，尽管汪精卫等人竭力主张要同清廷议和，但孙中山坚决主张以革命武力统一中国，彻底扫除北方的专制余孽。《宣言书》遂号召："愿我将士少希望于和议之可成，急整军旅，俟一旦停战期满，即率大军北进，以慰国民之热望。"这份宣言一扫当时的和谈风。

孙中山到底高瞻远瞩啊！

这使陈其美、黄兴赞叹、钦佩。他在原则问题上寸步不让，但对党内同志却宽容厚道。百川之所以归海，本来是因为大海能够容纳。这才是领袖的风范！孙中山回国以前，革命阵营内部对大总统的职位之争，从武汉到上海，又从上海到南京，始终争斗不已。孙中山一回国，一切其他选择都因之相形见绌而烟消云散。未来的大总统，非中山莫属。

●孙中山出任临时大总统

1912年元旦，孙中山从上海出发，到南京宣誓就职。为孙中山在这样的神圣时刻、庄严场合穿什么样的服装，党内高级领导层颇费了一番脑筋。清朝的长袍马褂显然不行。西装呢，又有些人认为，别人穿可以，总统不行；平时穿可以，而今天不行。他们坚持说西装毕竟是外国人的服装，今天民国初始，民族新生，总统穿外国人的服装有伤国体，有失民族尊严；因为几十年来西方帝国列强给中国人民造成的伤害太深了，穿西装恐怕老百姓感情上不好接受，甚至可能引起误解。而孙中山亲手设计、中国人一直穿到"文革"结束还盛行不衰的"中山服"这时又没有设计出来。议来议去，莫衷一是。最后决定还是穿刚回国在军舰上换上的那种军服。霭龄听到这个决定心里美滋滋的，因为从根子说，这还是由于她的暗示，甚至可以说是她的主意呢。

这身军服是连夜特制的。最高档的呢料，更合身的尺码，镀金的大铜扣闪闪发亮，精神焕发的孙中山穿上后平添了一股威严、正气和帅气。但是他坚决拒绝一切绶带和徽章，坚持以简朴和平实的形象面对人民，而不像以后蒋介石的总统服装那样过分显摆和耀武扬威。

霭龄倒是作了精心打扮。虽然南京的冬天同样是寒冷的，她还是坚持穿了一身海蓝色西服套裙，白皙的脖颈上挂了红宝石项链，吹得蓬松的头发又打了发蜡，更显得乌黑发亮。脸上化了淡妆，唇红齿白，杏眼柳眉。青春女性所具有的一切美丽之处她都让它作了最充分的发挥，很有些风姿绰约，楚楚动人。她认为女秘书的漂亮仪表可以衬托总统的干练和伟大。

孙中山乘坐的专列停在上海北站。这是慈禧太后用过的专车，它豪华舒适，车厢内还有许多珠宝装饰，里里外外透着一种皇家气派。今天车头上又披红挂彩，成了一辆地道的花车。孙中山特邀了查理全家一起到南京观礼，作为对他们多年来紧紧追随和一次次盛情款待自己，以及全家为革命作出的重大牺牲和贡献的报答。倪桂珍带着子良、子安两个男孩子早早就到了车上。子良、子安在车厢里拧这摸那，高兴地乱跑乱窜，倪桂珍追着喊着也制止不住。警卫人员知道他们是孙中山特邀的客人，只要不太过分就由他们折腾。

孙中山由宝昌路寓所出发，前往北站登车。查理和党内汪精卫、陈其美其他高层人士簇拥在孙中山周围。霭龄则是手提机要箱，寸步不离地紧跟在孙中山身后。上海北站早已人山人海，欢送的人群身着节日盛装，手持气球彩旗，人人脸上喜气洋洋。孙中山到达车站时，惊雷般的掌声自发地响了起来，口号此起彼伏。陈其美力劝孙中山直接进入车厢，马上开车。孙中山却被热情的群众感染，坚持在月台上走了一个来回，向群众挥手致谢。霭龄心里紧张极了，她怕有敌人的奸细或亡命之徒乘乱向孙中山开枪。她心里暗暗想着，万一出现那种情况，就冲到前面，用自己的胸膛挡住罪恶的子弹，决不能让总统受到伤害。

上午11时，陈其美安排的花车从上海北站徐徐驶出。沿途到处是迎送的人群。孙中山心头燃烧着烈火，他觉得不能冷落拥护革命的人民，不顾警卫人员的劝阻，一次次拉开窗帘，向沿途群众招手。同时他也想饱览一下江南的大好河山，这是他在海外一直魂牵梦萦的祖国风光啊！霭龄昨夜对总统誓词中随时准备让贤的表示就十分不满，今天又一直为孙中山的安全担心，她看到警卫人员的劝说无效，车过昆山时竟上前“嗤”地一把拉上了窗帘。孙中山生气地瞪住她时，她竟全无惧色，冒出了一串火爆爆的话语，“我亲爱的总统！你要知道你现在不是属于你自己，你属于我们大家，属于整个革命阵营，属于全中国！对于你不顾安全的做法，我们每个人都有权制止！”

孙中山翕动了一下嘴唇，终于没再说话，向后一仰，坐进了柔软的大靠背椅里。陈其美正好过来，他故意做个鬼脸，又假装严肃地说：“小秘书管大总统，这可真造了反、革了命哦！”孙中山嘻嘻笑了，霭龄却瞥了陈其美一眼走开了。

车过苏州、无锡、常州、镇江等大站，都有成千上万的群众迎送。人海、旗海、军乐、鞭炮，那场面任何人看了都会感动。这时人们挥舞的旗子五花八门，有陆皓东最先设计、已在同盟会前两次起义中使用过的青天白日旗，有孙中山根据黄兴意见做了改动后亲手设计，并在第三、第六次起义中使用过的青天白日满地红旗，有共进会设计的代表全国18个行省、并在武昌起义中已在黄鹤楼头升起的十八星旗，有陈炯明设计的代表农业大国田地的“井”字旗，有陈其美在上海起义中使用的代表汉、满、蒙、回、藏五族共和的五色旗。革命初始，百事待举，要办的大事太多了，以至究竟用什么旗的问题都顾不上统一。青天白日旗作为国民党党旗、青天白日满地红旗作为中华民国国旗，一直到1920年才由孙中山确定下来。当时人们就根据自己的消息和判断自发地制作了各式各样的旗子，只不过就是没有一面清朝帝国的黄龙旗而已。孙中山从这些形形色色的旗子中看到的不是凌乱，不是革命缺乏统一的组织领导，而是看到了推翻清朝符合千千万万民众发自内心的愿望。在这些大站上，再没有谁能阻止他同群众见面，他把这视为一次革命力量的检阅，一次人民向尚在负隅顽抗的保守势力的示威！

列车走走停停，直到下午5时，才汽笛高鸣驶进南京下关车站。这里欢迎的场面更为壮观。下关江面上停泊着的中外军舰齐放礼炮21响，隆隆的炮声既是对大总统莅临的热烈欢迎，也是对亚洲第一个共和政权建立的祝贺。

黄兴在上海向孙中山汇报完情况，已连夜赶回南京，亲自组织了车站的欢迎仪式和总统的就职典礼。霭龄紧跟孙中山下车的时候，只听得礼炮雷鸣，十几支军乐队争相鸣奏，“共和万岁！”，“中华民国万岁！”“大总统万岁！”的口号响遏行云。车站上成千上万的人都踮起脚尖，竞相目睹新总统的风采，人群像潮水一样涌来涌去。各种肤色的外国驻南京领事也来到车站迎候。大街上都挤满了人，沿街店铺、房屋张灯结彩。孙中山兴致勃勃，首先同黄兴率领的17省代表一一握手，接着同各国领事见面，向他们表示感谢，并请他们转达自己对各国元首和政府首脑的敬意。

孙中山同群众见面的时候，陈其美忽然得到一份情报，一股清军已经化装潜入城里，伺机对孙中山行刺。按照预定计划，孙中山在这里要换乘马车前往总统府。从车站到总统府几公里的路上早挤满了人，甚至房顶、树杈上都有人，虽然黄兴对警卫工作检查了又检查，但这人山人海之中，谁分得清哪是热情的群众，哪是阴险狡诈的敌人？何况马车对炸弹、子弹几乎没有什么防护能力，这段路上怎么保证总统的安全？眼看孙中山一边向群众挥手，一边向马车走去，大庭广众之下，如何向孙中山报告这个最重要最机密的情况？陈其美心急如焚，情急之中，他连忙写了一个纸条：发现敌情，总统不能走预定路线！！！一转身，交给了走在孙中山右后侧的黄兴。黄兴看罢纸条，心里咯噔一下，不管情况是否确实，都必须做出改变，万一发生问题，那就无法交代。他把纸条塞进口袋，决定改走第二条进城路线。

孙中山走近了马车，几十辆披红挂彩的马车已经做好了一切准备，驭手们一手高举挂着红缨穗的长鞭，一手扶着车辕；侍卫人员在车前摆好了大红毡垫，已伸手请总统登车。孙中山正要迈过去，霭龄以为黄兴没有接受自己的意见，汗一下子冒了出来，她已经准备跳到前面，直接向孙中山报告了。

这时，只见黄兴紧走几步，跨到孙中山前面，用手向前一伸，示意孙中山继续向前。孙中山疑惑地望了黄兴一眼，只得又向前走去。黄兴引路，他们绕场一周，又回到了车站跟前，进了休息室。这时黄兴才向孙中山汇报，实行第二方案，继续乘专车进市内铁轨，直接开到总统府。陈其美悬着的心才放了下来。

总统府是由清朝两江总督衙门改成的，太平天国建都南京，这里曾是洪秀全的天王府。黄兴主持对这里进行了修葺。孙中山对选择这里也比较满意，年轻时他曾以洪秀全第二自诩。

6点15分，孙中山一行抵达总统府。按原定计划，吃过一顿简单的便饭，就举行就职典礼，但是为《临时大总统誓约》和《临时大总统宣言书》这两份最重要的文件，各方意见还不统一，还在为临时大总统的任期和去职时间、条件等争论不休。陈其美对那些坚持和谈，并主张袁世凯一旦答应逼清室退位，孙中山就应自动辞职让位给袁世凯的人恨得直咬牙，但这样的场合他是插不上话的，只好干坐在一边生闷气。

眼看时间一分一秒过去，胡汉民提议说："今天天色已经不早，总统宣誓就职是件隆重的大事，半夜三更的恐怕不好，是否延迟到明天上午进行。今夜仔细斟酌，把文件改好。"

孙中山勃然变色："不行！今天是1912年元旦，中华民国一定要在今天宣告成立。1912年的元旦也就是民国元年元旦，这样的时间有特殊意义。半夜三更怕什么？民国新生，普天同庆！上午虽好，小时间不如大时间。一定要马上把文件改好，赶在12时之前举行仪式。”

霭龄听了，立即振奋起来。总统嘛，就得有大气魄，从大处着眼，快刀斩乱麻，决不能听几声蝼蛄叫就不种庄稼了。她甚至生出一种怪想，总统要实行独裁才好，像现在党内和革命阵营内这种乱糟糟的样子，恐怕麻烦还在后头。

在孙中山亲自主持下，两份文件又逐句作了敲定。霭龄坐在旁边，改好一页，就立即抄清一页。当她把两份完全誊清的历史性文件交到孙中山手上时，激动喜悦的心情胜过在场的每一个人。

晚上11时，胡汉民、陈其美等人陪同孙中山走进礼堂。霭龄在后面跟进去的时候，飞快地瞟了一眼台下，父亲查理、母亲倪桂珍和子良、子安两个小弟弟，都已经坐在最前排，他们看见孙中山进场一齐站立起来，兴奋地鼓掌。会场上每一个人都目不转睛地盯着孙中山，向他欢呼致意。霭龄找了个前排角落的地方，站在那里，全神贯注地望着孙中山稳步走上主席台，站定在两面五色旗上，掏出她刚刚交到他手上的誓词，庄严地举起右手，朗声读道：

“倾覆满洲专制政府，巩固中华民国，图谋民生幸福，此国民之公意也，文实遵之以忠于国，为众服务。”

读到这里，孙中山稍微停了一下。霭龄心想，够了，够了！就读到这里就行了，刚刚上任就要谈什么解职，令人丧气。提那种意见的人都应该统统杀掉！对，杀掉！明着不行，就让青帮弟兄们暗中去杀，让杜月笙去干，他搞这个可是很在行……没等她想完，孙中山朗朗的声音又在整个礼堂轰响起来：

“至专制政府既倒，国内无变乱，民国卓立于世界，为列邦公认，斯时文当解临时大总统之职。谨以此誓于国民。中华民国元年元旦。孙文。”

典礼结束，霭龄立即把经汪精卫改定的孙中山简历散发给中外记者。她想象着，民国成立、总统就职和孙中山的革命功绩将通过一束束电波传遍中国的山山水水，传播到世界上每一个重要的地方。明天当人们读到报纸，得知消息，海内外的炎黄子孙和一切关注中国命运的外国友人都将为此而欢呼。中国，一个新的世纪到来了！

第八章　追随孙文

●陶成章大闹总统府

孙中山在南京就任临时大总统的第二天，陶成章就向孙中山发难。

这天，孙总统要接待外宾。他还没出门，就被破门而入的陶成章撞了个满怀。孙总统一看是陶成章满面笑容：你怎么这么快就来了？

陶成章说：我有急事相谈。

孙说：我不是说了吗，万事开头忙，忙过这几天，我找你专谈一次，你就等不了。这不，我正要出门接见外宾。

陶成章说：我的事比接见外宾还要急！

孙问：你什么事吧？

陶答：你骗取总统，南洋筹款时私吞公款之事！

孙一听就火了，责问：你在南洋发布我《孙文罪状》哪一条是实的？

这时，霭龄秘书赶上来说：办什么事也不看点儿，这是什么地方？再搁这个地方撒野我让卫兵收拾你！

陶恶煞凶神：一个臭秘书就这么趾高气扬！

霭龄机灵，向门卫使了个眼色，两个膀大腰圆的士兵上来，不由陶成章分说，就像老鹰捉小鸡似的把他当场架出了总统府。孙中山的公务活动才得以正常进行。

事后，陶成章又在总统府骂人，例数孙中山的"九大罪行"，和搂着女人睡觉贪污腐化等等，也激起了天怨人怒。

蒋介石看到了这个事，当天晚上跑到陈其美府上，诉说实事真相。

陈其美问：你都看到了？

蒋介石说：在总统府内的事我不知道，在府外骂街我是亲眼赶上了。

陈问：他是骂孙文什么啦？

蒋说：九大罪状，还有什么他搞女人贪污腐化什么乱七八糟的事，我看都是旧事重提。

陈说：积怨太深。要说清这件事情，还得从陶成章参加同盟会说起。于是陈向蒋讲起了陶成章的发家故事……

陶成章（1878—1912），字焕卿，曾用名汉思、起东、志革、巽言、匋耳山人、会稽山人等，绍兴会稽陶堰西上塘人。生于光绪三年十二月二十二日（公历为1878年1月24日）。幼时家境贫寒。6岁入本村陶氏义塾读书，十五岁为塾师。天资聪颖，过目成诵。少年时就接触新学，阅读爱国思想书籍，渐萌革命思想，欲改革封建专制。父亲陶品三惧祸，多次告诫，其志不变。中日甲午战争爆发，陶忧心如焚，即定下从戎之心。义和团运动爆发，曾两次赴京拟刺杀慈禧未果。1902年只身至日本，进入清华学校，后转入成城学校学习军事。1904年初学成从日本回到上海，参加中国教育会的活动，奔走于浙江各府县，联络会党，策划反清革命。

同年10月，陶成章与蔡元培、龚宝铨等在上海发起成立光复会，推举蔡元培为会长，其誓词是"光复汉族，还我河山，以身许国，功成身退"。光复会成立后，陶成章担任联络苏、浙、闽、皖、赣五省会党之职，他深入各地开展细致的工作，在会党中享有较高的威望。

1905年9月，陶成章与徐锡麟在绍兴创办大通师范学堂，作为革命的联络机关。1906年，陶成章被推为光复军五省大都督，计划在各省同时发动起义。消息走漏，旋即被清吏侦破，机关遭破坏，陶成章不得不再次东渡日本避难。

1907年1月4日，陶成章在日本东京参加了孙中山领导的同盟会，稍后担任了同盟会浙江分会会长。同年夏天，因徐锡麟在安徽活动卓有成效，陶成章便秘密回国到芜湖中学任教，以便就近联系，共同推进革命工作。同年7月，徐锡麟在安庆刺杀安徽巡抚恩铭后，率巡警学堂学生起义，战败被俘，惨遭杀害。不久，秋瑾在浙江绍兴响应起义，也被清吏捕获，壮烈牺牲。陶成章也受到清政府的通缉，被迫流亡南洋一带。

1907年夏间，章太炎、张继、刘师培等借经费问题为名掀起反对孙中山的风潮，并且无理地要求革除孙中山的总理职务，改推黄兴。只是由于黄兴坚决支持孙中山，章太炎等人的企图才未能得逞。但经过这次风潮后，孙中山心灰意冷，就不大愿意过问同盟会东京总部的工作了。1908年，孙中山在新加坡设立同盟会南方支部，委任胡汉民为支部长，南方支部实际上成为与东京总部并峙的中心。

1908年3月，陶成章到东京接替张继主编同盟会机关报《民报》。同年9月，陶成章前往南洋为《民报》筹款，要求孙中山为他筹款5万元。由于章太炎与孙中山不和，而陶成章又支持章太炎，以致孙中山对陶成章来南洋活动心中有戒，借故拒绝了陶的要求。陶的要求没有得到满足，对孙中山更加不满，遂决定与孙中山分道扬镳。

1909 年 9 月，陶成章在南洋槟港，与李燮和等人以川、广、湘、鄂、江、浙、闽七省同志的名义起草了一份《孙文罪状》，罗列了孙中山的所谓“谎骗营私”“残贼同志”“蒙蔽同志”“败坏全体名誉”等，共三种十二款“罪状”，要求开除孙中山的总理职务。陶成章带着这份罪状来到东京，找到黄兴，要求同盟会总部开会讨论，作出决议。①

应该说“孙文十二罪状”纯系不实之词！

它虽然得到了章太炎等少数人的支持，但遭到了黄兴等大多数革命党人的拒绝。黄兴、谭人凤、刘揆一联名发表长达千余言的致李燮和等公函，逐条为孙中山辩解。黄兴还表示：“陶等虽悍，弟当以身力拒之。”

陶成章等见反对孙文不成，便决计与同盟会分家。他对章太炎说：“逸仙难与图事。吾辈主张光复，事亦在同盟会先，曷分设光复会？”陶成章的提议，得到章太炎等人的赞成。1910 年 2 月，光复会在东京成立总部，推举章太炎为会长，陶成章为副会长。在光复会会员较多的南洋设立执行总部，代行东京本部职权，李燮和、沈均业、魏兰为执行员。

光复会成立后，公然“以反对同盟会干部为号召”，并“ 骄骄有取同盟会而代之之势。”陶成章等人将会党中的宗派情绪带到革命队伍中来，导致了革命队伍严重分裂，甚至是分庭抗礼。这让孙中山十分生气。

在黄兴说和、陈其美协调下，时间到了 1911 年，为筹备广州起义，光复会与同盟会的关系才有所缓和。李燮和且在南洋为起义也筹到了款。

广州起义失败后，赵声忧愤成疾，不治身亡。陶成章等怀疑是胡汉民下了毒，两次对同盟会发难。同年 7 月，陶成章应戚志锐、戚志峻姊妹之邀，回到上海，组织“锐进学社”，作为光复会的秘密联络机关。当时，陈其美、宋教仁、谭人凤等正在酝酿成立同盟会中部总会，准备在长江中下游发动革命。

7 月 26 日，陈其美与陶成章在沈缦云宅开会，协调同盟会与光复会合作一事。会议中，陶成章与陈其美话不投机，发生争执。话赶话儿，陈其美一怒之下，竟掏出手枪要打陶成章。陶成章从窗口跳出，匆匆离开上海，前往南洋。

武昌起义后，陈其美与李燮和合作，共同光复了上海。

---

① 张继学著：《民国先驱陈其美》，兰州大学出版社 2002 年版，第 70 页。

在上海光复过程中，李燮和立有大功，而且从事革命活动也要早陈许多。按理说，上海都督当属李燮和。甚至连黄兴在获悉上海光复后，也写信给李燮和，要其主持沪事。黄兴在信中说："沪事竟告成功，雄才佩甚。……沪事如何进取，乞卓裁主持，不必远商也。"而结果，陈其美却采取非常手段出任了上海都督。李燮和不仅没有当上都督，而且连原来的沪军总司令也被解除，陈其美仅给他安排了个小小的参谋职务。这样一来，光复会方面"大哗"。"有人主张逮捕陈其美，治以违令起事，篡窃名义罪"。但"李燮和考虑再三，以为武昌起义不久，上海刚刚光复，全国形势还没有稳定，如果兄弟阋墙，不但引人耻笑，而且要贻误革命全局，因而坚决主张退位"①。来了个大哥让小弟。

这时，李平书也出来斡旋，他对李燮和说："今日之事以大局为重，愿为公一言。"李燮和答曰："我听你的"。11 月 9 日，李燮和率部去吴淞成立吴淞军政分府及光复军总司令部，自任总司令，并宣布只承认苏州军政府为江苏全省军政府，而与陈其美的沪军都督府处于对立状态。

陈其美大为不满，首先派出刺客企图刺杀李燮和。

据余焕东回忆：

> 当他与李燮和在吴淞车站乘车往上海时，忽有人从车窗外开枪，将李燮和的随身卫士击毙。陈其美本想以武力解决吴淞军政分府，但因实力不够不得不放弃。陈其美随后派出某会党头目持枪到李燮和的吴淞军政分府，与李谈判，勒令李取消军政分府。李表示服从，改为光复军总司令部。

武昌起义后，陶成章也从南洋回国，在江苏、浙江等地号召各地旧部起义响应。1911 年 11 月 5 日，杭州光复后，推汤寿潜为浙江都督，陶成章任总参议。蒋介石虽以敢死队的领导身份参加，并在杭州的光复中立了头功，本应该在政权机关有所考虑，在陶成章的反对下，此事落空。这时的陶成章仍采取与同盟会对立的立场。

12 月 2 日，南京光复后，在上海的各省代表联合会上，陈其美等人极力推举黄兴为大元帅，而光复会的章太炎、陶成章等人则主张推选黎元洪。

12 月 4 日，会议本已推举黄兴为大元帅，黎元洪为副元帅，可陶成章等运动

① 《辛亥革命回忆录》(四)，湖南人民出版社 1983 年版，第 33 页。

军队出来反对。据时任浙军参谋的葛敬恩回忆：

> 袒黄(亦即袒孙)袒黎一时闹得不可开交。光复会分子反对同盟会日益露骨,陶焕卿、李燮和一派鼓吹与同盟会分家,我们就成了此等人的对象。

在陶成章等人的鼓噪下,以朱瑞为首的江浙将领对黄兴肆意侮辱,他们说:“此人(黄兴)弃武汉而来,若令守南京,不又弃南京耶?”他们扬言“不愿隶汉阳败将之下”。黄兴受此大辱,愤而拒绝接受大元帅。

对于陶成章等人的蓄意作对,陈其美恨得咬牙切齿,他托浙军参谋吕公望转告陶成章:“勿再多事,多事即以陶骏保为例!”可见陈其美此时恨不能诛之而后快。①

……

谈完了陶成章,陈其美把脸偏向了蒋介石:兄弟,还听到什么风声了?

蒋介石说:最近几天,革命阵营里还流行什么“革命军起,革命党消”的言论,说什么孙总统别看这两天神气,秋后的蚂蚱蹦跶不了几天了云云。

陈其美问:谁说的?

蒋介石说:章太炎。

蒋又说:章太炎是11月18日由日本回到上海的。他见中部同盟会控制了上海的局势和政权,心中大为不满。为了挑起是非,他致电中部同盟会总干事、武昌军政府北方招讨使——谭人凤说:“革命军起,革命党消,天下为公,乃克有济。”在革命党人提议选举孙中山为共和国临时大总统时,章太炎也在上海,他十分反对孙中山当总统,到处宣称:“若举总统,以功则黄兴,以才则宋教仁,以德则汪精卫矣。”

陈其美说:太炎先生其实是支持革命的,但他的一些主张的确让人难以接受。我想,随着形势的发展,他的思想是会改变的。

蒋说:你太天真了。他和陶成章自从宣统元年脱离同盟会,重组光复会后,就一直没有停止过反对中山先生。你不是不知道。

陈其美叹息一声,说:前些日子,我向浙江协饷,陶先生不愿汤都督协饷的事,我问过他,他说钱在汤都督手里,他根本不知道这回事。而汤寿潜说:并不是

---

① 张继学著:《民国先驱陈其美》,兰州大学出版社2002年版,第72页。

我不答应，而是陶成章等议员不同意，我也没有办法。

蒋介石说：那是他们俩一狼一狈在玩你！

陈其美说：是吗？他们要我不是一次两次了。

说到这里，有人找陈其美开会，他与蒋介石的谈话不得不结束。三天后的一个傍晚，蒋介石又找到陈其美，又接着上次谈话的话题谈下去。

陈其美说：总统内阁已组成了，孙中山今天给我发来了电报。

蒋介石耸耸肩：说说看？蒋介石极为关心。

陈其美从案头拿来电报，说：你看吧。

蒋介石接过电报，认真地看起来。电报全文是：

今日组织内阁，各部部长人员已定：陆军总长黄兴，次长蒋作宾；海军总长黄钟瑛，次长汤芗铭；司法总长伍廷芳，次长吕志伊；财政总长陈锦涛，次长王鸿猷；外交总长王宠惠，次长魏宸组；内务总长程德全，次长居正；教育总长蔡元培，次长景耀月；实业总长张謇，次长马君武；交通总长汤寿潜，次长于右任。以上伍、王、陈、程、蔡、张、于诸公在沪，乞告知，并派专车延请速到宁视事。

蒋介石看完电报后，说：这与小道消息传说的没有两样。只是汤寿潜出任交通总长后，浙江都督一职空了出来。有人推举你陈其美接替这一职位，有人推举章太炎。更多人推举陶成章。浙江省内是一片拥陶声，有的说："成章早一日莅任，即全浙早一日之福。"有的说："非陶公代理，全局将解体矣！"有的人甚至说："继是任者，唯有陶焕卿，斯人不出，如苍生何！"之所以出现这种情况，除浙江是光复会大本营，陶成章的部下大多在浙江外，还因为章太炎也积极为陶成章活动，到处说："浙中会党潜势，尤非焕卿不能拊助。"

陈其美说：陶成章之所以敢与孙先生较量是因为章太炎在煽风点火。

蒋介石说：我也这样认为。孙先生也很气愤说："予非以大总统资地与汝交涉，乃以个人资地与汝交涉。"

陈其美说：陶成章如此不顾大体，令人发指！庆父不死，鲁难难平，此人必当除之，才无妨革命大局。

这时蒋介石又向陈其美透露了一个细节问题，就是陶成章最近以同乡之情拉拢他，要他除掉陈其美。据《中正自述事略》残稿载：

> 当革命之初，陶成章亦□，回国即与英士相争，不但反对英士为沪军都督而颠覆之，且欲将同盟会之组织根本破坏，而以浙江之光复会代为革命之正统，欲将同盟会领袖□□（孙、黄）之历史抹煞无遗，并谋推戴章炳麟以代孙先□（生）。□（呜）呼革命未成，自起纷争。而陶之忌刻成性，竺绍康未死前尝为余曰："陶之私心自用，逼徐伯生者，实此人也。尔当留意之！"惜竺于此时已逝世，而其言则余初未□（忘）。及陶亲来运动余反对同盟会，推章炳麟为领袖，并欲置英士于死地，余闻之甚骇，且怨陶之丧心病狂，已无救药，若不除之，无以保革命之精神，而全当时之大局也。盖陶已派定刺客，以谋英士，如其计得行，则沪军无主，长江下游必扰乱不知所之。而当时军官又皆为满清所遗，反复无常，其象甚危。长江下游，人心未定，其易为满清与袁贼所收复，如此则辛亥革命功败垂成，故再三思索，不能不除陶而全革命之局。①

蒋介石说：我早想除掉此人了，只念他毕竟于革命有功，不忍下手。现在看来，必须得先下手为强了。

陈其美这时站起身，拍了拍蒋介石的肩膀说：三弟，这件事就交给你了！

蒋介石心领神会：大哥，你就听消息吧！

●先下手为强

世上没有不透风的墙。

在陶案发生之前，上海已有陈其美将行刺陶成章的传说。开始陶有些不信，直到南京的好友王文庆致信他时，陶才如梦方醒，意识到事态严重。他隐隐约约感到有人在盯梢自己。连日来，他已开始不停地转移地方。先在客利旅馆住，后搬江西路光复会机关，又搬到汇中旅馆，折腾来折腾去，最后感冒发烧，秘密住进了广慈医院。

后来，好友王文庆从南京到上海出差，找了好多处地方，才在汇中旅馆找到他。王文庆一进门就埋怨道：你让我好找哇！

陶成章说：若不是你相告，我不会躲得这么深。

王文庆说：原来你还怪我了？不是我老兄说你，冤家宜解不宜结，同盟会与

---

① 白希著：《上海第一都督陈其美》，金城出版社 1998 年版，第 425 页。

光复会本是一家人,为什么矛盾不断呢?

陶成章说:说来话长,同盟会处处压制光复,这不是一天两天的事。孙中山这门大炮,打打苍蝇还可以,当大总统断为不可!

王文庆说:我们在南京,听到的可不像你说的,孙中山当总统是众望所归。我觉得在潮流面前,不应该再诋毁他!

陶成章一听不高兴了:我怀疑你是当说客来了。我可以当之无愧地说,孙中山是个大骗子。他的总统也是骗来的!

王文庆问:何以这样说?

陶成章说:他从国外回来时,记者问他身上带多少钱,他当场回答说一钱不名。这是天大的谎言。说是革命精神,鬼才相信他哩!据我知道,少说也有125万。他们真会吹破牛皮,连你们也信了他。

王文庆说:不是我们信谁?我们也有耳朵、眼睛,我们也会判断。

陶成章说:你承认我也不说了。我想问一问南京方面的情况。

王文庆说:南京情况稳定,但也暗藏着杀机。各方请你继任浙督。

陶成章说:昨天(1月11日),我已致电各报馆并转浙江各界,推荐蒋尊簋出山:仆自维轮才,恐负重任。如汤公难留,则继之者非蒋军统莫属,请合力劝驾,以维大局。

王文庆听到这里,脸上露出了笑容:这就对了,要低调一些。

陶成章说:可是我们的同事,对我的退让并不理解。浙东的沈荣卿、毛修洁、蒋演、滕奇、滕珏等以全体党员的名义通电各报馆并转陶成章,声称:"顷阅先生通告电,骇甚。先生十余年苦心,才得今日之收果。吾浙倚先生如长城,经理浙事,非先生其谁任?况和议破裂,战事方殷,荣等已号召旧部,听先生指挥,先生为大局计,万祈早日回浙筹备一切,若不谅荣等之苦衷,一再退让,将来糜烂之惨不可逆料,敢布区区,敬达聪听。"①

王文庆叹道:林子大了,什么鸟儿都有,什么说法不奇怪。我对你说还是慎之又慎!陈其美不会善罢甘休的!这不是我一人的看法。我走了,你要保重。

王文庆走的第二天,陶成章感到汇中旅馆不安全时,又转到了广慈医院。

再说陈其美将刺杀陶成章的任务交给了亲信蒋介石。蒋介石也不敢怠慢,他很快收买了光复会的叛徒王竹卿充当凶手。弄清了陶成章的广慈医院住址,设计了刺杀的一整套计划。就在陶成章住院的第二天,也就是1912年1月14

① 《辛亥革命浙江史料选辑》,浙江人民出版社1981年版,第356页。

日凌晨两点。

夜幕下的广慈医院，阴森而可怕。

突然间，两个黑影翻墙跳入，顺着墙跟前走。在一个拐弯处，他们悄无声息地上了楼，查着门牌号码，走进光复会领袖陶成章休养的头等病房。

这时，陶成章正面里而卧，两个西装客连声呼喊"陶先生！"当陶成章转过身子的时候，西装客即掏出手枪射击，子弹从陶的左颈喉管旁深入脑部，立即血流如注。二人行刺后，扬长而去。

当日陶成章逝世。

1月15日，孙中山致电上海都督陈其美，内称："陶君抱革命宗旨十有余年，奔走运动，不遗余力，光复之际，陶君实有巨功，猝遭惨祸，可为我民国前途痛悼。"孙中山要求陈其美"严速究缉，务令凶徒就获，明正其罪，以慰陶君之灵，泄天下之愤。"

然而，孙中山哪里知道，陈其美就是刺陶案的主谋者呢！

《天铎报》上同日也刊登了大总统孙中山拍来的急电①：

> 万急。沪军都督鉴：光复军司令陶成章君，于元月十四日上午两点钟在上海法租界广慈医院被人暗刺，枪中颈腹部，凶手逃去，陶君遂于是日身死，不胜骇异。陶君抱革命宗旨十有余年，奔走运动，不遗余力。光复之际，陶君实有巨功，猝遭惨祸，可为我民国前途痛悼。法界咫尺在沪，岂容不轨横行，贼我良士？即由沪督速究办，务令凶徒就擒，明正其罪，以慰陶君之灵。切切，总统孙文。

陆军总长黄兴也同时拍来了电报②：

> 上海陈都督鉴：闻陶君焕卿被刺，据报云是满探。请照会领事根缉严究，以慰死友，并严密保护章太炎君为幸，黄兴即。

19日，《大共和日报》又发表时评说："恃拳铳之威而强人以从我，否则必杀之，拳铳之专制，执拳铳者，尝愿革专制而希共和者也。"

---

① 白希著：《上海第一都督陈其美》，金城出版社1998年版，第430页。
② 白希著：《上海第一都督陈其美》，金城出版社1998年版，第430页。

21日，沪军都督府和绍兴沪同乡会召开追悼大会，人们当着陈其美的面，纷纷发表演说，谴责这种卑劣的暗杀行动。

沈剑侯说：陶公之死，非死于满奴，非死于私仇，必死于怀挟意见之纤竖，吾同胞当代为雪仇。

孙铁舟说："陶君之死，必死于争竞权利之徒，如嗣后有挟私害公者，当以手枪杀之。"说罢，把手枪扔在了桌上。

会场上充满了悲壮激烈的气氛。

面对这些口诛笔伐、怒气冲冲的人，陈其美大气不敢出，豆大汗珠从脸上滚落下来，好不容易熬到追悼会结束。

蒋介石吓得再也不敢在公开场合露面了。他以生病为借口，辞去了沪军第五团团长（标统改称）职务。躲在秘密机关里，整日神情抑郁。为了使这位兄弟不寂寞，陈其美从清和坊租来一个妓女，整天陪着他消磨时光。

王竹卿也暗暗躲到嘉兴去了。

但陶成章追悼会后，光复会的会员们追到了嘉兴，将叛徒王竹卿击毙在家中。王竹卿死后，从他家中抄出不少没有来得及花出去的成叠钱票，其母形象地说：吾儿用这么多钱买了一枚枪子儿！

蒋介石闻知这个消息，不敢再在上海待下去了，他想去日本避避风头。陈其美很不想放这位得力的小兄弟走，但又怕他在上海有闪失，最后同意他暂去日本。

关于刺杀陶案的凶手，当时人们已普遍怀疑是陈其美指使蒋介石所为。《中正自述事略》说得明白。应该说是蒋介石不打自招。

他在《事略》述1908年的经历说：

> 是时之知交，以竺绍康为第一人……余无形中亦渐染其风尚。彼□（言）锡麟之死，实为陶成章之逼成，不然，以□□（徐之）学行，其成就必不止此。又谈，陶之为人，不易共事，余闻此乃知陶、龚日常诋毁徐伯□□（生有）帝王思想者，实有其他意图。余当时闻陶、龚诋徐，仅以为伯生已死，即有过误，我同志不应再加猜测，诋毁先烈而已，而孰知伯生之死，为陶所逼□（乎）！自此，即甚鄙陶之为人，以其无光明正大态度，无革命人格。

竺绍康，浙江会党首领，曾与秋瑾、徐锡麟共同在绍兴创办大通学堂，策划起义。1908 年与蒋介石相识。1910 年去世。锡麟,即徐锡麟,字伯苏,蒋介石写作伯生,章太炎写作伯孙。龚,指龚宝铨,光复会的重要成员。徐锡麟和陶成章本是志同道合的战友,后来,因在革命途径及大通学堂应否续办等问题上意见分歧,二人发生冲突。1907 年,徐锡麟依靠俞廉三的关系,以道员分发安徽,被任命为巡警学堂会办,深得信任。7 月,刺杀巡抚恩铭,被捕牺牲。关于此事,章太炎曾说:“其后伯孙入官颇得意,焕卿等不见其动静,疑其变志,与争甚烈,及伯孙杀恩铭,始信之。”竺绍康所言,“锡麟之死,实为陶成章之逼成”,即指此。这一事实表现出陶成章性格的一个突出弱点——多疑,但据此即将徐锡麟之死的责任归在陶成章身上,并由此认为其“无革命人格”,显然不妥。

《事略》又说:

> 及陶由南洋归日,又对孙先生诋毁□□(不遗)余情。英士告余曰:陶为少数经费关系,不顾大体,掀起党内风潮,是诚可憾,嘱余置之不理,不为其所动,免致纠纷。余乃知陶实为自私自利之小人,向之每月接济其经费者即停止,不与其往来也。

1909 年,陶成章在南洋、东京等地“诋毁”孙中山,“掀起党内风潮”,这一事实同样表现出陶成章思想性格中的弱点,陈其美批评其“不顾大体”是有道理的,但由此判定其为“自私自利之小人”,也显然不妥。

蒋介石坦率地承认,他是刺陶案的主凶,并列举了许多理由,证明他的行动是有功于革命的正义之举。但是,蒋介石的这份自白对于说明陶成章之死仍然具有重要意义,人们从中可以看出,这一事件既有远因,又有近因,远因是同盟会长期的内部矛盾,近因则是陈其美和陶成章之间的尖锐冲突。

光复会是辛亥前后东南地区的一支重要革命力量,陶成章被刺后,该会失去了一个重要的领导人,遂逐渐解体作烟云散。

●犯众怒老蒋遁日本与风流都督轶事

再说陶成章追悼大会的当天夜里。

上海都督府笼罩在浓浓的夜色中。

陈其美都督的窗口还亮着灯光。因白天忙了一天的陶成章的丧事处理,晚上还有一摞公文公函待他处理。他决定今晚就不回去了。

黑夜的都督府只有大门口门卫那里有灯光，其他都笼罩在夜的神秘中。

突然间，东南角方向，一个黑影接近都督府的高墙，很快跃上高墙，翻身跳进了都督府内。片刻，又有一个黑衣人，紧追其后，也是在前方黑影跳墙的地方翻身越过了高墙。只是比前个人身体更轻盈些。

这两个黑影在高墙内，一前一后，一左一右，鹿行鹤飞，跑跑跳跳，在一片林子中消失了。片刻后又出现了，前一个黑影向后院奔去，后一个黑影紧追不舍。

且说这两个黑影不是别人，前者是刺杀陶成章的凶手蒋介石，后者是光复会女侠戚志锐。戚志锐已把另一个凶手王竹卿处死在家中，接着她又去吴淞口码头截获了将要东渡日本的蒋介石，二人在码头打了个照面，蒋介石认出了戚志锐，见她剑佩在身眼露凶光，不由得打了个寒噤，接着拔腿就跑，戚志锐就追。这不就到了都督府里。

再说前一个黑影，跳跳跃跃到了陈其美的办公室前，见里面灯光通明，房门虚掩，手一拉门儿，就进了屋。陈其美听到动静，抬头看到来人是蒋介石，正要开口，蒋介石用嘴嘘了一声，然后又用手向身后指了指，示意有人在追杀他。

陈其美深领其意，站起身向门外走去，果然见一黑衣人追来。这时蒋介石趁机躲进了陈其美的隔壁卧室床下面。

戚志锐口喘粗气地问：陈大都督，我要杀的凶手已逃到了你的房里，请你立即把他交出来！

陈其美说：我没有看到有人到我屋来。

戚志锐问：那你为什么出来望风？

陈其美道：我不是望风，我是累了，出来清清脑袋瓜子。

戚志锐说：不对，你撒谎！为什么不早不晚，偏偏在这个时候你出来散风？

陈其美说：就是这样巧合，我不出来散风，还能迎到小妹。陈其美说完去拂拭她的刘海，戚志锐说：讨厌！什么小妹小妹的，我现在是公务在身！我已看到凶手跑到你屋里，我要拿你窝藏罪是问！

陈其美哈哈笑了说：好厉害的一张嘴，你去搜吧！如搜不到呢？我可要拿你诬陷罪是问！

戚志锐说：好，一言为定。

陈其美说：你进吧！

戚志锐进了门，先是搜了办公室，没有发现情况。接着，她又去搜查他的卧室，陈其美不干了！拦住戚志锐说：这内屋有我的隐私权，不能搜查！

戚志锐说：你说话不算话！

陈其美说:算话,你听我说。

戚志锐说:你不要拦我。接着她一屈身子,从陈其美的膀弯下溜进了陈其美的内屋。翻箱倒柜地搜查起来。搜来查去,没发现情况。

陈其美走上来说:小妹,不是我不让你搜,确实没有人进来!

戚志锐说:不对,你的床下我还没搜查到呢?莫非金屋藏娇不是?

就在这时,志锐趁势跑到床下,一把扯下了床单。蒋介石见自己暴露,起身一跳,跳到柜子上,又从柜子上跳到窗户边,翻身跳出,逃之夭夭。

戚志锐正要拔剑飞身去追时,被陈其美拦腰抱住。戚志锐急了:陈大都督,我看透了,原来你们是一伙的?

陈其美哈哈大笑起来,说:你说对了。如果说蒋是凶手,那么说我就是主谋!

戚志锐问:为什么是这样?为什么不早告诉我?

陈其美说:你听我说。

戚志锐摇着脑袋说:我不听我不听!

陈其美说:你一定要听。如果我说的没道理,你可以拿刀向我!

戚志锐不再说话。

陈其美说:不是我陈其美空口无凭,而是陶成章死有余辜啊!你想想,革命尚未成功,大清帝国依然盘踞北京,袁世凯又虎视眈眈,谁能与之对抗?可是陶成章回国后,不分青红皂白,把矛头对准孙中山,不断地发难。这是其一。

戚志锐说:这我知道。其二呢?

陈其美说:其二,孙中山当选大总统后,这是众望所归。陶成章应该反省自己,然而他不但不反省自己,反而又翻陈谷子烂芝麻的旧账,说孙总统贪污公款,骗取总统,在总统府门前叫号,给总统难看不说,他站到了革命的对面去了,成了袁世凯的帮凶。

戚志锐说:那其三呢?

陈其美说:其三,他本是同盟会员,却又拉出来成立光复会,处处与同盟会作对,妄图以光复会取代同盟会。更不应该的是他要收买蒋介石行刺我陈其美!

戚志锐说:陶先生要行刺于你,我不敢相信。他要行刺,只会找光复会的人马,比如我们姐妹,不会找蒋介石啊?

陈其美说:小妹,你太天真了。事实就是这样无情。蒋介石你把他赶走了,他若不走,你可以当场求证不是。

戚志锐说:不,我受不了啦。接着她呜呜地大哭起来。

片刻后,陈其美说:小妹,你若真受不了啦,可以朝我开枪!也可以拿我解气！对于陶成章来说，杀与不杀，人民自有定论。也许残虐了点，但我起码对得起天地良心，对得起民国共和，无愧于总统。你可以拿我定罪，但你若杀了我，就不要找蒋先生了，我们算是扯平了对不对。你答应我?

戚志锐说:我不答应你……呜呜地大哭起来。

陈其美说:如果你不说话，我就把你放在床上。事情完了，我俩还是情人一对。

戚志锐只是痛哭不说话。

陈其美高举起把她放到自己的床上，然后去亲吻老情人的脸蛋，说:好小妹，你让哥想疯了。这时戚志锐也停止了抽泣，顺从地让他亲吻，享受人间欢乐。片刻后，陈其美的甜言蜜语消融了戚志锐心中怨声，戚志锐顿时全身颤抖得厉害。陈其美狂吻她的额头、她的红唇，嘴里喃喃地叫着:我的宝贝……

●十月沪上都督

从陈其美当选沪上都督，到他最终辞职，掰手算来，十月不到，九月有零。严格意义上说，它是一个资产阶级革命派为主体的政权。在陈其美都督的领导下，涤清封建王朝专制统治，建立健全新的统治秩序，开始资产阶级革命的新篇章，创造了无数个“第一”来:

——建功立业，开元改历。1912 年 1 月 2 日，孙中山通令各省用阳历，并以 1912 年 1 月 1 日为中华民国建元的开始。同一天，陈其美发布通告，转发孙中山的通令，称:“本日(阴历十一月十二日)奉大总统孙谕令，以本月十三日为阳历元旦，我民国百度维新，亟应及时更用阳历，期于世界各强国同进文明，一新耳目等因。为此，布告军民各界人等知悉，以黄帝纪元四千六百九年十一月十三日，着改为中华民国元年元月第一日。从前行用阴历，一律变更。孙大总统即择于元年元旦就任，发号施令，与天下更始。合亟出示晓谕，咸仰知悉，自明日起，各界一律悬挂国旗，以昭庆贺而光大典，切切特示。”①

——豁免恶税，维持市面。《上海军政分府宣言书》指出:“本军政分府又念我苏、浙等省，民困已久，暴征苛税，是皆满清之虐。而江南水荒，收获寡，谋生不易，特将江、浙、皖、闽境内一切恶税，尽行豁免，以纾我父老之难，而免奔亡之苦。”其具体措施是:除盐、酒、糖各税捐外，所有统税关卡，一律永远裁撤;除海

① 《辛亥革命在上海史料选辑》，上海人民出版社 2011 年版，第 325 页。

关外，所在税关一律永远裁撤；本年下忙丁漕，概行蠲免；本年以前积欠丁漕，概行蠲免；各属杂捐，除为地方所用者外，概行豁免。[①]

关于市面，陈其美在致上海市总商会的照会中宣布："上海为华洋巨埠，兼之市面紧急，深恐惹起意外。本军政府特收回自保，要使中外侨民，安如磐石。久稔贵会为商界之总机关，务望在各商家颁布给传单，剀切晓谕，维持市面。须知此次起义，为吊伐而来，师到之处，一草一木，秋毫无犯。商仍为商，工仍为工，幸毋虚事张皇，致碍贸易，无任盼祷。"随后，又发出了《各安生业开市贸易告示》，宣布："所有本埠居民人等，俱可各安生业，开市贸易。"[②]

——稳定金融，稳定人心。在《完全担保信成银行钞票告示》中，陈其美宣布："照得本军政府自管理上海以来，首重维持市面，而以流通金融为第一要义。近来上海市面恐慌，达于极点。然目前急救之法，唯有流通钞票，使全市行用，方可补救。"[③]

——扩大城容，拆除城墙。上海光复后，绅士姚文丹等以城墙阻碍商业发展为由，呈请拆除上海城垣，改建宽阔马路，以振兴商业。陈其美接呈后，当即批示："拆城为振兴商业之基础，所见极真，应即照准。"[④]

——通令剪发，不留胡尾。1911 年 11 月 10 日，陈其美发布《剪辫告示》："照得结发为辫，乃胡虏之殊俗，固地球五大洲所无之怪状，亦历史数千年未有之先例。满清入关，肆强迫之淫威，使和同于胡俗。试披发史，凡我同胞之乃祖乃宗，因此而受惨杀屠戮者，不可胜数，固吾同胞二百六十余年所痛心疾首，忍垢含辱，欲复斯仇而不得其机遇者也。今幸天福中国，汉土重光，凡有血气者，追念祖宗之余痛，固莫不恐后争先，剪去发辫，除此数寸之胡尾，还我大好之头颅。而一般下流社会无智识之辈，犹复狃于积习，意存观望。迭据各团体及个人来府禀请严申禁令，本都督深不愿以强迫之命令，干涉个人身体之自由；但长此因循，殊非政体，且不足以表示万众一心，渴望共和之至意。为此出示晓谕，仰各团体苦口实力，辗转相劝，务使豚尾悉捐，不惹胡儿膻臭，众心合一，还我上国衣冠。本都督实有厚望，诸同胞其各勉旃。"[⑤]

——禁吸鸦片，反对贩毒。1912 年 2 月 20 日，陈其美发布《禁吸鸦片告

---

① 《辛亥革命在上海史料选辑》，上海人民出版社 2011 年版，第 139 页。
② 《辛亥革命在上海史料选辑》，上海人民出版社 2011 年版，第 286 页。
③ 《辛亥革命在上海史料选辑》，上海人民出版社 2011 年版，第 290 页。
④ 《辛亥革命在上海史料选辑》，上海人民出版社 2011 年版，第 326 页。
⑤ 《辛亥革命在上海史料选辑》，上海人民出版社 2011 年版，第 324 页。

示》,严禁吸食鸦片。告示云:“照得鸦片之害,流毒于我中国已数十年矣。凡我同胞沉溺于鸦片之中,废时失业,败产荡家者以数百千万计。前清时代,曾以特设禁烟大臣,与外缔约,严行禁止,各省虽不能一律净除,吸者已属无多。现自民军建议以来,军务倥偬,不暇顾及,而吸烟者乘此时会,有死灰复燃之势,人格丧尽,实堪痛恨。上海五方杂处,匿居私吸,实繁有徒,倘非精密调查,重申禁令,恐我新造之共和民国,其人民程度反不如从前垂亡之满清帝国。伤心之事,莫过于斯。为此特布禁令,如有私卖灯吸者,一经查出,财产立即发封,本犯严行惩办。本都督欲以强迫手段施之同胞,实欲除恶务尽,不欲留污点,以贻民国前途之隐患。仰诸界人等,其各禀遵毋违。”①

——禁止赌博,革除陋习。1912 年 2 月 21 日,陈其美发布禁止赌博告示云:“照得正朔已改,阴历不行,只以商界习惯相沿,暂于阴历年底为清账之期,明岁并将商界习惯改用阳历,以昭划一。惟满清时代,民间于元宵之前开场聚赌,大则倾家荡产,小则争攘斗殴,伤风败化,莫此为甚。现在民国新立,旧染污俗,悉行蠲除,凡我同胞,皆当随时世之转移,为新国民之模范。为此,通饬严禁赌博,除照会各国依赖取缔租界不准华人赌博外,仰各界一体遵照,如违定予严办。切切。特示。”②

不仅如此,陈其美对被帝国主义列强欺凌压迫的弱小民族也深表同情。据陈果夫回忆,1912 年间,陈其美都督与朝鲜志士组织了一个名叫“新亚同济社”的秘密团体,该社的目标是谋朝鲜独立。陈其美担任该社监督,在物质上、精神上均给予了支持。陈果夫回忆说:

> 民国元年底,袁(世凯)氏促叔出洋考察工商,先汇四万元来申,此款由我代管。但不满两个月即用罄。其中大半为帮助同志,其五之一约计八千元左右,为帮助朝鲜、安南、印度革命党人,及朝鲜在中国留学生之学费等,此可知其对于世界革命之工作也。某年寒假,予至沪省叔。见其寓处正举行会议,参加者有高丽、安南、印度、马来、暹罗等人。会后,由叔执行晚餐。予初不解,后请示于叔,始知系东方各民族联合革命团体而由叔主持者。此盖我叔坚信中国之民族革命,一方面自求民族革命之成功,同时并当协助东方各民族致力反帝工作。③

① 《辛亥革命在上海史料选辑》,上海人民出版社 2011 年版,第 338 页。
② 《辛亥革命在上海史料选辑》,上海人民出版社 2011 年版,第 339 页。
③ 秦孝仪主编:《陈英士先生纪念集》,文物出版社 1977 年版,第 128 ~ 129 页。

另外，越南爱国志士潘佩珠回忆，他于1912年2月下旬，到南京求见南京临时政府大总统孙文和陆军总长黄兴，谈及援越事。潘在路过上海时，也拜访了陈其美，他说：

陈（其美）豪侠慷慨，余前所亲稔。彼于奔走革命中，尤与余同病。余晤彼，乃不复作客气语，直告以困苦乞援之实情。陈素解余意，毫无踟蹰，以四千元相赠。余又告以派人回国内行大运动。剧烈之暴动，陈初不以为然，谓君等宜于教育入手，无教育之国民，暴动不能为功。余答以我国教育权，完全在法人掌握，法人所立之学堂，完全为奴隶之教育，禁私立学堂学生出洋。凡百教育之工具，我辈无一毫自由。我国人求一生于万死之中，惟有暴动，暴动者为改良教育之媒介也。予因举马志民教育与暴动同时并行一语以告，且历举以来失败之详情如东京义塾、广南学会等事，反覆详解。陈大然之，遂给予军用炸弹三十颗。余所挟以来之希望，至此粗慰。①

在对待农民问题上，遗憾的是陈其美领导的沪军都督府没有发表过一件涉及土地问题的法令和政策。相反，当农民自发起来进行抗租抗税斗争时，陈其美却站在农民的对立面，采取了坚决镇压的措施，加剧了社会的动荡不安。当时的上海报纸上，有关陈其美派遣军队镇压农民抗租抗税斗争的新闻比比皆是，也颇令陈其美头痛。

例如1911年12月31日《申报》报道说：

青浦民政长因该邑香花桥一带乡民聚众抗租，扰乱治安，于前夜派人来沪报告民政总长及沪军都督，请兵防护。即经民政总长移知商团公会司令部，派令王济川君率同十字团团长凌有光君，督带团友四十名，又经陈都督命卫队管带师德贵君，选派卫队二十名于昨日下午持带枪械回赶该邑，竭力保持。②

① 陈锡棋主编：《孙中山年谱长编》（上册），中华书局1998年版，第668～669页。
② 《辛亥革命在上海史料选辑》，上海人民出版社2011年版，第704页。

1912 年 1 月 5 日的《申报》又报道说：

> 南汇县民政长赵敬祺，前日电告上海民政总长及沪军都督，因该邑大团等处有沿海沙民抗租滋扰，聚众千余人，啰唣不休，掳人勒赎。该处原有沪军四哨，兵力单薄，不克防御，请即加派防护等情。陈都督准即拨派两哨兵士，速赴大团驻防，并由民政总长移知商团公会司令部，选派团友二十名，前往浦东沟等处，竭力抵御，以防窜扰。①

可以看出，以孙中山为代表的资产阶级在掌握了政权后，轻易地抛弃了农民这个最广大的同盟军。所以说在以后捍卫政权的斗争中，资产阶级革命派总是显得力量弱小，不得不再妥协让步，及至丢掉了政权。

---

① 《辛亥革命在上海史料选辑》，上海人民出版社 2011 年版，第 711 页。

第九章　共和悲歌

●为共和烈士申冤雪仇

一天，陈其美正在都督府办公。

一个申诉信函弹落到他的案头，标题醒目，落款人大名鼎鼎，柳亚子、朱少屏等十一人联名上书沪上都督陈其美，要为死难的共和烈士周实、阮式平反昭雪，并捉拿凶手姚荣泽，申诉书上写："虏令无状，一日杀二烈士，不扑杀此獠，无以谢天下！"

原来，周实、阮式都是陈其美熟悉的人。此书也引起了陈的联想……

周实字实丹，号无尽；阮式字梦桃，号汉宣，他们都是江苏淮安人。

周实出生在车桥镇的一个穷书生家庭，幼年就读于"无尽庵"家塾，十八岁入县学为秀才，后就读于南京宁属师范学校、两江师范学校。1909年南社成立，周实欣然参加，是南社最早的成员之一，与同是南社成员的陈其美相识，与柳亚子、高旭、朱少屏等有密切的交往，被称为"社中眉目。"

阮式出身于淮安城内世代书香的封建大家族，十六岁入泮，后读于江北高等学校，又与周实共读于宁属师范学校，先后任宣城模范小学、淮安敬恭学校、山阳高等小学教学，上海《女报》编辑，《克复学报》撰述：曾应周实之约共创"淮南社"，为南社"桴鼓三应"。

周实、阮式少年时代读书勤奋，晚明志士遗民思想对其影响颇深，他们又较早地接触了西方文化。周实十三岁时便攻读美利坚独立史、法兰西革命纪；阮式十四岁开始"广究新知"。在追求新知的活动中，他们都萌生了反清反帝革命思想，立定了救国救民革命的志向。

上海光复后，周实去拜会陈其美。

陈其美说：天下大势已定，你应该回淮安去，争取苏北的光复，再开新篇。

周实想了想，觉得有道理：我听大哥你的。

于是他就和阮式去了淮安，组织"巡逻部"，周、阮二人分别任正副部长，参加淮安的光复。

当时的淮安，在各地纷纷光复起义的影响下，曾任山西巡抚、卸任后住在淮安的丁宝铨等豪绅巨室携金银细软逃往上海，知府刘名誉听说苏州光复，公举程德全为江苏都督，也打开府库，携金带眷潜逃苏州避难。

城内只有山阳县衙还在“营业支撑”，但县令姚荣泽的命令已无人听了，行同放屁。

在这种混乱局势下，周实、阮式召集旅宁旅沪回淮学生及本城中学生八九十人开会议事，成立“学生队”，此时县政权几近瘫痪，城内无兵可恃，高户豪门如丧家之犬，惶惶不可终日。民团不足以抵御散兵游勇和土匪的掳掠，士绅们都希望有人出头来负守城之责，纷纷供给学生枪支、子弹。周实、阮式领导的学生队员掌握枪械后，来到县衙前放了一排枪，将龙旗扯毁，插上白旗。

周实、阮式还率领队员日夜奔走在城上城下，分班在城门口巡查奸细，三餐自备致使城内秩序井然。

他们还令商店照常营业，并派人积极准备组织淮安军政分府。士绅见学生们奋发英勇保卫乡里，纪律胜于团勇，因而让周、阮把“学生队”改为“巡逻部”，周、阮分任正副部长。守城的责任由巡逻部担任了。他们顶风冒雨，荷枪持械，来回巡逻，日夜不辍。巡逻部控制了全城局势，清河县的十三协乱兵虽近在咫尺，而淮安却能安然无恙。

11 月 12 日，清河（今淮阴）光复，陆军参议蒋雁行被推为江北都督。同日，蒋雁行传檄山阳县（山阳县在淮安府内）反正，并邀山阳官绅赴都督署议事。山阳县令姚荣泽抗令未赴，山阳士绅就推举周实、顾震福等五人赴会。

周实赴会期间，姚荣泽指使人散布谣言，说周实回来后就要“杀官劫绅”，引起了劣绅的忌恨。

11 月 14 日，自清河回淮安的周实在旧漕署前召开大会，县令姚荣泽避匿未到。周实在大会上宣布山阳光复。周实说：“姚荣泽不到会，就是反对光复，我们要把他这个清廷走狗赶出淮安！”同时，周实还痛斥了那些对光复持诋毁情绪的劣绅。

革命形势的迅速发展，使反动势力很快麇集在一起。姚荣泽召集典史周城邠、参将杨建廷和劣绅顾震福、秦保愚、阮钵香、何钵山等人，在海会庵秘密开会，拟定了谋杀周实、阮式的行动计划。

11 月 17 日，姚荣泽采取卑鄙的手段惨杀了周、阮二人。

这一年，周实年仅 27 岁，阮式 23 岁。

姚荣泽杀害了二勇士后，自知罪孽深重，不能坐以待毙，“挥金四出奔走”，打通关节。于是在南通土皇帝张謇处藏匿下来。

……

陈其美看完了柳亚子等人申冤书后,正义在胸,非常生气,挥笔批示:南通索姚!

这时,张謇包庇姚荣泽的所作所为,激起了人民的公愤,淮安学团顾振黄一行五十余人到达上海请愿,一时,军界、政界、学界、被害者家属的公函、公禀、呈示雪片般地飞向沪军都督府。再次激起了陈其美的正义感,忙派军司长蔡治民把柳亚子接到府中,让其起草了一个洋洋千言的加急电报,以陈的个人名义致电南京临时政府,要求为周实、阮式昭雪!

2月7日,孙中山复电陈其美,同意由陈其美来审理姚荣泽案。孙并饬令南通州司令张謇火速将姚荣泽及与此案有关的紧要证据卷宗,解交沪军都督陈其美,以使“秉公讯办,以彰国法而平公愤”。

张謇见了电报,不敢怠慢,知道英士的为人处世,是说得到做得到的,才把姚荣泽交了出来。

这样姚荣泽被押解苏州。

2月23日,陈其美又派人把姚从苏州押解到上海。

事情似乎至此已经解决,然而半路上却又杀出个程咬金。

姚荣泽深知自己落入陈其美之手,决没有好果子吃,于是暗中派人到南京活动,买通了临时政府的司法总长伍廷芳。伍廷芳出面干扰对姚的审判。

2月18日,司法总长伍廷芳首先致电孙总统,认为姚案应该由司法部主持审理,而不应由沪军都督府审理。伍廷芳指出:“民国方新,对于一切诉讼应采用文明方法,况此案情节重大,尤须审慎周详以示尊重法律之意。”伍廷芳还指出,姚案审理应由司法部特派精通中外法律之员承审,另选三名通达事理、公正和平、名誉素著者为陪审员,并准许原告与被告两方聘请辩护士到堂辩护,审讯时,任人旁听,“如此,则大公无私,庶无失出失入之弊。”对于伍廷芳的请求,孙中山认为“极善”,指示同意。

但陈其美并不打算放弃审理姚荣泽案。

他也写信给伍廷芳,承诺将按照文明办法审理此案。

3月2日,伍廷芳复函陈其美,重申姚案应由司法部主持,审判官亦应由司法部指派。

二人书信频繁,互不相让。

最后,陈其美没有理睬伍廷芳的意见,3月8日在上海开庭审理,至3月23

日宣判姚荣泽死刑，于两周内执行。

令人没有想到的是这两周时间，临时政府总统移位，由原来的孙中山，换成了袁世凯。旧官僚以所谓姚“罪有应得，情尚可原”，致电袁世凯赦免一死。

物以类聚，人以群分。袁世凯看在老姚杀戮革命党的功劳上，自然放他一马，于是大笔一挥：免其死刑！

于是，姚荣泽被“定为终身禁锢之罪”。

后来又改为监禁十年，实际上姚荣泽被关押三个月即被放了出来，逍遥法外。陈其美、柳亚子的种种努力，被袁大总统一笔勾销了。

这是共和的一大悲剧，又是“江苏省革命史上一大污点”。①

●汪精卫语讥中山：你不会对大总统的职位恋栈吧

就在陈其美极力为周实、阮式昭雪之事奔波时，新生南京临时政府也在飘摇之中……

1月16日晨，袁世凯得知孙中山议和许诺后，亦于当天上午高高兴兴入宫拜见隆裕皇太后和小皇帝，以国务大臣联奏名义，跪奏太后，请清帝退位，亦谓之再次“逼宫”。

这日上午11时45分，袁世凯奏毕便乘双轮大马车出东华门。车过东华门大街，有大队骑兵拥于前后，大街有军警夹道林立，好不威风。

正在行走之间，已到三义茶店楼门口，张先培从楼上掷弹一颗，但弹发后，袁车已过。

“快走！”马车在袁的指使下飞驰起来，行抵祥宜坊前，第二组黄之萌、李献文各急投一弹，弹响车覆。卫队长与士兵数人当即命归西天。袁马车二马受伤，受到惊吓，腾起四蹄，狂奔而去，载受伤的袁世凯脱险回府，留下卫队拦截。

张先培等下楼追击，被卫队当场击倒，黄之萌相扶，并与卫队作战，顿时天昏地暗。一场乱战之后，无奈卫队人多，同盟会其他人：杨禹昌、陶鸿源、许思训、黄永清、李怀莲、萧声、薛荣等8人，均被逮捕，旋遇害殉国。

一时间，京师大哗，恐怖笼罩。再说袁世凯此次朝见出宫后，即遭到上面所述革命党人行刺。此奏折是以路易十六上断头台示意满清皇室，使隆裕对袁大为疑忌。正好袁出宫后，即遭革命党人刺杀，复使隆裕又对袁氏信任。袁世凯心

---

① 江苏文史资料第43辑：《周实、阮式纪念集》，江苏人民出版社1988年版。

想,大难不死,必有后福。此时袁世凯不敢再出门,包括清室也戒备森严。

袁世凯遭行刺之后不到十天内,恐怖烟云未散,又有称作炸弹专家的彭家珍等积极筹划刺杀良弼等清室顽固派宗社党人的行动,其目的是消除共和障碍。

彭家珍,字席儒,四川金堂县人,系清军天津兵站司令部副官,于天津加入京津同盟会,陆军武备学堂炮科毕业。此人正义感较强,同情中山革命,支持共和。

良弼是清室的顽固派。1月24日,彭在街上散步,经路人指点,觅得良弼新宅在西四牌楼红罗厂。此院高深,戒备森严。暗攻不如强取。25日,彭即着军装携佩刀、炸弹到良弼宅访问,等候多时,良仍未归,遂辞出,刚出门不几步,良弼归来,彭即回车到大门口下车,当良弼下车时,彭假以投名片作掩饰,顺手投炸弹炸之,弹触地爆炸,良弼左膝炸断,彭则当场殉国,年仅25岁。

良弼被抬回苏醒后,闻言彭家珍已当场死去,亦赞彭为英雄人物。两天后,良弼亦死。共和一患被除。

不到十天内,接连出现两次暗杀,使京城再次笼罩在血色的恐怖中。

两次暗杀的小插曲,无疑加快了南北和谈的进程。

接着,孙中山派出了南方政府的议和代表团。主要成员是汪精卫和外交部长伍廷芳等。

袁世凯暗中促进共和的实现,使驻外公使和段祺瑞等军人要求共和制,但表面上,有时又表现出左右为难的姿态,一会儿跪请清廷退位,一会儿又致电伍廷芳,仍要求召开国会公决国体,甚至还佯作备战,其中心目的,是以舆论为工具,窃夺总统大权,又因唯恐失去总统职位,不愿承认南京政府,故有意阻碍和平解决清帝退位的进程,与南京政府讨价还价,完全为个人一己之私而玩弄权术,阻止共和统一的早日到来。

和平需要战争的促进。南京。陆军部的参谋部作战室。

会议桌边,围坐着陆军总长黄兴、秘书长胡汉民、陆军部次长蒋作宾、海军部次长汤芗铭、实业部次长马君武、交通部次长于右任及宋教仁、汪精卫等。

孙中山坐在绘有六路北伐进军的挂图前,环视与会者:“关于战局,务请各抒己见。”

黄兴首先发言:“战局令人忧虑,军费支出庞大,国库空虚。杯水车薪,无济于事,甚至连预算都无从算起……”

大家沉默。

孙中山道:“也不能只看财政,武昌起义以来,民气激昂,北方人心也大体倾向共和。海外华侨,继续踊跃捐输,美洲、南洋、日本等地,都有汇款……总之,和谈，北伐，不可偏废！”

马君武立即应声：“陆军总长是否应马上率所属 17 个师北上，不管袁世凯是战是和，我们都要直捣幽燕！”

宋教仁仰首冷笑。

马君武站起：“钝初，你笑什么？”

宋教仁：“我笑我辈不外纸上谈兵。”

马君武不快地坐下。

宋教仁：“兆铭兄刚从北京回来，谈谈那边的形势吧！”

风尘仆仆的汪精卫脱下大衣，走到地图前：“不仅要明白北方，还要统鉴世界大局。英、日、美、德等列强支持袁世凯，路人皆知。甚至横舰长江，阻拦民军在秦皇岛登陆，驱逐占领即墨的义军……公使团日前通电，不准在京奉铁路两侧十里内交战。日、俄增兵东三省和内蒙古，企图乘机分割……”

一种沉重的气氛压迫着会场，大家都不作声。

孙中山用期待的目光注视黄兴：“克强，刚才的话还未讲完。”

黄兴：“湖北实际上已经与袁世凯媾和，北洋七镇正向南京压来。陆军部所辖部队号称 17 万，但真有战斗力的也只有粤、浙两军……”他的话又被咳嗽打断了。

全场默然。

汪精卫：“项城若能促清帝退位，则我辈目的已达。战事如果再起，恐非国民之福！”

孙中山愤然：“袁世凯阴怀莽、操之志，居心叵测，反复无常，企图在南北对峙中渔利。共和肇始，将元首职务交给这个守旧官僚，似应慎之。”

宋教仁：“可是在临时大总统选举之前，不是已经商定虚位以待吗？”

孙中山：“是的，但前提是他必须服膺共和主义！”

汪精卫浅浅一笑：“先生，您不会对大总统的职位恋栈吧？”

宋教仁语带讥讽：“先生当然不会有权力思想。”

马君武拍案而起：“你们是暗指先生贪恋权势吗？”

宋教仁轻轻拉一拉马君武：“你坐下。”

马君武怒不可遏：“你这个袁某的说客！”说罢，一拳向宋教仁左眼打去。

宋教仁意外而委屈地：“你——”

他的眼睛立刻肿起来。

与会者的目光都集中到马君武身上，然后又一齐转向孙中山。

孙中山痛心地、感情复杂地看着马君武:“君武——太粗暴了,应该向钝初道歉!”

马君武执拗地坐着不动。

孙中山叹了口气:“这不是什么恋栈职位和权力思想。既然历史把重任赋予我们,我们就要不辱使命!”

黄兴满怀同情地看着孙中山,断断续续地说:

“上海的和议若不成……兴自度不能下动员令,唯有剖腹以谢天下。”

说罢,低头吐出一摊鲜血。

●袁世凯撤和谈代表的职,南京将处在敌人炮口之下

南京。总统府。

孙中山的秘书宋霭龄满腹心事,低着头往外走,刚转过天王花园的小圆门,就与迎面来的一人撞个满怀。霭龄满心不悦,揉着撞疼的头刚想发作,眼一斜却见是外交部总长伍廷芳。伍总长70有余,平素却依然是步履矫健,气宇轩昂——他在清朝就是有名的外交官,曾两度出任驻美大使,在海外生活了近半个世纪,久经风霜,养成了遇事不乱、沉着镇静的潇洒风度,为何今日如此慌张?霭龄刚想发问,伍廷芳早退后一步,打个半躬:“哦,宋秘书,抱歉抱歉!都怪今天老朽太匆忙了些,不要紧吧?”

霭龄也只得侧身答礼:“不要紧的,伍总长。这么慌忙,有紧急的事吗?”

“是的,我有紧急事情向总统禀报。对不起了!”说完闪过一旁就要往里走。

霭龄赶紧说:“你来得不巧。总统今天和实业界人士研究实业保护法的起草,刚刚被张总长接走。”

伍廷芳显然有些着急:“哎呀,天下未定,怎么顾得上制定那些不切实际的东西?请你帮我快把他找回来,大事不好了!”

霭龄也着急起来:“噢,这可不太好办。他们车子刚出去不久,具体地方也没交代清楚,怎么找呀?”

伍廷芳在原地转了几步,显得心神不定。一会儿又抬起头说:“不行,无论如何得赶紧找着他!”

霭龄有些为难,迟疑了一下说:“这样吧,有什么事你先给我说一下,我再想法通知他。你赶紧想办法先处理着,免得误事。”

伍廷芳想了一下,也只得这样。两人一起到了霭龄的办公室。伍廷芳说:

“是这样，刚刚得到报告，袁世凯以唐绍仪在和谈中有越权行为作借口，撤销了唐的和谈总代表职务……”

霭龄说：“唐绍仪是袁世凯的代表，他撤他的，何必惊慌？”

伍廷芳苦笑了一下：“袁世凯撤和谈代表的职，不过是一个花招，目的是借此推翻已经达成的和约。这说明战事马上就要重开，南京已处在敌人的炮口之下……”

霭龄气愤地说：“袁世凯不是什么好东西，不和谈更好，乘机向北进军，扫平全国！”

伍廷芳摇摇头：“事情没有那么简单。袁世凯在天津小站练兵，培养了一大批心腹党羽，掌握了军队实权。慈禧死后，清朝皇室王公大臣担心他野心太大，以他骑马摔跛了脚为由，逼他退休。武昌起义后，清室中无人能收拾局面，才不得不又把他请出来，但他已经不肯再为清朝卖死命。他在革命军和清朝之间要弄两面派手法，借革命力量压清朝，借清朝力量压革命党。既不让革命军向北发展，又不大举进军替清朝消灭革命军……”

霭龄杏眼圆睁：“革命烽火遍地，人民同仇敌忾，岂是他袁世凯想消灭就消灭得了的？”

伍廷芳哦了一声，连说“是的是的”，却低下头不再说话。他想起了自己当初在上海刚刚光复的混乱中，对革命党究竟能不能站住脚犹犹豫豫，还是霭龄和查理上门等于是连劝带逼，自己才答应参加革命行列，出任外交总长。现在又面临紧急关头，稍有不慎可能会被怀疑立场动摇。他默默地想着怎样才能既把当前严峻的形势说清楚，又不致让人误解，热烈的谈话一下子冷了场。

霭龄马上意识到可能是自己刚才话说重了，让伍老先生犯了忌。但这又不能说破，于是立即换了热情的口吻说：“伍总长，你是来建议总统赶紧做军事准备的吧？”

伍廷芳抬起头来，直视着霭龄的眼睛，看见没有责难自己的意思，才沉重地说：“如果仅仅是做打仗的准备，事情也就好办了。其实袁世凯这一手，最根本的是因为原来有些人答应，只要他逼清室退位就让他来做民国总统。现在他看到中山先生已经宣誓就职，才来这一手相逼……”

霭龄又有些按捺不住：“中山先生是反清革命元勋，岂是他这条清室走狗能比的？再说这大总统由17省代表公选产生，难道可以由谁说让就让给他了？”

伍廷芳抬手示意霭龄暂停，说：“现在的问题不是我们两个人来争论的事。你一心拥护孙先生，我也完全一样。1月1日总统就职，5日袁世凯就来电质问说,和谈正在进行,国体问题还未取得一致,为什么就在南京成立共和政府,就让孙中山当了总统,你们这不是破坏和谈么?我作为南方和谈总代表,当即回电反驳:现在十几省已经光复,成立政府完全是为了协调革命党内部的行动,别人无权干涉。我们并没有关闭和谈大门。如果说和谈还没有达成协议,共和政府不能成立,那么在协议达成前皇室为什么不先行退位,等就国体问题谈定了再说?"

霭龄一拳砸在桌子上:"驳得好!"

"所以么,问题不在你我之间。我是怕袁世凯来这一手,南京的旧官僚、立宪派又会趁机活动,逼孙大总统给袁世凯让位。"

霭龄感动地说:"伍总长,我明白你的心了。这样吧,我赶紧设法找到总统,请你做好抗击袁军进攻和防止政府中有人煽动妥协的两手准备。你赶快去找英美领事馆,请他们支持孙先生的民主政府,不要再给那个腐败的皇室输氧了!"

伍廷芳点头赞同,告辞去了。

当霭龄心急火燎地把这一消息报告孙中山的时候,孙中山反而很平静。他对霭龄说:"孙文几十年冒死舍生推进革命,实为国家民生,并不在于求个人地位。我还是坚持就职前给袁世凯电报中的立场和委派伍廷芳谈判时交代的条件,只要他袁世凯赞成共和,让清室退位,中华民国得以确立,我随时准备把大总统职位移交给他。"

1912年2月13日,就是7虚岁的宣统皇帝溥仪签署退位诏书的第二天,孙中山就向参议院提出辞职咨文,并推荐袁世凯继任总统。

●"今也让,明也让。吃人的老猿称霸王"

局势急剧地变化。

就在宋嘉树帮助宋教仁起草《临时约法》的时候,2月12日,清帝在袁世凯的威逼下,宣布逊位。两千多年的帝制终被推翻。接着孙中山履行诺言,向参议院提交了辞职咨文。

他在致参议院的咨文中说:"清帝逊位,南北统一,袁君之力实多,发表政见,更为绝对赞同,举为公仆,必能尽忠民国。且袁君富于经验,民国统一赖有建设之才,故敢以私见恭荐于贵院。请为民国前途计,无失当选之人。"同时宣布,袁世凯必须遵守《临时约法》,又派出以蔡元培为专使,汪精卫等为随员的临时总统候选人代表团北上迎袁南下,希将袁世凯引出巢穴,到革命党人占优势的南京来，以便监督其遵守《临时约法》。

但在临时参议院门外，陆军所属的沪军和浙军蜂拥而来，包围呐喊着："我们要见孙大总统！""我们要见议员！""谁要让孙大总统辞职，我们就把谁绑走！"口号声一阵高于一阵，远处的炮台也传来隆隆的炮声……

参议员们一个个呆坐在座位上，心情复杂。

当时，即有革命党人表示反对推袁世凯为下届总统候选人，海外华侨也有来电反对推荐袁世凯的，孙中山复电说：

"今日目的已达。……我辈之义务告尽，而权利则享自由人权而已，其他非所问。"

2月15日，参议院举行选举，袁世凯被选为中华民国第二届临时大总统。

2月18日一早，陆军第一军军长柏文蔚（民国元年6月任安徽都督）不赞成一味向袁世凯退让，主张利用革命气势组织力量打击袁世凯，亲到南京政府谒见孙中山哭谏。孙中山"亲为调牛奶咖啡茶并给以饼干"相待。

柏文蔚岂能吃下，痛哭流涕地对孙中山说：目前革命气势正在高涨，北伐军事不应停止。且北洋军实力尚在，"应利用当前革命优势，予以严重打击，将所有障碍扫除，方能实现本党政治主张，否则急于求和，恐难有好结果。"

"我非常同意你的主张。"孙中山道，但这时他只能向柏文蔚表明：只要清帝退位，袁世凯绝对赞成共和，他自己可以立即辞职，不再涉足政界，专求在社会上做成一种事业。关于今后的军事问题，则指示柏文蔚与黄兴研究。柏文蔚在总统府吃完早餐，向孙中山告辞。到了陆军部，他向黄兴说："袁世凯乃是不讲信义之人，戊戌政变，他能卖友向慈禧告密，我们对他不能相信太过。"

黄兴向他解释说："革命目的是推翻满清，建立民国。只要袁世凯承认这种主张，我们就可以将总统让给他。他虽狡猾，也一定与我们合作，假如完全靠武力解决，将来鹿死谁手，尚难预料。"此时，柏文蔚已看出黄兴"亦大有放弃武力之意"。他后来很感慨地说："当时和平空气浓厚，余之不放弃武力主张，已不为各方面所重视，诚所谓曲高和寡者也。"

2月20日，补选黎元洪为临时副总统。

3月30日，孙中山与袁世凯最后敲定了内阁成员名单，唐绍仪为总理，9名总长中，同盟会员占了4席，分别是司法总长王宠惠，教育总长蔡元培，农林总长宋教仁、工商总长陈其美。

4月1日，孙中山于参议院举行解职礼。他说："清帝逊位，民国成立，民族民权两主义已经达到，只待实现民生主义。"他念念不忘修筑20万里铁路的宏图，表示十年之内不过问政治，一心完成铁路建设计划，使中国在经济上富强起来，与欧美同步。

4月3日，卸任后的孙中山乘坐的火车抵达上海，陈其美率都督府官员及总务科全体人员到车站迎接。

说心里话，对于孙中山的请辞总统，陈其美是有其不同看法的。但是孙中山又是他最为尊重的人。为欢迎孙中山抵沪，陈其美特地动员上海戏剧界，在沪南新舞台演出新剧《波兰亡国恨》，为孙中山先生一行接风洗尘。

当陈其美陪着孙中山入场走进包厢时，楼上楼下的人都站了起来鼓掌，戏台上的演员，有的化妆已完，有的还没有化妆，有的方化妆一半，全都出来站在舞台上，他们首先举起帽子呼万岁，楼上楼下的人都应和着，孙中山激动得眼眶湿润。

散场后，陈其美陪着孙中山回到寓所喝茶。上海戏剧界的明星们也追随来访，陈其美把潘月樵、夏月珊等人一一介绍给孙中山，并描述了他们在上海光复战中勇猛冲杀的情形。当下，孙中山书写了"急公好义"四字赠潘月樵，"热心劝导"四字赠夏月珊，以鼓励他们的革命热情。

新剧作家，南社社员黄喃喃，极为羡慕地说："先生也为我留一幅墨宝吧。"

孙中山欣然应诺，遂写了"改良新剧"四个字相送。

这一晚，大家情绪激动，谈兴不止，直到下半夜方散。

翌日，陈其美又专门陪同孙中山等乘汽车到高昌庙江南制造局视察。

此时的江南制造局总理是李平书，按总统规格，他早早地就派出卫队、巡警执枪站岗迎接。孙中山在陈其美和李平书的陪同下到各厂察看了机器设备和各种军械产品后说："江南制造局这样的工厂就是和国外的一些工厂比，也不逊色，只是我国这样的工厂太少了。现在民国已建立，今后我们一定要在实业上努力奋斗，把国家建设好。"

陈其美说："你说得太对了。我也打算尽快撤销沪军都督府，今后和你一起，发展实业，振兴祖国经济，真正做点实事。"

"这个想法很好哇。不过，上海地处特殊，我已在电文中与你说过。沪督去留，当视情况发展而定。"

孙中山说的是指2月17日和2月27日两次发给陈其美的电文，在电文中，孙中山极力劝慰他留任沪军都督。说实话陈其美从当都督那天起，没有一天是安静的，也有一帮立宪派说三道四，逼他下台什么的。

在2月17日的电文中，孙中山说：

现在清帝退位，民国统一，上海为江南要区，非有大将镇守，不能维持一切。据各地纷纷来电，咸以公为民国长城，关系全局，力请挽留。人心如此，公不可告退，尚望勉为其难，勿怀退志。

在2月27日的电文中，孙中山说：

前得辞表，亟电挽留。顷闻执事去志仍坚，政府亦当成执事让德之美。唯以军事、财政、外交、交通诸大端言，沪上都督万难遽行取消，幸请顾全大局，再行勉为其难。俟前述诸大端，中央布置就绪后再商。至盼。

从电文上看得出孙中山对陈其美希望殷切。

在这期间，黄兴、谭人凤也都推举陈其美，频频致电陈其美，千万不能辞职。黄兴在电报中说：

前公辞职，经总统挽留，兴至沪又再三恳勉为其难，谅蒙允诺。兹阅报公决意辞职，为公个人计，未尝不美，但于军事交通上失公援助，宁中秩序恐致紊乱，万望以大局为重，辅助中央，筹画善后一切，不胜感祷之至。

比起孙中山和黄兴，谭人凤的电报就尖锐无比了，以至于陈其美气得要与他拼命。谭人凤在电报中是这样说的：

我公热心毅力，本党素所钦佩。自有辞职一则，前后几若两人。窃自广州败后，凤与执事规划长江流域，实以上海为总机关。武汉举义，湘赣继兴，若非光复上海，则海军官钥，掌自虏廷，苏浙联军，诸多障碍。昔曾国荃攻打南京，实赖李鸿章先规上海。然则汉阳新败之日，非执事克复上海，则南京莫能骤得。民军之根据地极其动摇，此稍谙兵务者所应知也。都督一职，乃吾党起事时法律所规定，与虏廷督抚制不同。公既以实心任事，则不能以己意取消。现在南北尚未统一，诸事待理，如以为大功告成，可以抽身而退耶，是为不智。知而放弃责任，听其糜烂，是谓不仁。畏其难而希图苟安，是谓不勇。捐弃会中秘密条约，是谓不信。不智不仁，不勇不信，而犹以孤洁鸣高，图个人之便利，则党中最后之手段，将于公施之。

陈其美接电，立刻回电道：

广州败后，规画长江，推功让能，究以何人为首，公岂忘凄然就道，力疾奔走时耶？现在目的既达，建设共和，自有人在。吾辈冒险家自有天职，公何不达人事，哓哓如此？其美辞职，在白头老友且不谅心曲，更望何人？前接中山、克强两公致电慰留，其美正拟与公熟商，一决行止，乃来书诘责竟与孙、黄诸公一鼻孔出气。公等非岸畔闲人，何以不知舟中人支持之苦？欲其美为沪军都督，除都督之外，不能自由行事耶？公年老荒诞，草率至此。他日如得卸此肩责，必与公一拼死命，以泄吾愤。

尽管陈其美如此欲辞沪军都督，但一些立宪派旧人还是说他拥兵自重，想长期把持上海。为此，陈其美又写信给共和建设会、共和促进会等上海团体说：

沪都去留，应观事实，事实当去，挽我不留，事实应留，推之不去。始之担任及后之告辞，皆属事实问题，或挽或推，均非我知。

他写这封信时，正是蔡元培等人北上遇兵变之后，因而又说：

现在代表北上，惊变又闻，跂企北方，尚多隔膜。且国都既未解决，项城尚未南来。全局通筹，势未大定。因而，不得不以其美之躯壳，再延沪都之灵魂，非敢将顺舆情，借此见好。

在信中，他最后还说：

其美以冒险为天职，此后共和巩固，已无冒险者可为事，不得已而求其次，则管见所及，无过于实边之谋。满、蒙、回、藏，僻处边陲。地广人稀，利源未辟，欲将我国跻于强大，先应筹集巨款，实力经营，利用已集之军人,拓殖未辟之边地,则富强之基,实立于此。[1]

视察完江南制造局后,孙中山感慨万端,让陈其美跟随他一道回到寓所。

"此番国都已定,先生已辞去大总统职,我打算不日辞去沪督之职。"陈其美一边品茗,一边说。

孙中山拍着陈其美的肩膀说:"北京任命你为内阁工商总长,你作何打算?"

"我不打算去做什么总长。我辞职后,想去拓殖未辟的边地,为国壮富强之基。"

孙中山颔首:"这个打算我欣赏。我想今后修铁路,改变国内的交通状况。"

当天,孙中山应黎元洪之邀,乘车取道南京去武汉。

●北京会见:孙中山与袁世凯握手

1912 年 8 月 24 日,孙中山应袁世凯之邀到北京会见。之后,又赶赴各地视察铁路。

在孙中山到达北京的前两天,袁就约清政府军谘府厅长冯耿光到铁狮子胡同老陆军部去见他。

袁说:"孙中山先生要来了,你知道吗?我有意请你替我招待招待。"

冯耿光回答:"为什么不请招待处黄大礼官招待?"

袁说:"我希望你多留心一下,他见客说什么话,他有什么举动。"

冯耿光当时心想,让我做密探?于是就回复他:"这事恐怕我无以报命,岂不反而于事有误?"袁又说:"你看着做吧。"听口气不做不行,冯耿光唯唯诺诺地答应下来。

孙中山在那天一早到达北京,下车后即到迎宾馆,即当时外交部街的老外交部。那时大礼官黄开文在那里主持接待。冯和黄是同乡,也很熟识,于是冯先去见黄。黄说:"这次总统谆谆吩咐我们也要称他先生,先生前面不要称名道姓,您要留心。"并说:"总统就要来拜会他的。"黄说过这话,当即向孙中山先生说明:"总统就要前来拜访先生了。"孙中山说:"还是我去吧,请他不要来了。"袁世凯从古字街炸弹案后,先是闭门不出,后来也很少出门。孙中山对此亦有些耳闻,所以这样说。

---

① 白希著:《上海第一都督陈其美》,金城出版社 1998 年版,第 469 页。

孙中山话说过不久，即听黄处有电话来说："总统已出府门。"一会又有电话来说："总统的车已到四牌楼。"继而说已到灯市口……一步步近了。黄说："总统已要到来，就进门口了。"孙中山乃由内客厅步行出来，站在台阶口准备迎接。这时就听马队飞驰而过，大门外已经停下一部双马轿车，车旁站着五六个侍卫武官，黄开文开了车门，对袁说："先生在台阶上面专程迎接总统了。"

袁世凯一向上下车皆需侍从搀扶，这时他摆手示意不要搀扶，自己硬撑着走上台阶，表示步履轻健的样子，走到台阶的最高两级他慢了下来。孙中山走前两步，前来握手，袁亦肃然趋前握手，说："先生路上一定很辛苦吧?"两人一面说一面到内客厅中间坐下。

孙中山这次到京是与孙科的母亲卢夫人同来的。宾馆内客厅系一明两暗的大厅房，中间待客，孙、卢各住两配间。客室中间置三个沙发，孙、袁进来即坐中间大沙发上。彼此客气，互道辛劳。

袁世凯表面上显示得很庄敬，身穿军服、佩刀。当时的军礼是，室内待宾须脱帽并摘下佩刀。袁或因当天过于兴奋又相当紧张，致将礼节忘记。他平素有搔头的习惯，常常以手搔鬓，因此有人说他"猢狲相"。落座以后，袁照常搔鬓，因手触帽，忽觉自己未曾脱帽、摘刀，于礼颇有不合。这时只见他用手解摘佩刀，而佩刀因座位甚低，拄在腰间撑得很紧，一时解摘不下，才慢慢用左手把军帽脱下。这动作为时虽然不久，而袁又故作镇静，但他窘促不安的神情，完全表露出来，与孙谈话陷于寒暄支吾。在旁的冯耿光起初预料"国内双雄初见，必然各抒韬略"，借此相互领略胸襟，不料他们言之无物，尽属酬应之词，不禁大失所望。

孙、袁说话之间，卢夫人由厅旁内室走出相见，宋霭龄陪在卢夫人旁边。那时宋系卢夫人秘书兼翻译。因卢夫人只能说广东话又不懂英语，因此宋名为卢的秘书，实则为孙的秘书。卢夫人出见后向袁问候："你太太好?"袁对卢夫人很客气，致问饮食及路上情形周到备至。

袁世凯当时五十二三岁，孙中山不过四十三四岁，孙态度肃穆自然，而袁则拘束异常，两人迥然不同。

当晚袁世凯为孙中山和卢夫人在总统府大礼堂设晚宴，约了内阁成员作陪，参加的不到30人，尽是政府要员、社会贤达。

袁世凯与孙中山对坐，饮到半酣，袁世凯起立讲话："孙先生游历海外20余年，此次来京，与我所商者，大有利于民国前途。各项政见，渐有端倪，一时间殊难叙及。先是谣传南北有种种意见。今见孙先生来京，与我所谈者，极其诚恳，可见前谣传，尽属误会。民国由此，益加巩固。"袁最后高呼"中山先生万岁"。

孙中山起立致答词：

“袁总统富于政治经验，担任国事，可为中国得人庆”；“袁总统善于练兵，以中国之力，练兵数百万，保全我五大族领土”；“以我五大族人民既庶且富，又能使人人受教育，与列强各文明国并驾齐驱，又有强兵以为之盾，十年后，当可为世界第一强国”。致词毕，举杯高呼“袁大总统万岁”。座中只是侃谈地方风土人情一些酬应的话，从未正面涉及政治问题。

孙中山在京期间，袁嘱冯耿光等陪孙共谒明陵，游居庸关，到张家口。袁每天都召冯到府里，问询孙的举止、言谈。但每天也无非都是些观山即景的闲话，因此冯就简要地回对，而袁世凯总是问：“他还说了些什么？”冯实在听不到什么，因此也就据实回说，看来袁对此很不高兴：“你让我失望。”

孙中山雍容大方，而袁世凯也就对他的大方产生出了疑忌。他认为孙在革命人物中毕竟是有威望的，因此想给孙一个全国铁路督办，通过这个特授，用钱收买孙中山；另一方面又把需款最多、兴办最难的全国铁路交给孙来筹划，使孙孤立无援，闭门设想，必将一无所成而失去在人群中的威望。不久，袁世凯果然实授孙中山以筹划全国铁路的全权。

“国内双雄礼见”，未能收到预期效果，袁世凯反而露了怯，这是叫他深感遗憾的事。

双雄相会不久，孙中山被选举为中华民国铁道协会会长。

孙中山接受了“全国铁路督办”的委任。孙中山诚恳地对袁世凯说：“今后我们二人分工合作，10 年之内，你练精兵百万，我筑铁路 20 万里，共同使中国走向富强。”

●陈其美与袁独裁的较量

袁世凯窃取辛亥革命果实后，开始还假惺惺地组阁，3 月 30 日，任命陈其美为唐绍仪内阁的工商总长。

应该说这是袁世凯顺江苏立宪派之意而采取的调虎离山计。为此有人高兴有人忧。江苏立宪派立刻表示欢迎，正如其首张謇所讲：此君有所归，江苏之大幸也！

再者上海的工商勇进党、实业联合会等急速跟进，也纷纷召开所谓欢送会，欢送陈都督高升，赴京就任工商总长。

黄鼠狼给鸡拜年——没安好心。陈其美看出了对方的计谋，对袁世凯的任命并没有表现出丝毫的兴奋来，相反他看出了袁世凯的良苦用心。袁世凯催急了，他以结束上海军事为由，拒不北上。

4 月 11 日，陈其美接受媒体采访时，说：是否就任北京方面工商总长，“尚待参酌”。

陈其美的拖延就职计，让袁世凯十分生气，无可奈何之下，推出次长代总长的对策。

一个月后的 1912 年 5 月 10 日。

陈其美在上海设奠黄花岗七十二烈士，他在祭文中除了充分肯定黄花岗烈士的丰功伟绩外，也对南北统一后的前途表示了深深的忧虑。

祭文说：

> 迄今河山光复，新旧南北，一炉共冶，乘时以起者，因不管明达之士，然吾知七十二君而果尚在者，必不至仅成今日之现象。
>
> 茫茫后顾，来日大难，渺渺前车，群雄安在？是今日之现象，讵足以慰公等，适增公等悲耳？公等且自悲之，而美能不为公等悲乎哉？
>
> 美岂惟悲公等，抑为吾民国前途悲焉。

陈其美的忧虑很快就成了残酷的现实。

袁世凯上台后，很快就暴露了专制独裁的反动本质。

他的第一步棋便是排挤和搞垮唐绍仪的总理内阁。这样一来，6 月 15 日一早，唐绍仪忍无可忍袁世凯专制独行，辞职远走天津。

应该说，唐绍仪内阁的垮台，是袁世凯蓄意破坏《中华民国临时约法》，追求专制独裁统治的第一步。

对此陈其美表示了极大的气愤。

6 月 20 日，他致电袁世凯，表示强烈抗议，责问其逼退总理的险恶用心。他的电文是：

> 临时政府甫成立，忽传逼退总理之噩耗。丁兹时艰，奚堪演此恶剧？唐总理因受逼而退矣，试问逼之者何心，继之者何人？果于大局无害而有益，即更举总统可也。如其不然，宁勿躁！鄙见世面止此，窃愿与大界诸君子亟起图之。

两天后的6月22日，袁世凯忙复电陈其美，极力否认，并反责陈其美“误听浮言”。同时，袁还唆使死党对陈其美展开反攻。6月26日，北京《大自由报》发表北京报界联合会与《新纪元报》、《中国公报》、《民视报》的两封通电。在通电中，肆其颠倒黑白之伎俩，指责陈其美。

电文说：

> 唐绍仪弃职潜逃，法在不宥，推其心迹，实以监守自盗，恐被重诛，初无人逼迫之也。乃陈其美通电，挟持党见，肆其莠言，既以逼迫为辞，又欲总统、总理同时进退。按总理变置，乃是政界常规；总统猝更，必由国中异变。陈其美并为一谈，是何肺腑！详查陈其美行多不法，残贼公行。前唐绍仪到沪，曲意逢迎，后被用为工商总长，犹复拥兵自卫，敢肆跳梁，腾布奸言，希图扰乱。此而不诛，法纪安在？

临时参议院在袁世凯的授意下，就陈其美拒就工商总长和拒绝取消沪军都督府两次提出质问。与此同时，旅京江苏人士致电江苏省议会，指责陈其美“盘踞沪上，拥兵自雄，军政府应撤不撤，梗国家之统一，增苏民之重累。……横施构乱，煽惑人心，动摇国本，国贼民仇，不诛何等。”

这时的上海《大共和日报》等都刊载北京报界二电，要求缉拿陈其美归案。

《大共和日报》创刊于1912年元月，社长章太炎，主编张丹斧。章太炎创办这份报纸，是把它作为中华国民联合会的机关报的，发行初始，就以言辞激烈而著称。

孙中山就任南京政府临时大总统时，该报曾发表过不少攻击孙中山的言论。

袁世凯上台后，该报对他也颇多抨击，但一个月后，该报对袁世凯的态度却突然来了个一百八十度的大转弯，议论趋向缓和，对袁世凯褒多贬少。上海滩的人很奇怪，细究其由，才知道此报已被袁世凯收买了。

据说武昌起义爆发后，各省纷纷宣布独立，大有各自为政之势，章太炎认为这样于国家统一不利，便发起成立了中华国民联合会，旨在促进各省和全国统一。该会成立后，许多名人纷纷加入，一时颇有声势。当时有个杭州人程祖福也参加了该会。此人在清朝做过官，有些钱财，当他得知章太炎欲办《大共和日报》却苦于缺少资金，便慷慨解囊，借给章太炎二万元。

此事被袁世凯在上海的爪牙探听到，认为这是收买章太炎的一个好机会，忙电告袁世凯。袁世凯让该爪牙遣人送钱来，明知是收买，但章为救还债的燃眉之急，只得收下。

当送钱的人要章太炎写张收条时，章太炎做贼心虚，不肯出正式字据，只是掏出一张自己的名片，在上面写了“收到二万元”五个字，将送钱人打发走了。

对于政治反对派的反击，陈其美也进行了强烈反击。

7月4日戴季陶看不下去了，发表《伤革命》一文，对袁世凯及其拥护者一一予以驳斥。戴季陶指出：

> 至谓动摇国本，吾国之国本，共和也。陈其美为建设共和之人，吾即知陈为确定国本之人。中华民国由革命战友而来者也，是中华民国本于革命，陈其美为实行革命之人，吾更知其为巩固国本之人，而此辈乃谓光复中华者为民仇，为国贼，是有意破坏民国，破坏共和也。
>
> 孰为民仇？孰为国贼？……共和成矣，孙文也，黄兴也，胡汉民也，陈其美也，皆宜乎人之攻击之也。世间无公理，强权而已；天下无是非，成败而已，举世皆盗贼，复何言哉？

7月15日，陈其美也发表通电，对参议院议员予以痛斥。指出那些提出质问书的参议员是“不称职分子”，要求将来成立正式国会时，应“慎重选举”议员以免祸害民国。

在此之前的五六月间，以柳成列、朱葆诚、蒯际唐、蒯左同等一批中下级革命党人在陈其美的策动下，图谋由陈其美提供军火，以朱葆诚任团长的先锋团为主力，联合新军第46标，将原属张勋所部、光复前调到苏州的江防营包围缴械，然后消灭江苏都督府依靠的主要军事力量巡防营，以武力驱逐江苏都督程德全，拥戴陈其美为江苏都督。

然而，因事机不密，程德全侦悉陈其美等人的计划后，先发制人，于5月19日从南京返抵苏州坐镇，安抚军队，部署应变措施。

6月1日凌晨2时，程德全派兵将图谋起事的蒯际唐、蒯左同、吴寿康、程宏等全部捕获，仅柳成列一人逃脱。程德全在捕获蒯际唐等人后，立即向袁世凯作了报告，称：“苏州城近日谣言四起，少数军队密谋作乱，德全于昨今两日选派得力兵力，极力防范，已拿首要，严密审讯。”

当天下午8时，程德全奉命将蒯氏兄弟杀害，同时派军队将先锋团三个营包围缴械遣散。

陈其美在获悉倒程计划失败以后，曾致电程德全询问柳成列的下落，程德全轻描淡写地说:“敝处本不知柳成列踪迹,蒯案亦未闻及。特闻。”

一场惊心动魄的斗争就这样双方心照不宣地掩盖了过去。

先锋营事件的失败,表明程德全在江苏的地位已经十分稳固,陈其美一时无法撼动。陈其美在孤掌难鸣、计无所出的情况下,不得不考虑交卸沪军都督职务。

7 月 12 日,袁世凯任命了一批都督,其中有:湖北都督黎元洪、湖南都督谭延闿、浙江都督蒋尊簋、福建都督孙道仁、江西都督李烈钧、四川都督尹昌衡、陕西都督张凤翔、广西都督陆荣廷、云南都督蔡锷,但没有沪军都督陈其美。

这让陈其美处境很尴尬。

第十章　北京之行

●陈其美辞掉沪军都督

7月31日，江苏都督程德全奉袁世凯之命，由南京抵达上海，接收沪军都督府及其军队。

下午4时，接收仪式在沪军都督府举行。

沪军两万人在第一师师长吴绍璘、第二师师长黄郛、光复军总司令李征五的带领下，齐聚都督府门前广场，整齐划一，接受陈其美的检阅。

陈其美乘坐敞篷汽车检阅三军后，然后走到主席台上，发表了演讲：从即日起，本都督宣布：沪军都督府撤销，改为江苏都督行辕。本人也随之去职。

陈其美话音未落，下面即有口号声，犹如雷动：

陈都督不能走——

陈都督好样的——

沪上解放，陈都督功高盖天！

……

接着台下出现了抽泣声。据说那些抽泣的都是福字营（刘福彪）的弟兄们。

陈其美也一度声音哽咽。

稍稍平静后，陈其美发表了简短的讲话，叙说了上海光复的不易，任职沪都督的经历以及“迟迟交卸”的真正原因，然后说：

“数月以来，军中无一宿之粮，府内已停薪，从事勉任其难，心力交瘁，所幸中外商家挪借巨款，以资接济，将弁士卒，均能以真诚相感，欠饷数月，变端未生。在此，其美深表感谢！”

说着，他面向台下的军士们深深地鞠了一躬，表示自己的内疚。

“敬礼！”师长黄郛高喊一声。

只见下面的士兵纷纷行持枪礼，军官们纷纷甩刀行礼。

礼毕后，陈其美又接着说：

“现在沪军都府已核准取消，承江苏程都督顾全大局，全面接收。各位将士应一如既往，听命于程都督，共矢一心，为国效力。”

在交接仪式上，程德全也讲了话。

最后，陈其美郑重宣布：以后各处凡与沪军交涉事宜，统由江苏都督直接办理。

演说完毕，原都督府的工作人员把中华民国军政府沪军都督大印捧过来，陈其美双手接过，然后恭敬地捧给程德全。

程德全双手接过印递给随从，又从另一随从手中拿过江苏都督上海行辕的大印交给有关人，交接仪式宣告完成。

当天下午，陈其美又通电发表解沪军都督宣言：

> 对于公家，并无未了事宜，今后得以藏拙养疴，还我自由，至为忻幸。俟病体稍愈，即拟游历各国，稍增学识，来日方长，再图报国。

当晚，刘福彪在张园安恺第举行欢送宴会，陈其美偕戚志锐、戚志峻姐妹参加。

身为福字营营长的刘福彪在宴会上致辞，他在致辞中回忆了与陈其美相识相交的经过，赞扬了陈其美只身闯制造局及就任沪督时“研究枪炮，训练军队，以北伐为宗旨”等功业，最后感慨良多地说：

“值此边疆多事之秋，内地恐慌之际，元气未复，国本动摇之时，先生之初心，则人所能见也。后此之出处，则非人所逆忆也。军政府创设二百余日，勉其难于始，未见其成于终也。一旦舍去，自为则善矣，其何以慰国民乎？”

刘福彪的致辞，勾起了陈其美对诸多往事的回忆，遥想十年前，自己从故乡初来上海滩，在十六铺码头见这位壮汉，恍如昨天，历历在目。那个时候，他是一个迷惘的青年！现在，革命虽不合其意，但终归成功，共和已建成，而自己正当壮年，应当更上一台阶了。不过他仍然很迷惘……

整整一晚上，陈其美没再说什么话，总是频频举杯，对酒当歌。

夜半时分，刘福彪握住陈其美的手，突然痛哭流涕：“大哥，今晚在此，以后你要去哪啊？”

“福彪，我准备出国考察实业，追逐孙中山，大搞实业。”陈其美望着眼前这五大三粗的汉子，泪水突然流出来。

“大哥，带上小弟吧？”福彪央求着说。

陈其美安慰着他说：“不，福彪，你有你的位置。带好你的人马，说不定哪一天,你还会派上大用场的。我们不能都放下武器,都放下武器了,谁来保卫共和?你说呢?"

刘福彪不好意思地点了点头,"我懂。你千万不要忘了小弟,今后常通信联系。"

出了张园,陈其美跟随戚志锐来到她的住处。

这时陈其美的原配夫人姚文英已搬到上海,他以往还是常常回家的。和戚志锐在一起时,他总是住在都督府里边。现在督府不能住了,也不能带着戚志锐回家,只好跟着她了。

戚志锐和戚志峻住在一起。见陈其美来到,戚志峻十分热情地沏茶,切西瓜。收拾完后,戚志峻就早早地躲进自己的房间了。

陈其美吃着甜美的西瓜,觉得这两姊妹真是可爱,全都那么善解人意。

戚志锐的房间四壁洁白,如雪洞一般。一张单人床上,也是雪白的床单。

两人坐在床前后,戚志锐说:"这床小,不知夜里会不会挤着你。"

陈其美微微一笑说:"床小好啊,床小才能挤得紧啊!"

"哎呀,你坏死了!"戚志锐伸出小拳头,对着陈其美就是一拳。

陈其美乘机抱住她,把她按倒在床上,脱去了她的裙子。戚志锐扯过毛巾被,把自己穿着胸罩和短裤的身子盖了起来。陈其美俯下身,吻了吻她,说:"不要盖嘛,好乖乖,难得今天什么事也没有,让我好好欣赏欣赏你的玉体。"①

……

一夜风流,陈其美虽然因解职心里不大好受,却在戚志锐这里找到了平衡。

●北上的日子

1912年9月5日。海风习习。

陈其美、黄兴一行终于踏上了北京之行的新铭轮。站在甲板上,眺望着晨雾蒙蒙的上海滩,想起前方将是他没去过的北京城,他心潮澎湃,像这眼前的海浪一样,让他兴奋……

自从袁世凯窃取了临时大总统后,革命的中心已由南京转移到北京。袁世凯为了拉拢人心,不断地要求南方的革命者到北方来,按他的话讲就是"以消除北方之意见,真正实现南北统一"。

---

① 白希著:《上海第一都督陈其美》,金城出版社1998年版,第482页。

他先是邀请孙中山和黄兴，于 8 月 18 日离开上海，启程赴北京与袁世凯举行会谈。但当孙、黄二人准备启程时，一个令人吃惊的消息传来了——袁世凯与黎元洪相互勾结，非法枪杀了武昌起义功臣张振武和方维。

这是一个令人发指的案件……

武昌是辛亥革命的发源地、首义之区。革命胜利后，首义有功之臣很多，需要给予适当的安置。可是黎元洪却一味从个人利益出发，致使军队风潮迭起，“倒黎”空气十分浓厚。黎为了巩固自己的地位，不得不向袁世凯靠拢，来镇压军队的风潮。

于是，黎元洪在 4 月 4 日，向袁世凯致电“请饬李纯派步兵一团到汉”，维护地方秩序。袁世凯不是不理睬，而是提出条件和价钱，以此削弱南方革命力量。作为副总统的黎元洪却百依百顺。

武昌首义之臣有“三武”：孙武、张振武、蒋翊武。“三武”之中最令黎头痛的是张振武。这个张振武贪污公款不说，更不把黎放在眼里，说话像是吃了炮药。“三武”一日不离开武昌，黎无一日安宁。他眉头一皱，计上心来。于是与袁商量调虎离山，把他们作为功臣人物供起来。就这样“三武”被黎推荐到了北京。

袁世凯以“总统府军事顾问”的美名授之张振武。月薪千元大洋，生活胜似神仙，悠闲自在。一个月下来，对这种神仙生活，张振武不干了，无法忍受这种无兵无权，只有美女相伴的生活，大闹段祺瑞政府，多次向袁大总统奏折，陈述边疆事务紧急，应派兵屯田，毛遂自荐，挂帅屯垦。军人应该倒在战场。

袁世凯也很精明，来个顺水推舟，给个人情，一纸令下，委以蒙古屯垦大使。

接着，袁世凯不笑了，他看到了张振武的申请报告：既设机构，就要有经费支出，批吧？袁世凯不情愿，于是就来了个徐庶进曹营——一言不发了。

你袁大总统不理睬我，我找二总统黎元洪去，于是他抬脚就回到了武昌。当张振武拿着袁世凯的圣状，在武昌街头招兵买马时，黎元洪急了，答应给他提供经费，每月千元大洋，不必再招兵买马了。

且说袁世凯听说张振武突然不辞而别，擅自返回湖北，招兵买马，心中一阵不快：这小子，太狂妄，他眼里还有我这个大总统吗！

不几天黎元洪来电：张振武在湖北独树一帜，招兵买马。袁世凯闻听此言，心头一震。这可是一匹好马，如若处置不当，将来必然后患无穷！于是袁世凯又眉头一皱，计上心来：半个月后，张振武在湖北接连收到袁世凯三封急电，殷殷之情，跃然纸上，敦请赴京，共商国是，那言词的恳切和急迫，似乎张振武晚到一会儿，国家就有大厦将倾之危。

黎元洪心领神会，紧密配合袁世凯，当场送来了四千元路费，并设宴摆酒为张振武饯行，祝张振武此次进京为民国一展雄才，并不无献媚般地表白：“对于张君，元洪可扪心自问，绝无丝毫相待不好之心，此言可鉴天日。”

大总统盛情相邀，副总统热情相送，恐怕得到如此重视和厚爱的人，当时也难找到第二个。张振武也是粗人，觉得如果再置之不理，难免让别人说自己无礼。于是，他决定8月北上。

8月10日，张振武抵达北京。

此次来京，情形与前次明显不同。张振武一下火车，车站月台上大小官员前来夹道欢迎惠顾，还有人致辞，当晚大总统袁世凯亲自召见，亲自询问湖北情况，听取张振武殖边屯垦的宏伟规划。北洋政府军政要人轮流坐庄，争当东道主，张振武日日赴宴，酒足饭饱。

几天下来，张振武深受感动。他在白天里，奔走联络，宴请各党派领袖，希望大家“消除党见，共维大局”。晚上，他也到八大胡同去走走，重叙旧情，放松自己。就在他彻底放松警惕时，京汉之间已密电往还多日，死神正在向他悄悄逼近。

8月15日晚8时，六国饭店，灯火辉煌。

为联络南北军人的感情，张振武在当时北京最豪华的饭店宴请北方将领。出席宴会的大都是北洋军队重要人物，如毅军统领姜桂题、拱卫军司令段芝贵、参谋次长陈宧等，均到会赴宴。

席间，大家觥筹交错，谈笑风生，好不热闹。你一杯我一觥的，一个个更是酒酣耳热，红光满面。

且说北洋众将中，只有段芝贵显得有些心神不定，酒喝得极少。酒过三巡，段芝贵来个金蝉脱壳，走到张振武面前，他拍了拍上衣口袋：“春山兄，小弟有大总统军令在身，不敢久留，只好先告辞了，抱歉，抱歉。”

“香岩兄，既然军务在身，振武就不便强留了。走好，走好。”香岩是段芝贵司令的字。

走到门边，段芝贵转过身，对送他的张振武拱了拱手：“春山兄留步，后会有期！”

“香岩兄慢走，后会有期！”

……

鼓楼传来鼓声，将近午夜，宴会结束，张振武送走客人，也乘马车离开六国饭店，准备回下榻的西河沿金台旅馆。马车出东交民巷西口，行至棋盘街，突然马蹄被绞索绊住，一个马失前蹄，车翻人倒。

这时，一声警笛鸣放，顿时伏兵四起，一拥而上，张振武还未明白发生了什么事，已经被五花大绑。他正欲呼叫，只见灯光一闪，段芝贵走到面前。

张振武万分惊诧：“香岩兄，你没有搞错吧?”

“我没有搞错!”段芝贵挥手打断张振武，不慌不忙从上衣口袋里掏出一张纸，在张振武面前一晃。张振武只看清上面盖着朱红色的“大总统印”四个字。他怎么也想不到这就是段芝贵提前退席的原因。

“给我绑起来，押送京畿执法处!”

几个膀大腰圆的士兵立刻上来，把个张振武五花大绑起来，推上警车。

张振武还不知道早在一个小时以前段芝贵的拱卫军和京师步军统领衙门的兵已经冲进了金台旅馆，逮捕了方维等他的随行人员。

16日凌晨，北京城中一片昏暗，秋风掠过紫禁城高高的楼檐，射出阵阵寒气。执法处内以“杀人魔王”闻名的执法处总长陆建章正襟危坐，一副公事公办的态度：“春山兄还有什么话要说吗?”

张振武望着这个几小时前与他举杯共饮的刽子手没有说话，只是盯着陆建章那双耗子般的眼睛。陆建章却泰然自若，只是摇了摇头，显出无可奈何的样子，随后从桌子上拿起一张纸，站起来走到张振武面前：“黎副总统从武昌来电，说你‘破坏共和，倡谋不轨’，要求袁大总统立予正法!”

张振武看也没看那张纸，说：“电报是假!”

陆建章阴笑着，“是啊，其实大总统也颇为疑惑，去电询问，但黎副总统回电：‘不杀张振武，实为天下之害，’”

“电报是假的!”张振武似乎不是在说服陆建章，而是想说服自己。

陆建章坦然地把手中的纸往桌上一扔，“真的假的我不知道，我只知道执行大总统的命令。”

“生死我早已置之度外，但既然说我破坏共和，又是倡谋不轨，就应公开审判，拿出证据，岂可凭空杀人!”张振武搬出法律。

“大总统军令上只有‘立予正法’，并未命令审讯。”说完，陆建章头也不回地走了。

天色阴沉，远处响起一阵沉闷的雷声，要下雨了。执法处偏僻的西跨院里，张振武被绑在一棵一人高的木桩上。他思绪万千，不禁仰天长叹：“不料共和国竟如此黑暗!”随即饮弹而死。

参与领导武昌首义，为创建民主共和国作出极大贡献的民国功臣、革命志士就这样倒下了。

张振武、方维被杀,消息传到上海,上海一片大哗。

……

蔡元培、吴敬恒连夜找到孙、黄二人,说:“张振武一死,真相大白。袁贼之邀,并不足信,我们奉劝二位还是考虑安全计,不要再去北京了。”

吴敬恒也动情地劝说:“公国民代表,共和坚城,必欲投入虎穴,某誓死反对。”

孙中山考虑良久,说:“既已同意北上,就无论如何不应失信于人,再说这也检验一下袁世凯到底可靠不可靠。你们说呢?”

蔡元培说:“我们二人主要担心你们的安全,怕有意外,先生想好了,我们也没意见。”

孙中山又说:“要不黄兴、陈其美缓行,我先探路,安全再去不迟。如出意外也就是我一人。”

看来孙中山先生去意已定。

就这样孙先生先于黄兴、陈其美去了北京。

孙中山到了北京,与袁世凯举行了会谈。加上袁的感情的拉拢,让孙中山很快致电黄兴、陈其美等人,称袁世凯“绝无可疑之余地”,督促他们早日进京,以消除北方之意见,实现南北之统一。

就这样,黄兴、陈其美等应允赴京。

9月7日,新铭轮乘风破浪,抵达山东烟台港。

轮船靠港,受到烟台各界的欢迎,陈其美发表了热情洋溢的演说。然后又上了船。

新铭轮在大海中艰难地北行,站在甲板上的陈其美又陷入了往事如烟的回忆中……

陈其美辞去沪军都督后,计划赴东西各国考察实业。

在出国之前,陈其美于8月10日回到家乡湖州,本拟在家乡安静休养一个时期,多年来的秘密革命生涯,尤其是上海光复以来繁杂、激烈的政治斗争,使陈其美身心均已疲惫不堪。然而,开国英雄回到家乡,家乡人民不能不有所表示。于是,陈其美一回到湖州,湖州的各种团体纷纷开会欢迎,使陈其美又陷入了无休止的应酬之中,陈在写给张馥祯的信中说:

> 兄沪事交卸后,仍苦于应酬,避居故里。原拟静养顽体,不意抵湖后,仍有多数团体开会欢迎,纷扰不堪。异地皆然,无可容身,奈之何可?

陈其美在湖州逗留期间，十分关注家乡的建设事业，并对他侄子陈果夫谈了他建设湖州的设想：

> 将来革命成功，如有余时，我当提议兴湖州之地。以湖人之财力兴湖，足有余也。治水道为湖州第一要事，水道通，不致有水患。移城市于东南门之外，另筑商场，因水利可多办工厂，筑铁道以通上海，设模范之各种应兴事业如藏书楼、博物馆、动物园、商品陈列所、农事及蚕桑试验场，各种工厂、银行、商场、学校、改良监狱等等，凡沪上之所无者，于吾湖备之，他处之所无者，于吾湖有之。至于湖州出产少，人口稀，则一言可以兴湖矣，湖州出口少，可使之多，人力所能致也。人口稀，亦人力所能致也，申地非固有多数之出口又非固有多数之人民，乃一经外人之经营，人民则侨居之，工商则汇集之，苟无外人经营，则今之十里洋场，恐犹是田园荒芜也。抑吾之所谓振兴湖州者，非欲与交通利便之上海竞繁华也。我但求工业发达，教育振兴耳。①

乡贤毕至，乡音萦绕，指点江山，乡情融融。

正当陈其美沉浸于故乡的建设蓝图之中的时候，一封从上海发往湖州的电报，让陈其美终断了故乡的停留，他很快回到了上海，参加黄兴、柏文蔚等 50 人联名发起的熊成基追悼会。

说起熊成基，这里不能不提一下，熊为何许人也。

熊成基(1887—1910)，字味根，江苏扬州人，光复会会员。青年时代即仰慕民族英雄岳飞、史可法。1904 年考入安徽武备学堂，结识倪映典、范传甲、柏文蔚等，参加岳王会。次年，入江南炮兵速成学堂，毕业后任第九镇炮兵排长。1907 年调回安庆，先在马营，后调炮营任队官。同年，倪映典策划于夏历除夕起义，被端方发觉，潜逃南下，后熊成基遂被推为岳王会主持人。1908 年 11 月 19 日，熊成基与范传甲、薛哲等在安庆发动起义，熊成基被推为总司令。起义失败后，熊成基于 1909 年初潜赴日本，加入同盟会。同年 9 月，化名张建勋，到东北从事革命活动。1910 年 1 月 30 日因叛徒出卖，熊成基被捕送至长春。熊在供词中写得精彩，令人难忘：

---

① 何仲箫编：《陈英士先生纪念全集》(一)，台北文海出版社 1970 年版，第 7～8 页。

> 我今后早死一日，我们自由之树早得一日鲜血；早得血一日，则早茂盛一日，花蕊早放一日。

2月27日，熊成基在长春英勇、慷慨就义。临死前还高呼：共和万岁！

1912年8月，熊成基遗骨运抵扬州，陈其美与黄兴等发起在扬州召开追悼会，以表彰烈士的光辉事迹。8月30日，陈其美又与黄兴、蔡元培、钮永建、吴敬恒等发起在上海召开熊成基、白雅雨、王汉、刘敬庵四烈士追悼会，到场万人。

……

陈其美从回忆中又回到了现实，只见新铭号轮乘风破浪，犁开蓝色的海浪，鸣着笛驶向远方的城市——天津。

9月9日，陈其美、黄兴一行抵达天津这个海滨城市。

北京政府特派的代表程韵生、陈家鼎、宋教仁等已先期抵达天津迎候。

10日，天津国民党支部和垦殖协会广东会馆召开欢迎会，张继在致欢迎词中指出：

> 欢迎英雄，崇拜英雄，因对于时代有伟大之事业，必有伟大之国民，伟大之国民，不能不崇拜伟大之人物。前日欢迎孙先生，今日欢迎黄先生和陈先生，即是欢迎其理想，崇拜其理想也。

两天后的11日，陈其美偕同黄兴与直隶新旧都督冯国璋、张锡銮会晤后，即乘专车前往北京，下午2点抵达北京。

袁世凯为此举行了盛大的欢迎仪式，欢迎英雄的到来。

据《民立报》报道：

> 专车到站时，署总理赵秉钧、陆军段总长、海军刘总长及各国务员均上车与黄兴及陈其美握手周旋。斯时莅站欢迎者，计有外宾、议员、政界、学界、各党会、工商界、女界，约数千人，均在站行列，脱帽鼓掌，表示欢迎。黄兴与陈其美亦脱帽答礼，态度谦和。旋于军乐声中，乘坐前迎国父时之朱轮黄畹双马车入正阳门，赴东单牌楼东石胡同荣实禄花园休息。沿途军警举枪致敬。男女老幼，观者如堵。①

---

① 莫永明，范然著：《陈英士纪年》，南京大学出版社1991年版，第191页。

下午5时许，陈其美陪同黄兴前往总统府会见袁世凯。

见面时，双方行鞠躬握手礼，畅谈一时许，应该说这是陈其美、黄兴与其政治对手袁世凯的首次会见。

他们三人谈话的内容已无从知晓。据当时报纸报道，会见结束后，袁世凯曾对黄兴和陈其美各下了一评语，称"黄克强人甚笃实，陈英士人甚明敏，均为今日难得之才"。

而黄兴则对人称："大总统实为今日第一人物，深致倾服。"

陈其美在接受记者采访时表示：他和黄先生不准备投身政界，表示为国兴建实业。

路透社记者采访黄兴和陈其美后报道说："彼等现均拟从事提倡实业。"陈其美也一再表示要"游历欧美，考察工商"，并与各国驻华公使作了联络，进展顺利。

闪光灯在他们身上闪动，第二天，两英雄的照片都上了京城报刊的头版头条，轰动一时。

当天晚上，他们又与孙先生会合，第二天共同参加前清摄政王载沣的欢迎宴会。

●参加前清摄政王载沣的欢迎宴会

来到北京，着实让陈其美和黄兴感动的是出席前清摄政王载沣的欢迎宴会。

辛亥革命的功绩就是推翻了大清王朝。

应该说这是"胜者为王，败者为寇"的相见，别有洞天。

且说这天一早(9月12日)，孙中山、陈其美、黄兴由前清文华殿大学士兼军机大臣、清室内务部总管世续陪同，浏览红墙绿瓦的清内宫和风景秀丽的皇家颐和园。

过去这里都是皇帝吃喝玩乐的地方，今天却成了他们的观光之地，这令他们感慨万端。陈其美激动地对孙中山说：不把他们打翻在地，今天我们能站在这里吗！？

孙中山哈哈地笑起来：是啊，晚上，对手们还要请你呢！

当晚7时，前清摄政王载沣的欢迎宴会按时举行。

地点为金鱼胡同那桐宅第。

载沣因病未能出席，由贝子溥伦代表主持和致辞，皇族百余人参加。孙中山、陈其美、黄兴等被推为嘉宾，坐为上席。

大家落座后，溥伦站起来致辞：

他手拿一纸，彬彬有礼地走到鲜花掩映的主持台前：

兄弟意见，革命本国家进化应有之举，故汤武革命称为圣人，且此次革命原属国体问题，现在建设共和，不特皇室仍受优待之荣，并使满洲人民同享共和幸福，迥非前古帝政时代可比，此敝皇族所极为感激。

孙中山一行热烈鼓掌。

接着，他又掏出一纸，代载沣读致辞，道：

语有之，非常之人，始能建非常之业，斯言也乃于中山、克强两先生暨诸杰士见之。两先生洞观四千余年之历史，二十世纪之时艰，非以共和定国体，不能为人民谋幸福，不能与列强谈竞争，于是遍游欧美，忝以时机数十年苦口热心，始达共和目的，方诸华盛顿，何多让焉。此固两先生有志竟成，亦由我皇太后及皇上大公无私之心，遂以天下神器，举而还之天下。……本爵现因小恙，未能亲接鸿言，心殊抱歉，深愿海内长升平之治，将于两先生倚之赖之。

又是一片掌声雷动。

黄兴站起来，代表孙中山、陈其美，走到主持台前，致答辞：

二十世纪之国家，须赖国民共同护持。专制政体不足以独立于地球之上，非建设共和，无以保全我五族同胞。孙先生与兄弟及诸位同心协力，始有今日，君等乃归功于孙先生与兄弟，实为惭愧。且自武昌起义，甫及三月，大局略定，全赖隆裕太后、皇帝及诸亲贵以国家为前提，不以皇门为私产，远追尧揖让之盛心，遂使全国早日统一，以与法、美共和相比并。而北京首都不见兵革，社会秩序亦得安宁，尤为和平幸福。虽现在内政、外交诸形困难，然以五族同胞共和血诚，力肩斯任，于共和国家前途必能发展。兄弟等敢不竭其死力，以奠国家于大安，致负隆裕太后、皇帝退让之美举。今承开会欢迎，孙先生与兄弟得以与诸君一堂聚首，畅叙平生，区区此心，极为欣悦。并请贵爵将兄弟等诚意，转达皇太后、皇帝之前，实为感祷。

欢迎晚宴，在皇乐之中进行。

席间，大家频频举杯于歌台舞榭。

为了消除民族误解，陈其美主动上前与皇室成员搭话，说明民主革命并非以排斥满族为目的，而是以平等地位联合汉、满、蒙、回、藏五大民族组成一个多民族的中华民国，希望皇室勿为谣言所惑。

对方点点头，表示明白其意。

时至深夜才结束。

陈其美喝得要比孙中山、黄兴多些，他的脸颊微微发红。他对孙先生说：与对手喝酒，一醉方休。我太高兴啦！

孙中山说：逊清皇室与我们一起握手言欢，这本身就是一件有特殊意义的事情。

●国民党应运而生

9月15日下午，国民党本部在北京湖广会馆集会，欢迎陈其美与孙中山、黄兴、贡桑诺尔布等。

国民党在京成立，与宋教仁的努力是分不开的。前些日子，是宋一生最为忙碌的日子。他的“毁党造党”工作是卓有成效的。在很短的时间内，他就与谷钟秀和吴景濂为首的“统一共和党”，以伍廷芳为会长的“国民共进会”，以岑春煊和伍廷芳为总理的“国民公党”，以及董之云等所组织的“共和实进会”达成协议，它们四个小党愿与同盟会合并，以适应民初议会政治斗争的需要，通称国民党。

也即是孙中山到京的第二天——8月25日下午3时在北京宣告成立。

孙中山作了热情洋溢的讲话，他说：“五党合并，从此成一伟大政党，或处于行政地位，或处于监督地位，总以国利民福为前提，则我中华民国将可日近富强。故兄弟于五党合并，有无穷之希望。”“同盟会素所主张者有三主义，一民族主义，二民权主义，三民生主义。今民族、民权已达目的，惟民生问题待解决。”

关于男女平等问题，他说：“男女平权本同盟会之党纲。此次欲组织坚强之大政党，既据五大党之政见，以此条可置缓图，则吾人以国家为前提，自不得不暂从多数取决。然苟能将共和巩固完全,男女自有平权之一日。”

最后,大会选出孙中山为理事长,孙中山、黄兴、宋教仁、王宠惠、王人文、王芝祥、吴景濂 、贡桑诺尔布等 8 人为理事,张继、柏文蔚、胡汉民等 29 人为参议。上海、汉口设交通部,上海交通部长为居正,评议部长邓家彦,陈其美为名誉总干事。

后因孙中山正致力于铁路建设,不能常驻北京,便委托宋教仁为代理理事长。

国民党本部设在北京湖广会馆。

在当天的欢迎大会上,孙、黄、陈及贡桑诺尔布先后发表演说。陈其美的演说尤为精彩。他强调了政党党德的重要性。

他说:

现在国家前途,最要者联络五族之感情,巩固政党之根基。政党可以扩张,可以巩固,即国家权力可以扩张,可以巩固,其所以集政党即所以造国家也,但是政党中最重要之点,在于党德。人无道德,即无人格;党无道德,即不党;国无道德,即不国;盖道德之重要有如此。然党德从何处发表,则又观乎时势为转移。从前同盟会之党德,全在破坏而救同胞,嗣后同盟会之党德在建设,建设一党不足以集事,乃联合他党以集联合党以合成国民党,同负建设之责任,同负巩固国家根基之责任。国家根基巩固,五族感情联络,即是本党之幸,即是国家前途之幸。

兄弟在上海时,常与友人谈及中国革命,不特救中国,并且救世界。何以谓之救世界?盖中国革命之作用,在以破坏之手段,求和平之幸福,破坏而后永不再讲决裂,惟求永远和平。中国自己永远和平,世界上亦无战争发现,世界亦可以永远和平。不然中国有战争发现,世界亦不能和平,故救中国即救世界。兄弟以此语对外国朋友说,外国朋友亦以此为然。既以为然,就是赞同和平,就是同施辅助,而国民所以讲和平之方法,亦就在组织完全之大政党。政党之内第一要意见相同,不可因小事而起误会,一德一心以维持国家前途则不独本党之幸福 ,亦世界之幸福也。

黄先生顷谓内忧外患非常紧急,贡桑先生顷谓蒙古并非反对共和,实在不知共和幸福,愿担疏通之责任。凡此设想疏通之方法,消除内忧外患之筹备,第一要五族之感情联络,国家之根基巩固,然后始能得共和之精神，享共和之幸福，民国国民切毋误会蒙古不可以联络，内忧外患之困难不能一时解决，总之无论用如何之方法如何之手续，总要和平解决不可再起争端，以扰乱和平。兄弟是极端主张和平之人，以为破坏而后建设未完，万不可再因蒙古之故，启猜疑不决之嫌，而复施破坏手段。①

……

9月17日，陈其美与黄兴兴致勃勃地出席了共和党在北京农事试验场举行的游园欢迎会。陈、黄在农事试验场参加了植树活动会后，共和党公宴黄兴与陈其美，并邀请章太炎出席作陪。

章太炎此时对黄兴、陈其美仍然余怒未消，不仅拒绝赴宴，而且在报纸上公开发表《却与黄、陈同宴书》，对黄、陈大加攻击：

共和党诸君子鉴：

昨者见招，令与黄兴、陈其美同食。……中山行迹，不无瑕疵，然而其政，皆黄兴迫胁为之，非出自中山腹中。解职以还，大体不误，其于张、方逆谋，绝无牵挂，此尤为难得者。外人多以皮相抑之，仆诚不能不为讼直。若黄兴者，招募无赖，逼处金陵，兵无伍两，供饷巨亿，身虽辞职，而江南脂膏，自此垂尽。其募集国民捐法，比于摸金争丘，残酷尤甚，非所谓民贼者乎？张、方之事，路透电啧有烦言，仆虽不敢指为实证，参以武昌二次革命之迹，及身在武昌所闻者，不能臆断以为尽虚也。若陈其美者，阘茸小人，抑无足道，上海光复，攘李燮和之功以为己有，偷儿成群，拥为都督，自言饷糈匮竭，日有征求，而珍翠细饰，逋负数万，斯岂军中所用。陈来京时，债家恐其逸走，持不得行，黄兴为之保证，乃出发。陶成章之狱，罪人已得，供词已明，诸君子亦当闻其崖略。自陶之死，黄兴即电致陈其美，属保护章太炎，仆见斯电，知二竖之朋比为奸，已发上冲冠矣。诸君子不以匪目视二子，引与为欢，岂承张、方之遗嘱，抑为湘吴谰言所簧鼓耶。……仆若与于斯宴，惧为各国公使所笑，昨已将花枝证券却还，今更陈其旨趣如此。②

① 莫永明，范然编：《陈英士纪年》，南京大学出版社1991年版，第192页。
② 汤志钧编：《章太炎年谱长编》上册，中华书局1979年版，第418页。

章太炎与黄兴、陈其美等人昔为在日本并肩战斗的战友。辛亥革命一起，革命阵营自相内讧，成为视如水火的仇敌，这种情况只对袁世凯大总统有利无害。

在此后的十多天里，陈其美与黄兴还参与了一系列的应酬活动，包括国民党的一切事务。作为总部理事长宋教仁给予了很高的评价。

10月4日，陈其美与黄兴邀请全体国务员、国民党籍参议员、国民党本部各部正副领导人、干事、记者百余人，在六国饭店举行了告别宴会。在记者的提问中，陈其美再次提到了出国访问、想搞实业的想法。

10月6日，陈其美偕黄兴离开北京南行。

陈其美在北京逗留期间，由于地位关系，很少公开发表政见。国民党宣传干部潘公展写的《陈其美评传》，对陈其美的北京之行却做了这番的描述：

> 陈其美在沪军结束之后，因为孙中山先生、黄兴等电邀入京，便北上，一觇北方的虚实。他会到了袁世凯，会到了世凯的若干重要干部，也看透了世凯的政治、军事、财政、外交等各方面的部署。但他只是很沉着地在观察，在评价，很少表示意见。有一次世凯问他革命完成了，还愿意干什么事？这一回打破了他的沉默，他很坚定地说："我相信还有些事可以干，就是：我愿意扶助共和的人；同样的，我亦愿以全力反对那些破坏共和的人！"这简单而斩钉截铁的答复，怔住了袁世凯，半晌说不下去。过后，世凯常常向人称道他的机警和敏捷，不失为同盟会中的健将，在世凯的内心里，对其美，显然地有着两种矛盾的意识，就是：第一，觉得在目前其美仍旧是一个最难应付的反对派；第二，如果能够把其美收为己用，而削弱同盟会的力量，岂不更妙。从此，世凯不时以各种的勋位勋章颁布给其美，只是都被其美婉拒了。
>
> 世凯的居心叵测，其美自然看得很清楚。回沪以后，劝勉各同志秘密戒备；尤其属望蒋公，劝他积极练兵，为将来讨贼之用。他曾撰了联语两句：'安危他日终须仗；甘苦来时要共尝。'并请中山先生亲笔书写，赠给蒋公，互相勖勉。[①]

对于孙、黄与陈其美的北京之行，作家张继学则作了基本评论：

---

① 秦孝仪主编：《陈英士先生纪念集》，文物出版社1977年版，第203页。

（它）所起的作用完全是负面的。孙、黄身为革命党领袖，在北京期间为袁世凯的假象所迷惑，对袁世凯这么一个专制独裁的枭雄大唱赞歌，说什么袁世凯“忠心谋国”、绝无“野心”，所谓“帝制自为”，纯属无识之徒妄为猜忌，而且同意了袁世凯提出的旨在加强其专制统治的所谓“八大政纲”，这在实际上麻痹了革命党和全国人民的革命斗志，加强了袁世凯的地位。其严重后果在不久以后即暴露了出来。陈其美由于地位关系，在北京虽然很少发表政见，但有证据表明，陈其美与孙、黄并没有异议。10月3日，孙中山在上海回答记者提问时即指出：“北京安谧异常，黄克强、陈英士与北人感情甚佳……”

虽然孙、黄等革命党领袖对袁世凯大唱赞歌，但袁世凯对革命党人却并没有放松警惕。特别是陈其美在上海方面的影响和力量使袁更感如芒刺在背。据说，陈其美在北京时，袁世凯当面向陈施加了压力，并拿共进会“闹事”问题压陈，要陈“南返时，便中调查”。陈与黄兴回到上海后，袁世凯方面仍对陈其美进行了严密的监视，他们神经过敏，对陈旧部的一举一动感到草木皆兵。捕风捉影的情报，连篇累牍。他们想方设法要让陈其美出国，脱离国内政局的漩涡。1912年10月16日，袁世凯的机要秘书张一麐密电江苏都督程德全的秘书乃弟张一爵说：“奉谕，可由雪老（即程德全）电请公债票为卧子（隐指陈其美）还债。中央已发三万元游历费，陈至今未行，若债票到手，仍不出发，将若之何？似应由雪老嘱卧子开债户（指沪军都督储债户）清单，担保出发后为其代偿，俾卧子出洋，不至仍前中止。”由此看来，袁世凯千方百计想让陈其美出国。

但是任何事情都应该一分为二，他们的北京之行有负面作用，也有正面效果，那就是国民党的成立，同盟会联合四小党组成国民党，这是有远见的，为以后的政党议会打下了基础，为制约袁世凯的权力埋下了地雷。应该说，袁世凯心知肚明。因此他对长住北京的国民党总部理事长宋教仁恨之入骨。这种恨之入骨不久便体现在他的杀人行动上。

第十一章　二次革命

●谁是暗杀宋教仁的元凶

袁世凯当上了临时大总统，但这并不能满足他恶性膨胀的权力欲。他还想把“临时”二字去掉，改为正式。而且还做着至高无上的皇帝梦。因此他施展着各种阴谋家的手段，这便是诛锄异己，分化离间，谋杀暗害，褒奖加官，诡言惑众，以及穷兵黩武，无所不用其极。

他首先一计是取消革命军力量，颁发“训勉军人令”，强调服从命令，听从指挥，缩编军队。南方政府撤销后，还有十几万军队分布在南方各省，袁借口经费困难，不发军饷。以黄兴为首的革命党人，为表示对北京政府的诚意，通令各地革命军裁军或解散。一时，在革命军中，出现了热火朝天的“功成身退”、“解甲归农”的运动。军权统一，袁世凯看了甚为满意，肥胖的脸上露出了奸笑。于是他拉下窗幔，再生一计，诛锄异己，想方设法把临时政府改造成他的独裁工具。

内阁总理的位置十分重要，而总理唐绍仪虽是他多年的老朋友，但此人不可重用。唐在与南方政府和谈期间，受到革命思想的感召，曾加入同盟会。再者，唐曾留学美国，受到西方民主思想的影响。因此，他在主持政府时，民主空气较浓，按职行使自己的权力，并非对他言听计从。这使袁大伤脑筋。3 月间，唐南下接收南京临时政府时，议会根据革命时期各省都督由咨议局推选的惯例，推选了靠近同盟会的军人王芝祥为直隶总督，唐当时表示同意，回北京又请示袁，袁也点头同意。唐自以为做得天衣无缝。可是由政府加以任用时，问题就来了。袁表面上对王大加赞誉，月支伕马费 800 元，但却在暗地里搞小动作，怂恿直隶五路军人通电反对王任直隶总督。唐一听就火了，当下找到袁。袁却说：“王系革命党人，若使督直，不啻引狼入室，将来他和南方联合，能有我们的好吗？”

唐说：“前既答应，何能食言？”

这时，袁见遮羞布捅破，立时变了脸色：“是你答应的，我并未与闻。”

唐也不客气地道：“这是责任内阁职权，我要发表。”

袁一拍桌子：“我不盖印，就能生效吗？”

二人唇枪舌剑一阵子,可见袁世凯决不放过用人权。

接着,袁竟公布了一项没有内阁成员签署的任王芝祥为南方军宣慰使的任命,把王远支南下。唐绍仪一气之下,留下一份辞呈,第二天就不告而辞去了天津,然后转赴上海,过起了“隐士”生活。

袁世凯并没有收敛,看了唐的辞呈,哈哈大笑:“你走了,还省得我下辞令。走得好!小子,你中计了。”当天,袁另举外交总长陆徵祥为内阁总理。人们都知道陆是个不学无术、不懂政治的洋饭桶。屈于袁的淫威,大家都投了赞成票。陆刚上任组阁,同盟会议员蔡元培、王宠惠、宋教仁、王正廷等联袂辞职。陆勉强出席了参议会,在谈到施政方针时,竟不知所云。当他提出事先与袁世凯商量好的六个新内阁成员名单时,竟大讲开菜单、做生日一类废话。参议员们一气之下,把他的提名全部给否决了。陆徵祥闹了个无趣,谎称生病躲进医院去了。街头上传出了在共和时代,以武乱政的笑话。一传十,十传百,闹得个满城风雨。

“这不等于打我的脸吗?”于是袁世凯唆使他手下一群军棍——北京军警特别联合会,通电指责参议员“只争党见,不顾国亡”,向内阁参议院提出警告。接着,袁世凯又另提出六位阁员,要参议院通过。他们是:财政总长周学熙、司法总长许世英、教育总长范源濂、农林总长陈振先、交通总长朱启钤、工商总长蒋作宾。24日,各种“军界团体”发传单,打电话,写黑信,对议员进行恫吓的事不断发生。7月26日,参议院再次开会,除将蒋作宾改为刘揆一外,其余总算被通过。

袁世凯当政三个月,把民国政府搞得乌烟瘴气。7月29日,他假惺惺地发表通令,劝告各政党说:“方今民国初兴,尚未巩固,倘有动摇,则国之不存,党将焉附。”为了掩人耳目,7月间,邀请孙中山、黄兴、黎元洪等来京举行一次没有名目的会谈,想以此欺骗和麻痹包括孙中山、黄兴在内的革命党人,骗取他们的信任,以便他在政治、军事、财务各个方面,做好对付革命力量的充分准备。

18日上午,传来袁世凯受黎元洪唆使,在北京枪杀了武昌起义革命军官张振武(前湖北省军务司副司长)和方维(前湖北将校团长)的消息。黎元洪是怎样成为“民国元勋”的,湖北革命党人最知其底细。黎视他们为眼中钉,尤其最恨张振武。张、方事件发生后,天下大哗,震惊了革命党人。更严重的事件还在后面——如果说前者是明杀,后者却是暗杀。

很快要暗杀宋教仁的消息在上海传开,特别是在1912年底到1913年初的第一届国会选举中,新成立的国民党以较大优势击败反对党,赢得了选举胜利。对此结果,宋教仁和国民党干部普遍大喜过望,大有“民国政党,唯我独大,共和党虽横,其能与我争乎”的气概,就在这时,一个墨色的枪口在悄悄地对准了宋教仁……

1913年3月20日的夜晚,阴雨连绵。四马路上的申江饭店笑语喧哗,灯火明亮。缤纷彩色的光影,投射到被雨水淋湿的门前台阶上……离台阶不远,几辆带着篷布的轿式马车沿街排开。

堂会正在进行。窄小的台上,旦角在演唱。

双喜字贴满小戏台两侧。一场新旧仪式混合的庆婚酒宴即将开席……

在这热闹的气氛中,身着西装的国民党代理事长宋教仁和黄兴、于右任、陈其美、廖仲恺等,由一批在沪国会议员陪同,谈笑风生地从楼上雅座走下,出现在壁灯、吊灯和大红烛光交相辉映的大厅门口。

国会议员们和宋教仁殷殷握别。

一名中年国会议员:“国民党在国会选举中大获全胜,中山先生知道了吗?”

宋教仁道:“当然知道,他最近在日本演说,还多次提到……”

另一名国会议员:“既然我们在国会获多数,组织内阁是必然的,您也将出任内阁总理……”

一阵阵噼噼啪啪的爆响突如其来,打断了他们的谈话。

众人惊愕地回头张望,原来是新郎新娘就位的鞭炮声。

宋教仁欢笑着转过脸来,穿戴风衣礼帽。

他向议员们告辞。

马车应声驶到门阶前停好,几个撑着雨伞的随从抢前把车门开了……

街市昏暗,冷雨纷纷。

一个衣衫褴褛的疯子,衣领上插着几面五色小旗,口里咿咿呀呀地唱着,手舞足蹈地迎着马车走来。

宋教仁不安地看了一眼,跨上车去。马车在静寂中依次行驶。马蹄叩击着青石路面,溅起一阵阵水花。雨水飘飘洒洒,无声地落在了车篷上。

火车站。连接着检票口的旅客候车室。

灯光暗淡,旅客稀落。

火车喷汽声、鸣笛声隐约可闻。

宋教仁被黄兴、于右任等人簇拥着,从灯火明亮的贵宾休息室走来。几个记者穷追不舍地跑着上前拍照、提问。

宋教仁边走边谈,对似乎即将实现的议会政治的前景,满怀信心。自从1912年8月25日同盟会正式改组为国民党时起,他就一直在为由国民党组成

“政党内阁”而积极奔走。

一记者抢到宋教仁身边:“宋先生荣任新成立的国民党代理事长,又将北上组阁,请问有何施政纲领?”

宋教仁侃侃而谈:“统而言之,无非是两条:拥护南北统一;实行政党政治。要使中国真正走上民主富强的道路!”

另一记者:“最近外间风传,北方守旧势力将有不利行动与你,不知先生是否闻说?”

宋教仁停步,坦荡地:“我也听说了,但我不相信!你说呢?”

记者无语。

宋教仁道:“现代议会政治,政党竞争是必需的,国民党此次竞选,就是本此精神。若有人采用卑劣手段,破坏民主宪政,那就是民国的千古罪人!杀我者无异于自杀。”

黄兴拉住他的手轻声嘱咐:“钝初,千祈保重,多加小心!”

宋教仁感激地点点头。

他们走向检票口。

昏暗中突然响起“叭叭叭”的枪声。

黄兴警惕地猛然回首,向四周查看。宋教仁已经倒过来,紧紧抓攥住他的衣领:“克强……我冷,给我大衣,快……快……”

纷乱的候车室,旅客惊叫奔突。

黄兴、于右任、廖仲恺等人把宋教仁扶到一张长椅上。

背部中弹的宋教仁痛苦地呻吟着,凄恻地环视身旁友人,断断续续地嘱托:“致电……袁大总统……速开国会……制订宪法。”

他声音微弱哽咽,身躯软软地瘫下去。后经抢救无效,于22日4时身亡,年仅32岁。

凶手是谁?谁是凶手?人们要揭开这个谜底。

●让凶手大白于天下

正当国民党干部普遍为议会选举胜利,大喜过望的时候,枪声无情地粉碎了他们的梦想。

宋教仁被杀,震动了全国。

孙中山先生当天就从日本拍来了电报:

闻钝初死，极悼。望党人合力查明此事原因，以谋昭雪。

再说袁世凯在获悉宋教仁的死讯后，自以为谋划诡秘凶手又当场逃之夭夭，可以瞒天过海，于是便自导自演了一出悲天悯人、贼喊捉贼的丑剧。当天，也拍来了电报，声称：

宋君竟尔溘逝，曷胜浩叹！目前紧要关键，惟有重悬赏格，迅缉真凶，彻底根究。宋君才识卓越，服务民国，功绩尤多，知与不知，皆为悲痛。所有身后事宜，望即会同钟文耀妥为料理。其治丧费用，应即作正开销，以彰崇报。

这还不算，接着22、23两日，袁世凯连续两次电会江苏都督程德全、民政长应德闳，要他们对宋案“立悬重赏，限期破获，按法重办”以及“迅缉凶犯，穷究主名，务得确情，按法严办”。

同时，袁大总统还指使御用报纸大造国民党内部倾轧的谣言，企图转移视线，混淆是非。据陈果夫回忆：“宋教仁被杀，这是袁世凯最毒的阴谋。他想挑起我们同志间的感情，故意说是陈某（英士）派人刺杀的，……英士先生听得外间谣言，说是他刺杀宋先生以后，便找了吴佩璜来。吴是替英士先生做情报工作的，在上海当电报局局长。袁和上海方面往来电报，我们都能拿得到，就完全靠吴佩璜的功。”

一天，陈其美在报刊上看到“宋教仁遇害，陈其美所为”这则消息，哈哈大笑：袁世凯贼喊捉贼。于是陈其美暗下决心：一定要让宋案水落石出，大白于天下，到底谁是凶手？让事实说话。

陈其美和黄兴积极与各方面联络，致函公共租界总巡捕风斯和西探总目安姆斯特朗，悬赏万元，限期破案。

沪宁铁路局认为车站内发生凶杀案，事关路局声誉，因此也出赏金五千元。江苏都督程德全、民政长应德闳通电全省各地官吏协拿凶手，限期破案。

宋案发生后，在上海的国民党干部几乎是倾巢出动，分头寻觅线索，对刺宋凶手大有食肉寝皮之慨。23日晚，一个自称叫王阿发的中年古董商人，来到租界巡捕房，声称他知道线索，悬赏一万元是真是假？

印度大胡子巡长说：白纸黑字，那还有假！

没假我就说了。

你说吧，我来记录。

王阿发说，一周前，他从一个扬州客人手中买进一幅名人字画，当天便送到国民共进会副会长、江苏巡查长应桂馨府上。那天，应桂馨高兴，给他的字画开了好价钱。临走时，应叫住了他，说我们都是老客户了，相互比较了解，问他有件大买卖，事成后，三千元奉送，比卖字画强多了，问他干不干？他问什么事？接着，应桂馨取出一张照片让他看，并说把此人干掉。当时我就懵了，说平时我连杀鸡都不敢，哪敢杀人啊！不是钱多少的问题，我是怕完不成老板的重托，交不了差。他说，看你紧张的，我只是向你开个玩笑而已。就这样生意没做成。不过，我今天看到宋教仁被刺消息悬赏缉捕凶手的布告，上附先生遗照，我左看右瞧，很眼熟，跟应先生一周前让我看过的照片，一模一样。

印度大胡子巡长问：是真的没看错？

王阿发说：不会看错。

大胡子巡长说：诬告是要坐牢的！

王阿发说：如需当面对证，我可以随叫随到。

就这样，王阿发在举报记录上签下了自己的大名并捺手印。

接着又有人报案说：住旅馆的武士英这两天行动怪异，自称枪法百发百中。

当陈其美跟随报案人到旅馆搜查时，谁知武士英已结账走人。煮熟的鸭子又飞了。但他们在其住的房间找到了一张残损的名片，上写：江苏巡查长应桂馨，法租界徐家汇路文元坊。这时，陈其美才恍然大悟，忙到法租界巡捕房报案。

当夜，巡捕房就把要犯应桂馨抓捕归案。

次日，又抓获行凶枪手武士英。

经对应桂馨家进行搜查，得五响手枪一支，及应桂馨与洪述祖、赵秉钧往来密电本和函电多件。

宋案真相大白。

刺宋"主凶"不是别人，正是贼喊捉贼的袁世凯自己。

原来，袁世凯决定除掉宋教仁后，即交给国务总理赵秉钧负责进行。赵秉钧又将此事交给内务部秘书洪述祖负责办理。

应该说，赵、洪二人，都是袁世凯手下最得力的特务头目，他们专门负责监视和对付革命党人。

再说，应桂馨是怎样行凶刺杀了宋教仁的呢？

应该说，应是在跟随陈其美参加上海光复前，就认识了宋教仁的。知道宋是国民党的重量级人物。要除掉他,风险十分大,一是来自袁世凯,二是来自国民党。弄不好,猪八戒照镜子——里外不是人。经过再三权衡,还是非沪籍人氏为好,这种人得手后便于远走高飞,神出鬼没。

为了物色此人,他颇费周折。

踏破铁鞋无觅处,得来全不费工夫。

这天,应桂馨带人在街上巡游,正巧碰到一个光天化日之下抢银行的亡命之徒,被他当场抓获。等银行方面的人追上来时,应说:把他交给我吧,我要好好审讯。

后经审讯得知,此人名叫武士英,山西人也,刚来上海滩,身无分文,吃饭住宿已成问题,所以才出现先头一幕。

审讯完武士英,应桂馨很高兴。又问:你这样抢银行是要坐牢杀头的,你不怕?

武回答:坐牢杀头我都不怕,只要不亏肚子就行了。

应说:这个话你要早说,我就给你解决了。

武说:现在也不迟。

应见此人的胆量不像王阿发那样小,于是说:这样吧,我要交你办一件事情,如能成功,你抢银行的事我可以给你摆平,我还可以有千元大洋相送。你干不干?

武说:这是天上掉馅饼的事,我能不干吗?大哥,你快说吧!

这时,应从怀中掏出一张灰色的照片,让武看,然后说:把他干掉,有没有这个胆量?

武当场就应允下来说:抢银行的事都干了,杀人如同杀只鸡。再说大哥对我不错,又免罪又给钱,我岂能装孙子!

好吧。应收起照片,站起身说:我们交易成功,今天我来请客。于是他们向一家饭馆走去。边喝酒边策划,一场罪恶的交易达成。

临分手时,应再三叮咛武:这些日子你先在旅馆小住等待,一有情况我就派人通知你,接头暗号为:货来了。

再说,北京方面洪述祖派出的暗探,一直在跟踪着宋教仁,寸步不离。当北京接到了应桂馨"一切就绪"的报告后,袁世凯便向宋教仁连发急电,要他急速赴京,共商国是。

3月20日晚6时,黄兴、廖仲恺、于右任等在一品香酒楼为宋教仁设宴饯行。宴毕,宋教仁在众人陪同下,登上马车,于10时抵达上海火车站,进入贵宾候车室小憩。他们并不知道，当他们下车时，暗处已有个戴鸭舌帽的盯上了宋教仁，此人就是武士英。

原来当天午后，有个人到鹿鸣旅馆找到武士英，拉他到三马路喝酒，交代说："应先生的仇敌今晚11点乘沪宁线火车离沪，应先生要你在车站采取行动。"随即交给武士英手枪一支，子弹五发。

当晚，武士英行凶之后，立刻逃进应府领赏金。

应府人为他摆酒压惊，然后给了他三十元钱，说要等确切消息出来，其余的再补，并叮嘱武士英旅馆房子退了，住到妓院去。

谁知第二天报纸消息报道宋教仁身负重伤，并没牺牲，气得应立刻找到武士英，大骂他无能，只会吹牛皮。

武士英赏钱得不到反挨一顿臭骂，只觉得自己晦气，一连两天躲在妓院里喝酒抽大烟。23日下午，他看见送殡的队伍从大街上走过，才知道宋教仁确实已死在医院，当天下午就急忙跑到应宅来讨赏钱，谁知应桂馨一直未回，他就一直在等，结果等进了罗网。

陈其美等革命党人曾利用会党分子从事反清活动，但在辛亥革命后，革命党人不能很好地改造和处理这批会党分子，结果酿成革命党人被会党分子反噬的后果。其教训也是惨重的。

●把凶手推向斩首台

听到宋教仁被刺的噩耗，孙中山立刻中断日本的访问，于3月25日回到上海，洞察国内形势，主持国民党工作。

经过多次交涉，上海租界当局终于答应将应、武二犯交给中国上海司法当局审讯。

上海交涉使陈贻范一阅证据，惊世骇俗，觉得事情非同小可，此事牵涉总统、总理，因此立即邀请方方面面的头面人物：江苏都督程德全、民政长应德闳、国民党方面陈其美、黄兴，以及上海地方审判庭厅长黄涵之、检察厅检察长陈英等，到交涉使公署开会讨论。

会议一开场，就陷入了激烈的争论之中。

程德全说：刚才听了陈贻范的说明，我个人认为，此事牵涉到总统和总理二人，是否在小范围内审讯就可以了，不要扩大影响。

我不同意！陈其美忽地站了起来说：法律面前，人人平等。一定要把真相大白于天下，一定要把凶手绳之以法！不然，我们就对不起钝初的冤魂！

黄兴也敲边鼓说：要公布证据，人心自有公论，对凶手严惩不贷。

在陈其美等人的坚持之下，争论双方达成协议：

决定4月25日以程德全、应德闳的名义，将证据电告总统袁世凯、国会参众两院、国务院及全国各省军政长官，并决定同时由上海地方法庭公开审理，按照法律程序解决。

就在法庭公开审理的前一天，意外的事发生了：24日上午，凶手武士英在严密的监守之下，突然暴亡。这让大家措手不及。

很明显，这是为了杀人灭口。

但法医检验了三次却说查不出因何致死，既无外伤，也无内毒。虽然武士英罪在当诛，死有余辜，但死因不明，至今仍是一大疑案。

4月25日夜12时，程德全、应德闳将调查结果及证据通电公布。

次日，《民立报》以醒目的标题，独家刊出：注意！注意！注意！看民贼的手段，宋案证据之披露，并登载了证据的照片等。

宋案证据大白于天下，全国舆论鼎沸，一致吁请严惩凶手。

袁世凯如坐针毡，焦急万分。直到“二次革命”后，他才长出一口气。他以为，他已把国民党彻底打败了。不过，这个一贯心怀鬼胎的家伙，认为凶手活着对自己总是个威胁，便故伎重演，干起了杀人灭口的勾当，一个个地把凶手除掉了。

先是应桂馨。1913年7月25日，应桂馨被他的门徒从上海狱中救出，逃往青岛租界。躲到10月，“二次革命”失败，他认为请赏的时候到了，便公然发出“请平反冤狱”通电，并于10月20日大摇大摆到了北京，随即写信给袁世凯，要求遵照前约，事成发给奖金五十万元，授二等勋。

忽有一天，有人来见应桂馨，暗交他二万元钱，并说：“这是路费。大总统叫你早日离开北京，以后不许胡言乱语。”

应桂馨瞪着眼珠，说：“当年大总统许诺的两个条件，一个也不能少，不然我就长住北京不走！”

来人气势汹汹，声色俱厉：“你敢违抗大总统的话？请自重！”

“去他妈的，没有我应桂馨，他当不成大总统，我为他除了对头，吃了官司，他敢骗我！老实告诉你，我应桂馨不是三岁娃！”应桂馨不买账，把钞票狠狠地往地上一甩。

当天深夜，四个彪形大汉翻墙进入应的住所，但因应宿娼未归侥幸逃了这一劫。他明白，再在北京赖下去，真的要死无葬身之地了，便匆匆离京。火车至天津杨村时，有人发现应桂馨已死在头等车厢里，身首分家，满身污血。

应桂馨被暗杀的消息惊动了赵秉钧，他知道这是袁世凯的所为，不免有兔死狐悲之感，便把电话打到袁府："自古以来，凡人主能恩待阶下者，则效死之士必多，应桂馨忠于大总统，竟然如此下场，今后谁能再愿为总统办事？有谁肯以死相从？"

袁世凯没听完，就把电话挂了。

袁世凯的这种专制态度，气得赵秉钧旧病复发，住进医院。

第二天，便有医生入见赵秉钧，说是奉总统之命，为大人治病，说着取出药丸，要他当场吞服。

赵秉钧心生疑虑，说："只是我刚服药……"

医生"霍"地拔出手枪："身体无病，心中有病，这药非吃不可。"

赵秉钧突然明白这是袁大总统赐死，劫数难逃，却又不甘心真的去死，慌乱中思得一计，高声喊道："拿水来，让我吃药！"

他本希望卫士进来营救，哪知话音刚落，背后一人应道："水已备好。"

他回头一看，是个陌生的面孔，原来他的卫士早被扣押起来了。

赵秉钧长叹一声，将药丸送进嘴巴，不一会儿便七窍流血而死。

接着，另一凶手——内务部秘书洪述祖倒是没有被袁世凯杀掉，不过，他最后隐身法网，死于绞刑。

且说"宋案"证据披露后，上海《民立报》《民权报》等都把袁世凯、赵秉钧二人的照片登了出来，并在下面标着"袁犯世凯""赵犯秉钧"的字样，洪述祖一看，知道大事不妙，于是在宋案发生后的第六天傍晚，悄悄逃离了北京，回到了天津家中。他仍感到不安全，又乘火车连夜逃到德租界的青岛，过起了隐士生活。

洪述祖为了永远不再有拘捕之祸，他剃去胡须，把自己的名字改成王兰亭，向德国胶州总督递交要加入德国籍的申请书。没想到总督下令扣押了他，并准备把他作为杀人犯引渡给北京袁世凯。

袁世凯马上派内务部长赶往青岛，将洪述祖押回北京。

洪述祖正在绝望之时，听说德国警务长要求卖一座住宅，正为没有买主而发愁。他马上表示愿意买下这昂贵的住宅，警务长喜出望外，忙到总督面前为洪述祖讲好话。胶州总督便以不同意引渡洪述祖为由，悄悄释放了他。

时间到了 1917 年，洪述祖见袁世凯已死，便秘密回到上海，化名张皎厂在美租界北山西路六二一号定居。有一天，他突然收到租界会审公廨的传票。原来他向祥丰洋行贷款一万五千银两尚未归还，该洋行控告他逃避债务。

那天，洪述祖从会审公廨出来，刚跳上电车，背后突然被人用力揪住。

“还我父亲血债！”宋教仁十五岁的儿子宋振吕喊叫着，拦住了他。

接着，巡捕房把肥头大耳的洪述祖扭到会审公廨。洪终于落入法网。后转解北京，判处死刑。

1919年4月5日，洪述祖死于从美国刚引进的电绞椅上。

至此，与宋案有关的大大小小的凶手，都得到了应有的下场。

●沪上举旗讨袁

宋教仁的被刺给国民党领导人上了生动的一课。

3月25日，这是孙中山先生回到上海的第二天。

孙中山寓所，窗帘低垂，一个紧急会议正在这里召开。孙中山主持，出席这次会议的有黄兴、陈其美、居正、戴季陶、蒋介石、陈果夫等。

商讨议题是袁世凯是这场刺杀的幕后凶手，国民党方面应该怎么应对。

会议一开始，就出现了激烈的争论。

黄兴主张按法律程序推倒袁世凯。认为：南方武力不足恃，苟或发难，必致大局糜烂。主张以其人之道，还治其人之身，采用暗杀手段，暗杀袁贼。以免牺牲。

孙中山则不然，坚持主张武力说话，主张“二次革命”，推翻袁世凯。他说：总统指使暗杀，则断非法律所能解决，所能解决者只有以武力相对。

戴季陶坚决支持孙先生意见，极力反对黄兴意见。他说：扫帚不到，灰尘照例不会自己跑掉。二次革命，刻不容缓，越快越好。

黄兴说：我们要讲求实际。如果不看实际，一切都是空话。

戴季陶说：胜利是我们争取得来的，要靠努力。不能坐而论兵，要动员发动民众。

孙中山又说：袁氏手握大权，发号施令，调兵遣将，行动极为自由。在我唯有出其不意，攻其无备，迅雷不及掩耳，先发始足制人。现在是宋案真相大白，证据确凿，人心激昂，民气愤涨，正可及时利用，不可失之。稍纵即逝，后悔莫及。

……

两派意见不相上下，最后采取举手表决，结果黄兴一派意见占了多数。

会后，陈其美、孙中山、黄兴，按照法律解决宋案的设想，与专程到沪的江苏都督程德全商议，决定组织特别法庭，审理宋案。

4月13日，宋教仁的追悼大会在张园举行。

上万人参加了大会。大会由陈其美主持。

陈其美的致辞，赢得了大家的掌声。

他说：

> 宋先生抱利国福民政见，人所共喻。先生无私仇，故先生之死，为国为民。故吾国民应致追悼之意，而开此追悼会，并继先生利国福民之志，以慰先生。同人对于此会有无上之感触，愿与同人共纪念之。

会后，在陈其美、黄兴强烈要求下，程德全与应德闳于4月25日通电公布宋案主要证据44件，使宋案真相暴露于全国人民面前。

陈其美、黄兴经与程德全商议后，拟在上海组织特别法庭，公开审理，并呈请袁世凯任命特别法庭组成人员。

这时，袁世凯做贼心虚，唆使总统府秘书长梁士诒、司法总长许世英出面阻挠。国民党领导人不理睬袁世凯及其同党的阻挠，径自在上海成立了特别法庭，并令上海地方检察厅票传宋案主谋犯赵秉钧到案受审。但被告方律师却借口现任本庭法官未奉大总统、司法总长任命，不符合《临时约法》的规定，没有开庭的资格，被告拒绝到庭。

这样一来，宋案的法律解决除了“公判不成，律师抗告，法庭杯葛，政府抵制，不但事实不进行，连新闻都没有”的冷落局面，所谓法律解决，完全成了纸上谈兵。

一时，曾引起了大家的愤怒。5月间，上海发生了激进的中下级革命党人自发进攻上海制造局的事件。

这次事件是由参加过辛亥革命的一些会党头目发动的。其中有共进会副会长、铁血监视团发起人张尧卿，广东绿林改进团领袖柳人环，上海工党成员、铁血监视团成员韩恢等人。他们还联络了上海籍的工党成员徐企文，利用徐熟悉上海情形的有利条件，出头组织。张尧卿、柳人环并分别以黄兴、陈其美的名义来组织队伍。他们联络了沪退伍军人、无业游民和驻守上海制造局的下级军官。但陈其美、黄兴此时仍幻想能与袁世凯调和，为避免被袁抓住把柄，轻率地决定抛弃这批本可利用的激进革命党人。5月27日，陈其美、黄兴获悉张、柳等企图起事的消息后，一方面阻止制造局参与其事，一方面还派黄郛赴南京向江苏都督程德全报告,并用电话通知了制造局总理陈杳。程德全、陈杳得到确切情报后,立即作了周密的应变部署并派间谍打入起事者内部,充当内线。

结果5月29日晨,徐企文举旗进攻时,当即遭到有准备的还击,革命不战而败。徐企文被抓,押送北京审讯。后来袁世凯又借审讯,栽赃陈其美等革命党人。但徐企文可谓是骨气之人,在袁世凯爪牙的严刑拷打下,始终没有捏词栽诬,报复陈其美与黄兴。1913年9月8日,徐企文无情地被袁世凯处死于北京。

这是一场悲剧,应该引起革命党的反思。

陈其美等国民党人希望不以武力,以妥协来缓和袁世凯的压力,以保存国民党现有的地盘和实力,事实上,这种委曲求全的做法是行不通的,必须拿起武器。这时,陈其美已改变态度,倒向孙中山,成为过激派。

当袁世凯在政治、军事、财政等各方面做好了进攻南方的准备后,立即露出了凶恶的面孔。6月9日,袁世凯悍然下令罢免国民党籍的江西都督李烈钧,稍后又陆续罢免了广东都督胡汉民、安徽都督柏文蔚等人的职务……袁世凯对国民党地盘的剥夺,迫使国民党不得不作出最后的抉择:是束手待毙还是背水一战?

此时的孙中山、陈其美等人均被袁世凯的步步紧逼激怒了。孙、陈均主张不计成败与袁世凯一决雌雄。

孙中山说:"不战必然要被消灭;战,成败未可知。与其不战而被消灭,不如战败而发扬我们的革命精神。"

陈其美召见日方驻上海有吉总领事,发表书面谈话如下:

> 本人自始即持稳健意见,但现若仍旧不作改变,徒自招灭亡。国民不独苦于与革命前相同之苛政也,高见实深感谢。我党现亦分为稳健、过激两派,前者恃议会,虽欲成事,亦鲜见成效。即如本人,最近亦至于不得已而与之以过激之说。孙、黄二君多年流浪于外国,实际之见面不繁。去年之革命,亦系按我等人之手所计划者,孙、黄不过路途返国而已。因而孙此次广东之行,与其预期相反,因两三旅团长被收买而丧胆,透露完全失望之口吻。黄则徒然多疑,坐失良机。此无非不通晓国内之情况而已。余等实际当事者,尚未至十分悲观。云云。透露无论如何计划进行武装抵抗之口吻。①

① 《有关孙中山、黄兴反对袁世凯斗争的日本外文书选译》,《民国春秋》(双月刊),1988年第三期。

经过反省，陈其美对黄兴等人此时仍持稳健态度极为不满，高论此路不通，错失战机，在与有吉总领事谈话时："频频谓黄兴之徒，名曰自重而迟疑不决，结果误却大事。"

不应该出现的情况出现了。

5月15日，袁世凯下令撤销黄兴陆军上将衔。

5月31日，南京国民党机关被查封。

6月9日，江西都督李烈钧被袁世凯解职。

6月14日，广东都督胡汉民亦被解职。

6月30日，安徽都督柏文蔚被免职。

7月12日，江西都督李烈钧出兵占领湖口炮台，宣布江西独立。他随即组织讨袁军，"二次革命"爆发。

应该看到，孙中山虽然早有武装讨袁的计划，被黄兴一派否定后，已错失了良机，但看到基层自发讨袁，心里十分高兴。于是孙中山派朱卓文携款二万元，到南京运动第八师的几个营连长反水，让他们先杀了师、旅长，效仿江西宣布独立。然后再邀孙先生抵南京，主持全国讨袁运动。

这时在上海的黄兴本还存有观望态度，见孙先生已行动，只好去找孙中山开始讨袁。与孙先生交谈后，便去南京挂帅讨袁。

7月15日凌晨，黄兴派章梓等人秘密切断了都督府与外界联系的所有电话线，并派军队包围封锁了都督府。

天不亮，第十一师的一支部队在都督府卫队的配合下，进入了都督府，直趋程德全的寓所。当程德全从睡梦中惊醒时，黄兴等已站在了他的床前，要求他讨袁："程都督，南京大街小巷已经以您的名义贴满了布告，列举袁世凯的罪状，宣布讨袁。"

程德全见木已成舟，只好同意下达讨袁命令，并说："袁世凯不法，天下之公愤，江苏何敢独异？公等骤然起事，幸甚，幸甚！"

黄兴转身离去，在都督府西花园成立了讨袁军总司令部。黄兴任总司令，何成浚为副官长，徐绍桢为高级副官。

与此同时，以程德全、应德闳、黄兴三人署名的讨袁通电正式电发北京。

黄兴在总司令部电令苏皖赣徐淮各军向北出击，兵锋直指袁世凯。

第十一师师长章梓看出程德全心怀二志，遂派人将他软禁在西花园中。安徽讨袁军司令柏文蔚也劝黄兴说："万不可放此人离去，最好快刀斩乱麻，将程处死。"

黄兴没有应允。

就在讨袁军北上之际,7月16日深夜,程德全潜离了都督府,乘车径往上海去了。他到达上海不几天,居然宣布:江苏都督府发出的一切文电,均系假借我的名义所为……我仅是被人所逼迫不得已。

程德全还电令都督府卫队长张朋翥立即捉拿黄兴、章梓等人。张朋翥却把电报交给了黄兴。黄兴哈哈大笑。

再说陈其美在上海闻知此事,叹息不已:“我们革命党人,往往总是心太软!对这些坏蛋,我们今后决不能心软!”

陈其美在上海也开始积极行动,组织讨袁军。

在沪的海陆军将领,见陈其美准备讨袁,都表示愿意再聚到他的麾下,听其指挥。7月16日,大家一致推举陈其美为驻沪讨袁军总司令。

陈其美原以为“以海陆两军驱逐制造局北军,其事易易。”然而,此时的上海驻军已经变卦,不再支持革命。陈其美派黄郛去运动驻制造局的旧部第六十一团,但该团一营已被调入龙华,全团处于被中央军分割监视的局面,不敢先行发动。陈其美又企图调宁波顾斌旅来沪发动,但因尚未宣布独立,师出无名,顾旅也难以调动。陈其美在上海一时无法发动,只好请黄兴赴南京先行发动。据黄炎培撰文回忆:

> 国民党既和袁世凯势成水火,中间陈其美最主张起兵北伐,……而黄兴为人比较慎重,陈其美故意诬他受袁世凯贿,逼他说,你不是受袁贿,何不去南京劝程德全都督出兵,你不去说程,证明你受袁贿。

与此同时,陈其美也在上海紧锣密鼓地进行准备工作,但苦于兵力不足,以致迟迟不能发动。为此,遭到南京方面的指责。南京一位师长责问在宁沪间联络的赵正平说:“你说南京独立了,上海没有问题,为什么上海到今天还没有宣布?”

陈其美几经努力,以收容军校学生为主,组成了一支约200人的奋勇军,由其直接掌握,并从钮永建统率的松军那里获得了一些武器。

话说7月17日,钮永建在松江临时组织了约一个团的军队,和当地沈葆义的水师开抵上海龙华。陈其美还向南市请求支援。7月19日驻镇江的赵念伯第三十二旅一个团开抵上海。22日,刘福彪统率的福字营亦从南京调回上海,陈其美将福字营改编为特别敢死队。

7月18日,陈其美发布就任驻沪讨袁军总司令通告,宣布在沪组织讨袁军总司令部，除节制所属各军外，“凡上海所有民政、司法、外交、交通各机关，统由本总司令管辖。各机关人员，均当照旧供职，慎守秩序，以维护地方治安，如有擅离职守，贻误要公以及不遵约束妄生事端者，无论何人，本总司令惟有按照军法治罪，绝不宽贷。”

同时，陈其美以驻沪讨袁军总司令的名义，发布《上海独立宣言》：

北京参众两院、各省都督、民政长、护军使、各报馆、各法团暨各界同志、各讨袁军钧鉴：袁世凯违法殃民，逞兵南下，种种罪恶，无非破坏共和。现在各省继赣而起者，如响斯应。江苏已于前日由程都督宣布独立，并委黄兴君为江苏讨袁军总司令，并咨委其美为驻沪讨袁军总司令。上海为东南重镇，关系匪轻，业于十八日完全宣布独立。驻沪各军队皆深明大义，地方秩序亦照常安谧，足慰廑怀。深望各省爱国同胞克日兴师，诛锄国贼。俾得大局早定，真缔共和，无任盼祷。驻沪讨袁军总司令陈其美叩。

1913年7月18日

同时又发表各省“讨袁通电”，揭露袁世凯丑恶的嘴脸。

吴淞炮台随即宣布响应独立。陈其美令居正为吴淞要塞司令。

7月23日晨3点，上海讨袁战争拉开序幕。战斗开始前，郑汝成已将中央军全部开进制造局，采取坚守待援的战略。

战斗开始，陈其美指挥第六十一团和第三十七团进攻制造局西栅，福字营助攻；松军、镇军进攻制造局正门。

讨袁军个个奋勇，人人当先，很快突破敌人的外围阵地。郑汝成和陈杏十分慌乱，忙斩杀了几个逃兵，才算稳定了局势。

中央军凭借坚固工事死战。海军总司令李鼎新指挥海军舰队从黄浦江上发巨炮压制讨袁军之火力。讨袁军的炮兵营被摧毁，进攻受挫。战至上午11时，讨袁军见攻击无效，不得不暂时停止进攻。

讨袁军鉴于白天攻击受挫，决定发起夜战。

当晚10时，陈其美令进攻西栅的部队佯攻，集中兵力炮火猛攻东栅。午夜时分，东栅被讨袁军攻下，蒋介石等突入第一道围墙。

此时此刻，一阵阵呼啸声接踵而至，一颗颗重型炸弹在讨袁军中炸响，顷刻之间，讨袁军血肉横飞。

蒋介石先匍匐在一个角落里，既而又不停地跳下弹坑，才保住了性命。

这次战斗，陈其美安排仍由福字营任先锋；松军、浙军和镇军随后，激战至11时45分停战。至24日晨2时45分，两军又激战40分钟。讨袁军异常奋勇，猛扑东栅，仍然被海军舰队发巨炮还击，陈果夫只好重新退出。

这时，讨袁军伤亡较大。

由于海军舰炮不时向讨袁军总司令部开炮，使附近地区的民房倒塌、着火，陈其美于7月24日晨，把司令部移转沪宁车站以北的南海会馆。

当晚，陈其美指挥讨袁军向敌人发起第三次进攻，双方伤亡惨重。

7月25日夜，陈其美又组织讨袁军向敌人发起了第四次进攻。这次进攻，讨袁军损失更大。虽然钮永建的松军攻下龙华后，与陈果夫的奋勇军一起来助攻制造局，但制造局岿然不动。陈其美只好放弃南市，把军队撤往吴淞。

郑汝成在多次击退讨袁军的进攻后，气焰顿时嚣张起来。他致函南市商团，威胁说：如果陈其美不取消在吴淞的讨袁军总司令部，他就命令海军开炮摧毁。陈其美为避免当地商场遭受战火破坏，决定退出。

上海的激烈战事引起了各方的关注。

25日上午9时，上海红十字会的有关人士分赴南北军阵地，要求双方停火。

驻沪外交团与工部局也出示通告，贴在上海街头，其中说：

> 近数日来，团组织毗连之处乱起，阻挠商业，又复破坏本界秩序。现各外国领事官及工部局宣示，或在本界或于本界以北毗连各乡，不准作为行军根据及阴谋计策中点之用。两方面之中国兵弁，无论何方，均须迁出本界北乡之外，以免战事涉及本界，而保卫各国守分商民之安宁。且军事领袖与有连带者，无论何党，或文或武，亦应由本界及本界北乡，立即迁出，如违定行提究。

除了贴通告外，英国和其他国家的军舰也纷纷驶近上海，准备派武装部队登岸，“保护”租界；工部局派总巡捕房头目卜罗斯带领马队三十余人，到沪宁火车站北面的南海会馆，驱逐陈其美的讨袁军总司令部。

对此，陈其美气愤在胸。

24日晚9时，战火重燃。

政府军探知沪杭火车站附近驻有新开到上海的钮永建部松军2000名，当即出动500人前往攻击。两军在车站附近开火交战。不久，讨袁军佯败西退，政府军紧追不舍。这时,另一路松军趁机进攻制造局西栅,两军互有伤亡,仍然未见胜负。

当晚激战时,被关押在南市监狱的宋案主犯之一的应桂馨,纠合同狱的数十名囚犯越狱而出。

本来,在陈其美将讨袁军司令部由南市迁往闸北时,周南陔就曾向陈其美请示:刺宋要犯应桂馨,押在城里地方监狱中,这人是带到闸北军中,还是就在此时枪毙?陈其美因为军务缠身,精神十分疲惫,他听了周南陔请示后,思索良久,然后答复道:“不必!此案既归司法办理,现在不能自蹈其咎。”陈其美便用手势,指着另一个手心道:“放心!放心!总在我们这里。(这时,即指手掌)”周南陔不好违抗,只得作罢。不料,终于让应桂馨趁乱逃跑了。

次日,上海红十字会会长沈仲礼、美国医生柯司在驻沪领事团的支持下,出来调停战争。沈仲礼、柯司医生首先会见政府军李鼎新、郑汝成二位司令,向他们反复陈述;上海租界内外有居民200万人,请以人道为重。经过再三央求,李鼎新、郑汝成回复两点:一南北两军一律退往吴淞外决战;二闸北与城内不准再战,南军司令部不准在华界再行开战。随后,沈、柯二人又驱车前往闸北会见陈其美,告以“勿因袁(世凯)一人,伤害沪人数千万生民财产”。并向陈其美转述了政府军方面的条件。结果,陈其美断然予以拒绝。

25日晚,双方继续战斗。

松军1500人猛攻制造局。政府军以探照灯扫视,一旦发现讨袁军,立即以机关炮轰击。并由海军开炮轰击。松军因探照灯射眼,无法前进,亦只能远距离开炮还击。翌日,驻沪领事团与工部局西董会议,两次决定干涉中国内战,于26日发出通告:

> 上海外国公界,本为商务而设。近数日来,毗连之处乱起,阻挠商业,又复破坏本界秩序。现各外国领事官及工部局宣示,或在本界或于本界以北毗连各乡,不准作为行军根据及阴谋策划中点之用。两方面之中国兵弁,无论何方,均须迁出本界北乡之外,以免战事波及本界,而保卫各国守分商民之安宁。且军事领袖与有连带者,无论何党,或文或武,亦应由本界及本界北乡,立即迁出,如违定行提究。①

27日晨,租界工部局借口闸北中国商人请求保护生命财产,派遣总巡捕卜

① 朱宗震等编:《民初政争与二次革命》下编,上海人民出版社1983年版,第721~722页。

罗斯率马队30余人侵入中国地界，开往闸北南海会馆和湖州会馆，驱逐讨袁军。蒋介石所率的原沪军第六十一团一部约207名讨袁军为英军缴械。陈其美被迫将司令部迁往吴淞中国公学内。

28日晚，讨袁军对制造局发起最后一次象征性的进攻。这一天，海军总长刘冠雄率领的舰队护送政府第四师李厚基旅南下，三天后陆续抵达上海，进驻制造局，讨袁军被迫向七宝一线退却，制造局解围。

7月29日，黄兴因在南京讨袁失败，败走日本。

7月31日，袁世凯复电伍廷芳，反对他三天前的和平呼吁：

> 沪上战祸，微公言已深虑。惟此次叛徒，志在窃地裂国。以制造局为依赖，抵死奋夺，使政府稍存投鼠忌器。即借寇之资，已成大局，何堪设想？鄙人受国民付托之重，一日在位，断不忍国家破碎自戕。严防痛剿，责所难辞，且该叛军以十九营之众，毫无缘故，数昼夜围攻该局，欲使守军束手待毙，尤为无此军律，无此人道。中外耳目俱在，谁在戎首，自有公论。

同日，袁世凯还勒令北京国民党本部开除黄兴、陈其美、李烈钧、陈炯明、柏文蔚五人党籍，又悬赏缉拿黄兴、陈其美、黄郛、李书城四人。上海大街小巷贴满了悬赏布告，其中黄兴悬赏十万元，陈其美五万元，黄郛、李书城各两万元。

同日，浙江都督朱瑞派遣的浙军也开赴上海支援政府军，松军被迫退往吴淞一带，讨袁军被迫据守在江湾——吴淞一隅。

同日，陈其美倚重的刘福彪部也在程德全策反下，在吴淞准备叛变，企图与政府军里应外合，袭击讨袁军。幸亏发现及时，才未造成恶果。

8月1日，孙中山、黄兴乘船离开上海，经福州、台湾，后抵日本。

8月6日，吴淞要塞总监白逾桓与吴淞司令居正先发制人，将刘福彪部缴械。

8月13日，吴淞炮台遭政府军海军舰队巨炮轰击，炮台失守。钮永建部松军和居正部讨袁军退往太仓一带。

至此，上海讨袁军完全失败，陈其美被迫逃往租界躲避。

8月14日，上海租界工部局趁机落井下石，通知陈其美“不准留在或进入上海外界租界”。并声称，在接到本通知后，“若仍留在租界范围之内，应派巡捕拘拿。”对于租界当局的此种行为，陈其美非常气愤。

第十二章　白色恐怖

●雪压青松松更青

孙中山领导的“二次革命”，又称讨袁之役，以失败收场，南京独立取消，革命处在低谷；袁世凯当局在国内大搞白色恐怖；赏洋十万，缉拿孙中山的人头；赏洋五万，缉拿陈其美的人头。孙中山的追随者、革命者人人自危。国内无有立足之地，以孙中山为首的革命大本营东渡逃亡日本，在东京等待时机，东山再起。

上海义举失败后，陈其美并没有立刻出国，而潜伏在上海的公共租界里，在白色恐怖下，陈其美冒着生命危险，从事着“二次革命”的善后事宜。当时陈果夫是帮助叔叔处理善后事宜的得力助手。陈果夫回忆说：

> （上海）奋勇军失败后，死者之抚恤，伤者之治疗，生者之遣散，均成问题。……办理善后最感困难的是经济问题。我除把英士先生给我的学费用尽，及向蒋（介石）先生领得少数经费之外，只好和多方借贷，陆续清理，逐一遣散。直到民国三年五月间，才把这件事完全清结。
>
> 从举事起以至办理善后，我受英士先生之派，向各方筹款，如朱葆三、王一亭、杨信之、沈缦云、叶琢堂、叶惠钧等，均有相当往来。这些人中间，沈与朱比较最好，并没有因为我们失败了，而加以冷眼。叶琢堂君不时以消息供给我。在我们危难的时候，常常加以协助，其豪侠好义，尤能给人以一种不可磨灭的印象。从七月到九月三个月中间，英士先生尚在上海，因为大部分同志不是变节，便是畏缩不敢再举，乃嘱我每日前往协助，并担任交通。因此，日里我是料理自己的分内事，夜间则随英士先生工作，每晚非到十一时后不能返寓。这时袁世凯的侦探，对我极注意，所以我的行动亦不能不特别审慎。有一次，给我发觉有陆中同学任侦探者尾随，乃设计跳上电车，一刹那又跳下来，得以脱身。在英士先生东渡之前，一直承办事项幸未误事；惟有某日奉派一信给王一亭先生，中途遗失，自认为生平一大憾事。

应该看到，陈其美在白色恐怖下，并不甘心上海义举的失败，他除办理善后事宜外，还在秘密地与一部分留在国内的革命党人图谋在自己的家乡湖州、宁波建立反袁根据地，再举义旗。

1913 年 8 月中旬的一天。

上海静安寺路沧州别墅八号楼，窗帘低垂。一个秘密会议在这里召开。

陈其美因目标太大，没出席这次会议。

隐居在上海租界的季雨霖、殷汝骊、夏杰唐、程潜、汪精卫、刘艺舟、胡经武等十余人，在这里商议斗争策略。经过全体与会者的讨论，决定设立三部：实行部、继续部、暗杀部。三部之间互相配合，开展活动。具体分工是，由陈其美、王金发、钮永建负责湖州、宁波各处；由戴季陶、刘艺舟赴大连组织机关部，在奉、吉两省展开活动；林虎等潜入湖南，联合该省青、洪帮，并运动军队，谋三次独立。会议从早开到晚上方散。

会后，大家各负其责，分头行动了。

陈其美因为善后事宜相托，直到 9 月初，他偕王金发、蒋介石潜赴宁波、湖州，在那里开辟新战场，“拟以宁波为根据地。”

这期间，陈其美还委派姚勇忱等十余人，前往杭、嘉、湖，宣传民众，发动民众，“分头举事”；安排雷铁生、方继英、沈凤祥等，在上海英租界收集炸弹武器；拟推举雷铁生为浙江都督，组成浙江讨袁军，在浙江发动起义。

再说陈其美、蒋介石、王金发等潜入宁波后，发现因袁世凯的白色恐怖，浙江都督朱瑞态度有变，但是他们照常活动。这期间，雷铁生派炸弹队长方济青，用车船运 10 余枚炸弹至董家渡，途中被郑汝成部发觉，结果所运炸弹被扣，秘密机关被查，损失严重。雷铁生当场被捕入狱。

陈其美得知后，痛心疾首，见图浙不成，又拟改变方针，从长计议，决定联络日人，筹饷购械，以“台湾”为新根据地，在闽、浙两省活动。同时他又派遣革命党人赴大连联络胡党与宗社党人，在北方起事。这些计划在实行中也因力量不济而被迫中断。

面对着一次次的失败，陈其美百折不挠。据有关资料披露，他在此期间还拟定了第三次革命计划。他在致洪门大佬杨志平的一封信中说：

前由潘君月樵介绍，沪江战事得蒙足下仗义疏财，接济维持，已呈请岑大元帅注册存案矣。金陵之役，血战三星期，复为张贼夺去，非人谋之不臧，实天助袁逆、张贼也。可恨之极！吾辈抱定宗旨，百折不回，现已由沪江同志议决，以一半往长崎赴会，联合日人，筹饷购械，以台湾为根据，从闽、浙进行。复遣同志多人，大连联络吾党英杰，勾结宗社党人，在北方定期起事。江浙方面概归鄙人主持一切，将来仍请阁下召集洪门同志共举义旗，直捣金陵，先诛张贼，后讨袁逆，以雪前耻，扫除专制恶毒，重立共和政体，全党幸甚！再者，以后往来信札，总宜秘密，因邮局中人查检甚严，恐有泄露，故此次特派心腹前来，与阁下当面接洽，如蒙允准，即望将回件交来人带回。迩来南北侦探遍地，吾辈切宜缜密，凡军火文件皆存在日人行(李)中。遵处属地，尤须谨防。倘再有疏虞，则一番心血又成画饼。铁君来常，事竣尚须往苏、杭一行。倘有需款，即乞尊处付可也。

事实表明，在二次革命失败后，由于袁世凯的高压恐怖统治，革命党人的活动空间有限。陈其美见事无可为，便决定应孙中山之召，潜赴日本，继续从事反袁斗争。陈其美在赴日前，曾于9月26日晚，秘密回到上海海宁路10号与家人告别。陈其美很乐观地对家人说：

此次失败，非袁世凯力强，乃党人自己太弱。非因人少，实以无团结力，各自为谋所致。今当奋发精神，期以二年，必能复举。二年之后，当再与家人团聚也。

陈其美并没有被袁世凯的白色恐怖所吓倒，在家乡又收到孙先生的召电。于是他很快离开湖州赴日本去了。

●关键时刻革命党内部又出现了分裂

孙中山逃亡东京后，开始理智地总结经验，吸取教训。教训是什么呢？人心不齐，组织涣散，犹如一盘散沙。如此怎能对付凶恶的敌人？怎能承担起历史的重任？国民党较之同盟会已经褪色不少，关键是革命性、组织性、纪律性，使他大伤脑筋。二次革命失败，有许多革命党人流血牺牲；有许多革命党人被通缉，无家可归；但也有投敌变节的，成了袁世凯的无耻政客；也有革命理想破灭，痛不欲生的；也有逃避现实，出家为僧的。面对现实，孙中山深知任重而道远。

夜深了，人静了，孙中山伏在案头，在做改组国民党、成立中华革命党的周密计划……

突然有人敲门,来人不是别人,正是湖口起义的陈其美。

“你是什么时候来日的?”孙中山关切地问。

“我是刚刚到的,特来向先生报到。”

“湖口起义的人员都怎么样了?”中山又问。

“嗐,甭提了!死的死,逃的逃,各奔他乡。”

“都逃到哪儿去了?”

“这里来的最多,其余的有的到了香港,有的到了台湾,还有的到了新加坡。”

过了一会儿,孙中山不禁愤慨地说:“失败惨重,国民党已成一盘散沙,党员不听号令,这个党我不要了。”

“为什么?”陈其美不解地问。

“在讨袁前的全国22省中,国民党有8个都督,在国会中国民党系第一大党,各省议会也占优势,力量是相当大的。但是,为什么不到两个月就一败涂地呢?我认为,非袁氏兵力之强,实同党人心之涣散。”

孙中山继而强调指出:“我看袁世凯不出5年就要做皇帝,我们要赶快组织新党,起来革命,叫他做不成皇帝;如果等他做了皇帝,再去推翻他,那就更不容易了。”

孙中山1913年冬着手筹备,次年7月8日在东京改组国民党,正式成立中华革命党。可是中华革命党虽然建立了,而内部却由此引起了分裂。

东京筑地精养轩。

宽敞明亮的房间中,200余名流亡党人席地而坐。其中有黄兴、陈其美、胡汉民、廖仲恺、朱执信,还有李烈钧、张继、陈炯明、邓铿等。

孙中山环视一周道:“我党人心涣散,达于极点。钝初被刺,我返沪主张立即起兵讨袁,党内又是众说纷纭,无复统一,克强坚持法律解决……”

说完,他把严厉的目光投向黄兴,然后逐一批评说:“还有英士、展堂,你们都是犹疑观望,一误再误。癸丑之役,终成强弩之末,以致落到今天的地步!”

黄兴等人沉默。

孙中山又道:“二次革命,非仅雪癸丑之耻,实欲竟辛亥之功。我已决心对之负全责。现在成立中华革命党,希望大家能绝对服从我,并且要盖指模,立誓约!”

与会者开始窃窃私语,不少人都用目光望着黄兴。

孙中山感觉到了这点，他也转向黄兴问："克强，还持不同意见吗？"

黄兴答道："是的，先生的苦心，我是明白的。二次革命前，我党确实松懈涣散，但立誓约、盖指模服从个人，能否严明纪律，振奋精神？况且，也有悖于民主准则。……革命并非经商的公司、会社，一切全由最大的股东决策！"

胡汉民抢着说："克强兄所言甚是，立誓约盖指模的做法，与会党无异，先生不一定过分拘于形式……"

孙中山强硬地说："不，前者有训。关于这一点我决不让步！"想了一想，又加重语气说，"我不是一个专制的人，但还是要重申'三次革命'由我自己负完全责任，愿意服从者必须听从我的命令。克强如有异议，也只得悉听尊便！"

气氛顿时紧张起来。

所有的人都悄悄注视着黄兴。

黄兴以巨大的抑制力克制住自己。他默默地、感情复杂地望着孙中山。

孙中山也同样望着他……

这时，陈其美却站到了孙中山的一边，一下子加重了孙的天平。

陈其美说：二次革命失败，大家都是目击者，我们的失败就是没用孙先生的武力解决，而采用克强的议会之路，这是铁证。是谁也改变不了的事实。

这时，孙中山也激动地站起身来，责备黄兴说：在南北方议和时期，我曾主张宁可开战，也不议和，但克强不支持；民国建都地址，应该在南京，要袁来南京就职，克强也不表示坚决支持；宋案发生后，民愤可用，以武讨袁，克强先生又是阻止其行；再者，我本来想赴日本求援，克强又是不同意，让他左也不是右也不是；后来我想亲赴南京誓师讨袁，还被阻止前往，招致失败，全局瓦解。事情已经到了这个地步，纪律应该加强了。必须要服从我。

陈其美还说：二次革命时，就是没有听从孙先生的意见，及早发难，致使失败如此之速。

听到这里，黄兴不同意陈的说辞，反唇相讥：国民党改组后，事权不一，癸丑之役失利，我黄克强何能独负其责？辛亥革命之后，同盟会有些老同志利欲熏心，都想做都督，一时闹出了无数的野鸡都督，趾高气扬，自由行动，不受党的约束，这难道也要我黄克强负责吗？

……

也许是因为这次不愉快的经历，陈其美此后即"力排众议，主亟进"。陈其美复到处奔走，要大家赞成。凡不赞成加入的同志他就大做文章或进行人身攻击。陈其美还抓住黄兴在东京建造简易住房一事大肆攻击。对于革命同志的相互倾轧，黄兴感到愤懑和难过。他在致刘承烈的信中，表明了自己的悲观，他说：

党事弟久灰心。近来尤极其诡谲之态。不德如弟，欲图挽救，转受毁伤，尚有何说！必宕将来，既感且佩。恐人不我与，犹含沙射其后。请拭目以观，必有所悟也。

5月29日，黄兴致函孙中山，对陈其美等人的指责有所申辩。当天，孙中山最后表示：

及今图第三次，弟欲负完全责任，愿附从者，必当纯然听从弟之号令。今兄主张仍与弟不同，则不入会者宜也。此弟所以敬佩而满足者也。弟有所求于兄者，则望兄让我干此第三次之事，限以二年为期，过此犹不成，兄可继续出而任事，弟当让兄独办。如弟幸而成功，则请兄出而任政治之事。此时弟决意一到战场，以遂生平之志，以试生平之学。今在筹备之中，有一极要之事求兄解决者，则望……弟所望党人者，今后若仍承认弟为党魁者，必当完全服从党魁之命令。因第二次之失败，全在不听我之号令耳。所以，今后弟欲为真党魁，不欲为假党魁，庶几事权统一，中国尚有救药也。

1913年10月7日，陈其美偕戴季陶、陆惠生、山田纯三郎晋见孙中山，田桐随后亦到。陈其美经与孙中山交谈后，两人在一系列重大问题上达成了一致认识。陈其美说："辛亥革命，手持寸铁，集众数百，武昌一呼，全国振荡者，革命党之精神有以致之也。癸丑一役，据地省，拥兵十万，北兵负隅，而全局失败者，革命党中锐气消沉之致也。"陈其美还指出："二次革命之失败，由于我党之不统一，其原因皆由诸同志不能奉先生之教令，往事俱在，后之进行，须鉴前车。欲革命家能达目的，非此不可。"

陈其美还很后悔以往自己不能很好地听从孙中山的命令，邵元冲写道：

（陈其美）回想这一年多的经过事实，觉得许多地方，中山先生都能事先见到、想到，因各同志见识学力不及中山先生，以致处处牵制中山先生的主张，不能服从其命令，因此有这样重大的失败，自己非常追悔。遂决心服从中山先生的主张，助其组织中华革命党，以严格地训练党员。

陈其美与戴季陶、田桐、范光启等加入了中华革命党后，陈其美在中华革命党的入党号是第7号。

首先，在这里，我们不妨先介绍一下加入中华革命党的手续，这也是值得一记的小掌故。入党的人要立誓，誓约中有“服从孙先生”“服从命令”和“如有二心，甘受极刑”的几句话。誓约要自己亲笔照抄一份，在立誓人的名下，用右手中指打一墨印。然后站立在主盟人孙中山面前，宣读誓约，读毕将誓约交给主盟人，握手而退。有些人主张删去“服从孙先生”“服从命令”两句，认为这会损害个人的自由。黄兴等不少人反对打手模，认为有辱人格，并且说：“革命这么多年，出生入死，到今天还相信不过吗？”因而不肯入盟。

不过，问题不是这么简单，内部分裂的主要原因有两个：

一、同盟会的会员中，有多半是地主、官僚家庭的子弟，他们是基于民族意识和反清而革命，所以宣统退位，就认为革命成功了。到了国民党时代，又混进大批官僚政客，成分更为复杂。他们对于孙中山的民主思想和激进的革命主张，自然多不能接受，乃至大有抵触。因此，当年流传一种说法——“先生是理想家”，甚至有人把孙中山称为“孙大炮”。简单一句话，这班人的思想跟不上中山先生的思想，已经落后于时代了。

二、孙中山和黄兴，在政治问题上常常意见相左。例如：孙中山本不愿意让位于袁世凯，而黄兴是主张退让的。（汪精卫是主张让位最卖力的人，他曾说：“先生如果不让，人家要说先生争地位权力呢！”）袁世凯暗杀宋教仁，孙中山主张立即兴师问罪，黄兴则坚持法律解决。孙中山要组织革命党讨袁，黄兴又认为不可师出无名，等袁做了皇帝，再行讨伐不迟。这样，孙、黄就无法合作了。黄兴恐同志之间矛盾加深，离开日本，远游欧美。而跟黄兴有关系和同一见解的人都不参加中华革命党。这就形成了孙、黄分家，出现了所谓“孙文派”与“黄兴派”。如李烈钧、柏文蔚、陈炯明、谭人凤等，在国内都是有军队和政治影响的。他们的离开，当然是一个损失。譬如，洪宪讨袁之役，中华革命党人曾在广东、山东、江苏等地起义，皆以力量小未能成事；而云南起义，原国民党军人参加的虽也不少，但领导者却为蔡锷，在政治声势上中华革命军比护国军已略逊一筹了。

至于中华革命党内部，开始时，情形也不见佳。

入盟的党员不过七八百人，其中比较多的是留日学生，其次为各省议员和中、下级军官。他们多比较年轻，虽然有些干劲，但组织观念和纪律观念很薄弱。

最显著的一个例子:1915 年 1 月,袁世凯颁布了所谓“乱党自首条例”,规定自首者不但不办罪,还优予录用。江西党员魏调元即偷回南昌自首,以出卖人格换到一个县长。对于这个叛徒,并没有开除他的党籍。又有些党员在日本无法维持生活,秘密地回到上海另谋出路,也就一走了事。所以有人说,“先生和洪秀全一样的仁慈”。

更有甚者,还有对中华革命党行骗的。江西人刘平,在上海穷得没办法,写信给东京本部,说他在江西可以召集几千人起义,就骗到了一个司令官衔和一笔款子。而上海交通站做党务工作的同志,却拿不到一文钱,连吃饭都成问题。大家推陈劭先去东京见中山先生,大胆陈述意见。先生回答说:“要知道,空喊革命有什么用,100 人中有 99 个骗我,只要一个人不骗我,就可以把革命空气激动起来。”

总之,中华革命党成立之初,并没有达到孙中山所期望的那样,恢复同盟会的革命精神,成为健全有力的革命党。同时在用枪杆子解决政治问题的时候,又没有建立和掌握忠实可靠的武力。这样,以后中山先生的起落,在很大程度上就不得不决定于地方军阀的拥护或反对了。

尽管意见不一,但孙中山毕竟不为失败所气馁,百折不挠,面对现实,又迈出了坚定的革命步伐。

●孙中山的第一副手

冬去春来,时间到了 1914 年的春天,杨柳飞絮,桃花盛开。

孙中山为解决中华革命党的建军指导思想及一系列问题,谢绝宾客,关门写作,两个月后,《革命方略》已脱稿。《革命方略》共分六篇,其中对革命军的目的、服制、勋记、饷项;军政府的组织、军律、军法;举义前后之要义,攻取响应之要点,都作了具体规定。

3 月底,他已把写完的初稿,散发给党内核心人物,逐条加以说明,征求他们的意见。接着便召集陈其美、胡汉民、居正、廖仲恺、许崇智等,持续了两个月,进行了 17 次集思广益的讨论,陈其美参加了 11 次。

5 月 16 日,由孙中山指定,成立了 15 人的中华革命党筹备会。委员会由以下人员组成:陈其美、柏文蔚、周应时、刘承烈、邓家彦、胡汉民、杨庶堪、居正、侯度生、张肇基、凌成、文群、陈杨栋、张百麟、田桐。

6 月 16 日,孙中山在《民国》杂志社召集中华革命党召开预备会议,到会者 200 余人,一致票选孙中山为总理。当天,还初步决定了各部部长人选。

6月21日下午,在《民国》杂志社召开了中华革命党党员大会,出席会议的党员约有四十七八人。会上,陈其美代表孙中山,对《中华革命党总章》逐条详细做了说明,并给各位介绍了初选中当选的各部部长。陈其美还提请大会注意:今后各位的报告,要交给有关的专任部长。

在一切筹备妥当后,7月8日下午,在东京筑地精养轩召开了中华革命党成立大会。参加成立大会的党员约有205人。在居正说明中华革命党总部的理由和今天召开“恳亲会”的宗旨后,孙中山在会上作了大约一个半小时的演讲,号召大家做好第三次革命的准备。孙中山在演说中说:

> 我们同志目下虽流亡于日本,但追慕母国之念,一时也未离开脑际。将来如何使我民国得屹立于世界,此乃与诸君共谋之大事。……总之,务望我同志共进退,各自审慎行事,决不可轻举妄动。再者,近日看到有关革命党人之种种报道,均为谗诬中伤之流言,无一事实。望诸君纵知晓此事,亦不可为此类流言所惑。

在成立会上,孙中山由陈其美、居正介绍,胡汉民主盟,当众宣誓加盟。誓约说:

> 立誓人孙文,为救中国危亡,拯民困苦,愿牺牲一己之身命自由权利,统率同志,再举革命,务达民权、民生两主义,并创制五权宪法,使政治修明,民生乐利,措国基于巩固,维世界之和平,特诚谨矢誓如左:
>
> 一、实行宗旨;
>
> 二、慎施命令;
>
> 三、尽忠职守;
>
> 四、严守秘密;
>
> 五、誓共生死。
>
> 从兹永守此约,至死不渝,如有二心,甘受极刑。
>
> 中华民国广东省中山县孙文(指模)
>
> 民国三年七月八日立。

孙中山的入党号数为一六一号,誓约号数为六四一号,在成立大会上,就总理职。

其他党员的入党誓约与孙中山的略有不同，“统率同志”改为“附从孙先生”，“慎施命令”改为“服从命令”。

在成立大会上，大家一致推选陈其美担任协理，但陈其美坚持不同意。他建议协理一职先空着，留待黄兴归来。这个建议受到了与会者的赞扬。

稍后，大会公布了孙中山手书和亲订的《中华革命党总章》，共三十九条。孙中山认为，这是他“数十年学问经验之结晶”。总章规定，总务部的职责是：(一)总务部庶务；(二)接洽内地支部；(三)接洽海外支部；(四)制管公文符印；(五)交涉党外事宜；(六)办理不属他部之事。

孙中山在会上还根据“组织表”的规定，发布了《委任令第一号》。

公布中华革命党主要干部的名单：

总务部长　陈其美

副部长　谢持

党务部长　居正

副部长　冯自由

军务部长　许崇智

副部长　周应时

政治部长　胡汉民

副部长　杨庶堪

财政部长　张人杰(现在法国巴黎)

副部长　廖仲恺

9月1日，以总理、总务部长、党务部长、军务部长、政治部长联衔，发布了《中华革命党成立通告》，阐述了缔造中华革命党的原因、宗旨，明确规定以实行民权、民生两主义为宗旨，以扫除封建专制，建设完全民国为目的，遍告海内外同志，自中华革命党成立之日，凡在国内所有之国民党本部、支部、交通部、分部被袁世凯解散的，不能存在无论矣；所有海外之国民党，除在日本东京已宣告解散外，其余美洲、南洋各地未解散者，希即一律改组为中华革命党。

《通告》还公布了中华革命党的通讯处：日本东京市兰区南佐久间町一丁目三番地民国社。

孙中山还专门对总务部的地位和职权作了指示：“总务部为各部之领袖。各部事务应受其考试。凡总理发表命令或委任职员，必须总务部及有关部长副署。特别筹款及对外交涉，亦由总务部任之。”

9月份，陈其美以最快的速度组织了总务部机关。

10月10日，设机关在日本东京兰区南佐久间町一丁目一番地，开始办公。

总务部下设六局一处，是个责任明确、人员精干的机关。

由于中华革命党协理始终缺席，总务部是第一部，陈其美实际上成为孙中山的第一副手。

在筹建中华革命党的过程中，陈其美的身体由于连年的奔波操劳，状况很差。这从1914年4月，他给在大连的好友沈缦云的信中可以看出：

> 弟自抵东京后，胃肠病仍未全好，且因初抵东京，事务稍烦，以致转剧，不得已乃进胃肠专门医院救治，迄今一月有余，仍未全好，终日伏枕，心中之焦闷，先生可想见也。此间情形如旧，各同志因公事上活动，归国殉身者，日有所闻，所以为国家前途称庆者，死者临难无怨，生者跃跃为继，毫无退缩，故各地之民心，渐见愤激，各省之运动成绩甚好。

虽然抱病工作，但陈其美仍然充满乐观、必胜的信心努力协助孙中山，闯过难关，他为筹建中华革命党，制订了一系列计划，并负责组织责任，打开了党务工作的局面。

中华革命党的筹建和同盟会、国民党时期的思想状况、政治形势均不一样，相当部分国民党员对孙中山立誓约、按指模、服从孙中山“党魁”一人，很不服气，不肯加入。陈其美到处劝慰、说服。在海外，许多支部的建立，如宿务支部、菲律宾支部、庇能支部、麻坡分部等，是由陈其美以总务部长名义，直接联系报请孙中山委任的。

在国内，陈其美曾亲赴大连，开展党务联络活动。1914年9月，陈其美又被孙中山委任为浙江地区主盟人，并对江、皖、鄂等省的党务工作作指导。到后来中华革命党在全国十八个省先后建立了支部。

对于陈其美在中华革命党中的地位与作用，孙中山曾给予了高度评价。他称陈其美是中华革命党的“唯一柱石”，“第二次革命失败后，志意极为坚锐，本部成立，以掌总务，实能代弟任劳任怨。”

再说，身登总统座、黄袍未加身的袁世凯，得知中华革命党在东京东山再起之信息，当夜就失眠了，无疑这是他实现皇帝梦的最大障碍。于是连忙召集大臣密谋一番，既然武力鞭长莫及，最好的办法就是金钱收买、分化瓦解。方针既定，派谁去做这件事呢？他想到了蒋士立，此人与革命党关系甚密，又是自己的亲信，是个“两栖”人物，万无一失。于是招来蒋士立，面授机宜一番，当场送款50万元，作为这次的活动经费。蒋士立见钱眼开，也是表现自己的好机会，向主子表白一阵，翌日便登船去了日本。

在驻日公使陆宗舆的配合下，一幕诱人上钩的把戏上演了。

不多日子，一则新闻就在革命党内部传开了：袁政府派员携重款来日，为留日人员办好事：一是资助回国，予以政治地位；二是在国外休养，予以优裕生活费；三是资助留学，为国公派。凡留日人员均可任意选择登记。这一招真灵，果然有人上钩报名，愿意回国做官。革命党内部对此认识不一，莫衷一是。

有阴谋就有反阴谋。

为确保中华革命党在日本顺利开展活动，孙中山及时召开会议研究防范对策。陈其美主张以牙还牙，先斩掉魔爪——蒋士立再说。

“杀掉蒋士立！”大家立即赞成，称绝道妙。

暗杀蒋士立，是在一个大雨滂沱的夜晚。

这天雨大，蒋士立没有外出宣传，只身一人在屋内，起草电函给国内袁大总统，申请邀功之事。恰在这时，急促的电话铃响了。蒋士立操起听筒：“啊，是吴先生，你有什么事？”

“上次见面后，我已做了工作。我手上现有一份关于革命党的机密要件，趁雨夜，想给你送去。为防意外，我就不上楼了。你在宅门等候！我十分钟内到达面呈。”

“那好。”蒋士立正做升官梦，也未多想，就答应了对方。尔后，草草将信画了句号，便匆匆下楼等候。

果然，十分钟内一个冒雨举伞的不速之客在幽暗的灯光下出现了，渐渐向宅门走来。

“你好，蒋兄！”

“你好，吴先生。”

“文件我已带来。”

“那好。”

吴先梅佯装从提包内取文件，身后的陈其美趁机拔出匕首，一下刺中蒋士立的后心。

吴先梅也顺势再给了一刀。

蒋士立一头栽倒在地上。

袁世凯得知此事,大为遗憾。

魔爪被斩,党心大快。

当夜,陈其美又给驻日公使陆宗舆打电话:“你要是再敢收买革命党人,就等着做第二个蒋士立吧。”

陆宗舆胆战心惊,忙问:“你是谁?你是谁?有话好商量。”

“我是革命党,你记住这个名字就行了。”

陆宗舆等人要求日本政府缉拿凶手,但一直没找到。

杀一儆百。此后,再没有人敢在革命党中活动了。

第十三章　三次革命

●讨袁再发动

冬去春来，樱花烂漫。

中华革命党成立后，经过党人一段时间的努力，形势逐渐好转，组织发展迅速。

在此基础上，根据孙中山提议，又组织了中华革命军。

孙中山自任革命军总司令。革命军以倒袁为主旨，以雪二次革命失败之耻为后快。“誓死戮此民贼，以拯吾民”，号召一切“爱国豪杰共图之”。如果说昔日的逃亡者个个颓唐，则今日组织健全，纪律严明，人心一致，同仇敌忾。无疑又成了一只“下山虎”，令国内的袁世凯大为不安起来。

一天，孙中山召集陈其美、戴季陶等人商议回国策动起事的军事计划。鉴于当前的形势，陈其美向孙中山建议：

> 辛亥癸丑二役，皆不能贯彻革命党主旨，实行三民主义者，以东北各省之革命运动根基薄弱，不能直捣北京，以扫专制恶魔之巢穴。自今以往，如仍偏重南方，而于北方不稍加之意，是犹覆其辙而不自悟也。且袁军密布于东南，防范压制，不遗余力，如不度势量力，固执进行，是无以异于邹与楚敌也。其不成也必矣！故谋第三次革命，当于东北数省培植革命根基，以为大规模之运动……

孙中山听了，频频点头。

陈其美的建议为孙中山所采纳，并把东北工作的重点放在大连。

再说大连属于日本管辖地，孙中山希望日本方面与革命党人合作，并保护革命党人的安全。当时，潜伏在大连的革命党人有200多名，他们分为三派，即宁梦岩派（孙中山、陈其美系）、刘艺舟派（何海鸣系）、邱丕振派（山东系）。

开始时，三派互不统属，且相互排斥。后来他们认识到这种状况不利于革命，大约在1913年底，以陈其美的名义成立了一个总部，从事反袁的准备工作。但是这么多革命党人流亡大连一隅，缺衣少食，行动经费更是说不上。他们希望孙中山和陈其美能给他们提供经费。孙中山曾经通过吴大洲给他们送过1000元，但杯水车薪，无济于事。于是，他们一再打电报促请陈其美和戴季陶速来大连。于是，孙中山决定应东北革命党人之请，派遣陈其美与日本人山田纯太郎前往大连指导工作。

为避人耳目，陈其美化名朱志新，戴天仇化名木村藤吉。途中，因陈其美染上肺病，到大连后即住进了日本人开设的满铁医院。陈其美一面治病，一面与戴季陶调查东北地区革命党人的情况。陈其美等人的计划是：在大连设立机关，以吉林、奉天、黑龙江三省为主点，外与东京总部及各省革命党联络，聚集力量，运动军队，等待时机成熟，“关外一动，南京继之，而江北、山东同时并起”。

据日本友人山田纯太郎回忆说：

1914年，我得到东北本溪湖的马贼将攻击沈阳以打倒张作霖的消息，于是跟陈英士和戴季陶到大连请满铁理事犬养信太郎介绍，以满铁为根据地，策划一切，但没成功。

从中可以看出，陈其美等人在东北的活动并不顺利。陈其美等人到达东北不久，即被吉林护军使孟恩远所探知。他立即密报袁世凯说：“陈其美、戴天仇、宁秉然、谢宝轩共同谋乱，扰害治安。”

袁世凯得报后，立即严令都督、民政长“严密查缉，勿令煽乱”。这还不够，袁世凯政府又与日本政府交涉，“以陈其美有刺杀商务印书馆经理人夏粹芳等嫌疑，要求引渡到案。”张作霖则奉命向满铁副总裁伊藤大八秘密表示：“大总统有命令，不论用任何手段，都得要将陈其美逮捕归案。”

在袁世凯政府的压力下，日本关东都督府对陈其美等革命党人的态度发生了变化，对革命党人的行动百般干涉，甚至下令逐客。

接着，陈其美写信给周淡游，信中说：

此间事，外交干涉日紧，前者所称可以商酌之关东都督，已受袁氏笼络矣，不但拒不见面，且已命其部属将下逐客令矣。看来难望有为也。奈何！

这时，孙中山了解到东北的情况后，当即密电陈其美“暂缓进行”，并告以：“在南方的广东、云南、广西等省尚未足备实力之际，满洲暂不着手进行。如目前在满洲轻率举事，反而造成不利局面，并有给日本带来麻烦之虞，故切忌轻举妄动，待时机到来后再断然实行之。”

陈其美奉命后，当即指示东北革命党人暂时不要轻举妄动，“俟南方准备就绪后，再南北呼应，起兵举事。”

陈其美见东北一时难以打开局面，便将东北讨袁工作交付刘纯一负责，山东讨袁工作交付刘大同负责，并交给刘大同短枪40支，命其回鲁组织队伍。

在大连期间，陈其美还见到了上海老友沈缦云。

沈缦云是“二次革命”后从上海逃亡大连的，袁世凯曾悬赏五万元捉拿他，沈缦云给进行革命活动的陈其美和戴季陶继续以热情的支持和帮助。据说这次大连见面又给了陈其美不少钱。后来在日本，由于奔波劳累，陈其美胃病复发，不得不住院治疗时，还伏枕给沈缦云书写长信一封，信中说：

> 弟在连时蒙先生夫妇之关爱，有过于兄弟骨肉者，人非草木，岂肯忘情，不敢轻言称报，只有逸力前途，裨早日得达福国利民之目的，即所以答报贤夫妇、乔梓之厚惠也。……此间情形如旧，各同志因公事上活动，归国殉身者日有所闻。所以为国家前途称庆者，死者临难无恐，生者跃跃为继，毫无退缩。故各地之民心渐见愤激，各省运动之成绩，甚好，多有始料不及者，大约各方成熟，我辈归国任事之期，当在明年内也。

在这封信中，陈其美表达了对沈缦云的感激之情，对革命前途抱有极大的必胜信心。

令陈其美悲伤万分的是，沈缦云在大连的革命活动终被袁所侦知。袁世凯收买革命党内的叛徒，在1915年7月23日宴请沈缦云时，将毒药放在食物中，沈缦云食后中毒身亡，年仅48岁，令人惋惜。

陈其美、戴季陶在东北的活动，也引起了反动势力的忌恨。东北军阀张作霖下达悬赏通缉陈其美、戴季陶的命令，各处防范甚严，陈其美、戴季陶随时都有被捕的危险。因此，在孙中山的召唤下，陈其美偕戴季陶搭乘“台南丸”离开大连。

在他们离开大连当夜晚9点，张作霖的卫兵搜查了陈、戴所住的旅馆。多亏他们提前离开了，没有被捕。他们于19日抵达东京。

在孙中山的住所里，孙为二人摆酒压惊，大家唏嘘不止。

●东北不亮东南亮

1914年7月28日，正在袁世凯春风得意、准备迈向帝制之时，第一次世界大战爆发了。日本人借口与德国人交战，先出兵侵占了我国胶东湾，至11月，占领青岛，接着控制了胶济铁路，取代了德国的殖民统治。

日本帝国主义看出了袁世凯要当皇帝的狼子野心，便投其所好，来换取夺得在中国的更大利益。

随着袁世凯卖国"二十一条"的推出，激起了国人的愤怒。

这份企图独占中国的二十一条文本主要内容是：日本继承德国在山东的一切权利，增加筑路通商的新权利；日本享有在南满、东蒙一带工商、土地、路矿、顾问、借款的特权；延长日本租借旅顺、大连两港及南满、安奉两路的期限为九十九年；中国沿海港湾屿不得租借或割让他国；中国政府聘用日人为政治、财政、军事顾问；中国警政及兵工厂由中日合办等。日本公使明确表示，如袁世凯肯接受这些条件，日本政府就支持他做皇帝。

日本政府与袁世凯的罪恶交易，昭示了袁世凯做皇帝的真实野心，各大城市的工人、学生和广大爱国群众，掀起了大规模的抵制日货运动，革命声势愈加高涨。

对此，孙中山认为形势大好，可为我利用。

陈其美赞同孙中山对形势的分析，他发表谈话说：

> 余相信刻下欧战乃中国第三次革命之绝好时机，然而革命并非易事，更不容轻举妄动，必须周密考虑，审时度势。我等革命党人刻下已大体完成第三次革命之作战计划，约百名在东京同志返回国内，何时举兵唯欧战形势如何而定，余等党员目前正在观望形势，如德国势成败局，即为我中国各省革命起义之时。

8月28日，孙中山与丁仁杰、周应时、戴季陶、陆惠生等人来到陈其美所住的东京赤坂区高桥医院，商讨今后的行动方针。

陈其美说：若不是我生病，我真想杀回国内，大干一场！

孙中山说：一个人的力量是有限的。革命是大家干的。

最后他们决定倾全力经营江苏、浙江与广东三省，并派“邓铿图粤，夏之麟图浙，复灵兄弟图宁，互为犄角，策划决定。”

为了便于统一指挥，孙中山还决定在上海设立中华革命党总部，陈其美点名蒋介石参加，因为他信任蒋介石，如同信任自己一样。眼下自己不能赴沪，让蒋回去他才放心。他说：让蒋和陆惠生前往筹办，另外，还可以协助复灵兄弟图宁，顺便把上海的问题解决，这不是一举两得吗？

孙中山也同意陈的意见。

同时又派遣了大批党员回国，运动军队，筹备讨袁。至8月下旬，从日本东京、大阪和长崎等地先后回国的革命党人有300多人。

接着，孙中山打发走了回国内义举的同志，还希望通过外交，换取日本政府在军事及财政上支持他发动的第三次革命。

为此，孙中山带领陈其美、戴季陶等亲自走访了日本朝野犬养毅（日本国民党领袖）、头山满（日本浪人首领）、坂垣退助（日本自由党和立宪政友会创始人）等，希望他们出面说服日本政府支持革命党人搞第三次革命。但此时的日本正利用第一次世界大战西方列强无暇东顾之机，向德国宣战，并趁机出兵中国山东，夺取了德国在山东的势力范围。日本政府正在向袁世凯政府施加压力，图谋获得更多的侵略利益，因此决定不支持孙中山及其革命计划。

不仅如此，日本政府还多方压制孙中山及其革命党人的活动。为此，陈其美很愤怒地发表谈话，抨击日本当局：

> （日本政府）在欧战后持非常之压迫主义，其实例不胜枚举。对政治犯的流亡者，本应在一定范围内予以保护，此为国际公法所公认。然而，日本现政府无礼国际法，对我等同志实行压制，却欲授袁，此甚为不当。

话说这时，蒋介石等已经按照孙、陈的指示，回到了上海。经过千辛万苦的努力，终于联络了一批志士仁人，在沪举行讨袁起义。

蒋介石计划兵分三路，分头行动。

第一路，由他亲自出马，兼任总司令，担任潭子湾、小沙渡、曹家渡、梵之渡的进攻任务；第二路由陆廷荣率领，沿真如一带，抢占警署；第三路担任破坏铁路电线，拦截火车，阻敌支援。

结果事不机密，被时任上海镇守使郑汝成侦悉，夜半时分，闸北巡警拿获陈乔荫、王军山、章得高、陈新民等人,并在其家中搜出起义计划、人员名单,从地下挖出械弹、旗帜、印章等诸多东西。

人赃俱获。郑汝成连夜向袁世凯邀功请赏,袁世凯立即嘉奖郑汝成,并命他继续搜捕革命党人,通缉要犯蒋介石归案。

蒋介石在暗杀郑汝成的路上,见有通缉自己的海报,和一辆辆鸣笛的警车,遂躲进了浙江老乡张静江的家中数日不敢出来。

由于上海革命党中出现了叛徒,军警夜半来到张静江家捉拿蒋介石。这晚蒋介石恰巧到女友处,回来很晚,逃过一劫。

蒋介石知道在上海难以立身,便向陈其美报告,陈其美立即将其召回日本,重商讨袁大计。蒋介石到东京时,陈其美又接到东北革命党人的报告。信中说:吉林、黑龙江两省的军队已运动成熟,倾向革命,请孙中山派人去主持工作。

陈其美因筹组中华革命党总务部,不能够脱身,就向孙中山建议,派蒋介石和丁景梁前往。

孙中山说:前几次都是谎报军情,领取军饷,这次不至于吧?

陈其美说:我想这次不至于。

孙中山说:那就按你的意见办。

蒋介石临行前,孙中山亲自交代蒋说:一定向日本当局要求把东北和台湾交还我们,并保证朝鲜独立,否则我们的国民运动是不会停止的!

7月初,蒋介石、丁景梁二人到达了东北,日本军阀接见了他们,企图拉拢他们为日军服务,便掩护他们在哈尔滨、齐齐哈尔等处的革命活动。

通过半个月的悉心观察,蒋发现东三省死气沉沉,并没有军队倾向革命,"东北王"张作霖配合袁世凯对东北控制很严密,根本没有开展革命运动的余地。宁孟岩之所以那么报告,不过是想从中山处骗得一批钱款。又是一次骗饷报告!这一次虽没有骗取了钱财,却骗来了蒋介石。不但骗取了孙中山,也骗取了陈其美。

最后,日本军人在长春车站的铁道饭店举行了招待会,蒋介石在会上将孙中山要日本人交还东北和台湾的意思表示出来,并说:"日本要协助中国革命,应该作列强的榜样,首先有具体表示。"

主持招待会的日本联队长听了蒋介石的话后,大为不满,发泄一阵而去。第二天,日本军方就通知蒋介石等离开东北,若不知悟,后果自负。

这时蒋介石不得不走人了。

不过蒋介石还是有心计之人,他通过在东北的经历,根据第一次世界大战爆发后的世界局势和国内政局的变化，写了《上总理陈述欧战趋势并倒袁计划书》。这是蒋介石首次给孙中山写信，得到了孙先生的首肯。

在信中，蒋介石以沉痛的笔触，指出二次革命中革命党本身的种种弊端，如："命令不统一，统御无方""处处进行，即处处薄弱""遍地发动""多方起事""不足分袁军之兵力"，只会"徒堕本党声威""伤本党之元气"，不能取得真正的"效益"。因此，他提出要"力矫过去不规则之弊"。

信中还着重分析了欧洲战局和反袁的重要关系："默察大势，世界大战，已箭在弦上矣！此次欧战时期延长一日，即袁贼之外交势力薄弱一日；范围扩大一步，即吾党之外交关系胜利一步也。若吾党不于此袁贼亲西排东之失败期内，乘势急进，则时不再来，后悔莫及矣。"

对于最近的讨袁，蒋介石提出了"急进计划"："本党今日之进行，以统一各省革命计划，确定全盘整个之方案，集中一点，注全力、聚精锐以赴之"。他接着又分析了讨袁基地为何不宜选择黑龙江和山西，而应以浙江为"根据地点"："浙江之战略，以地势与兵力之关系，是海主陆从，西守北攻，为今日唯一之根据地点。""浙江之军人，犹属昔时之革命分子，其思想，其宗旨，尚冀其能完全发动也。"

在这封信中，蒋介石对二次革命中国民党的分析，与孙中山、陈其美的看法都是一致的。至于建立浙江根据地的想法，可以说与孙中山、陈其美不谋而合。他们正在筹商继续在上海和江浙地区举行武装讨袁活动。①

●衷肠诉黄兴

东京。

赤坂区高桥医院。

病中的陈其美，送走了孙中山后，又踱步回到病房，按照孙先生的指点，他便展开了信笺，给远在美国的黄兴写信，劝返黄兴等人。

自从二次革命失败以来，中华革命党成立，孙、黄就分道扬镳。这都是革命者不愿看到的，然而发生了。特别是孙先生与宋家二小姐真情相爱，冲破重重阻力，二人走到了一起。他们在东京的婚礼本来应该是隆重的，由于黄兴、胡汉民等人的拒绝出席，显得冷冷清清。只有少数人出席了，这便是陈其美、廖仲恺夫

---

① 白希著：《上海第一都督陈其美》，金城出版社 1998 年版，第 609 ~ 610 页。

妇等少数人。结果婚礼刚刚结束,革命党人、宋家二小姐的爸爸宋嘉树从上海跑来,见婚礼结束,生米做成了熟饭,与孙先生发生了剧烈的冲突,暴跳如雷的宋父,突然跪在地上,说:我那不懂规矩的女儿,就拜托先生了,请千万多关照!然后,宋父连磕了三个响头,站起身,洒泪而去。

如果说革命党第一次分裂源于中华革命党的成立,而第二次分裂则是源于孙中山的冷清婚礼。黄兴等人已远走高飞,到美国去了,成立了欧洲研究会,与孙先生的中华革命党分庭抗礼。

三次革命一次次地不如意,皆是源于革命队伍出现了内讧。这让孙、陈都很伤心。尤其是陈其美,病痛的折磨,他还可以忍受,然而来自革命同志的攻击更让他受不了。自从黄兴与孙中山分手后,就有人开始指责他,说他搞阴谋,挑拨离间,欲取黄兴而代之。尽管孙先生对别人进行了多次解释,许多人还是不相信。这让陈更是烦恼不已。

1915 年元旦过后,在医院里,陈其美对自己所走过的革命道路,与孙、黄两人的关系进行了认真的反思。

自从参加同盟会以来,陈其美对孙、黄二领袖都是尊敬的。在辛亥革命前,他为了维护同盟会的领导地位,处处维护孙、黄二人的地位,广州起义前后,更是唯黄兴马首是瞻。武昌起义后,他力排众议,极力拥戴黄兴任大元帅,支持由黄兴筹组中央临时政府。

的确,孙中山回国后,他是坚决主张由孙中山任临时大总统的,但这也是黄兴的态度。以孙中山对革命的贡献和在国内外的威望,这是众望所归的。沪军都督府在军事、财政、外交各个方面,均是全面支持南京政府的。

在这一个历史阶段中,因为孙中山长期在国外,应该说,自己主要是在黄兴的直接领导下工作的,黄兴器重自己,自己尊重黄兴,事业上志同道合,感情上亲如手足,从来也没有想过要取而代之。

但在宋教仁被刺以后,及"二次革命"时期,孙中山和黄兴在形势的分析、对策的制定上,产生了分歧,自己的所作所为,的确是从内心深处的自我是非标准出发的。自己先是支持黄兴的主张,在各种会议上都是开诚布公地说出来的。到东京后,经过对"二次革命"迅速失败的反复思考,总结经验教训,才充分认识到孙中山的武力讨袁方针是正确的。既然自己错了,那当然应该检讨自己的错误,改正自己的错误。

结果在组建中华革命党的问题上,自己同意孙中山意见,反对黄兴、规劝黄兴,也都是为了能够继续共同革命。这一切没有什么不对的。

经过病床上一个多月的思考，陈其美终于向前来看望他的孙中山和盘托出了自己的认真思考。

孙中山很同意陈的思考，鼓励他给黄兴写信："孙、黄不能分"，"分家革命损失大"。于是，陈其美在孙先生的鼓励下，开始拿起笔来向黄兴写信，倾诉自己的衷肠，唤回黄兴的回头。

2月4日，陈其美一气呵成，写出了给黄兴的信，这就是历史上著名的《致黄克强书》。

在这封长信中，陈言辞恳切，表达了一个老战友对黄兴的真挚情感。

陈在信中开始以很长的篇幅，罗列了黄兴在辛亥革命后至二次革命失败期间，"有负于中山先生"的五个方面，重申了革命党人服从孙中山的重要性，并劝黄兴服从孙中山的领导，共同肩负反袁的重任。信中说：

> 故中山先生于此欲相率同志，纳于轨物，以统一事权，非强制同志，尸厕官肢，尽失自由行动，美以为此后革命欲达目的，当重视中山先生主张，必如众星之拱北辰，而后星躔不乱其度数、必如江汉之宗茫茫东海，而后流派不至于纷歧。悬目的以为之赴，而视力乃不分，有指车以示之方，而航程得其向。不然，苟有党员，如吾人昔日之反对中山先生者，以反对于将来，则中山先生之政见，又将误于毫厘千里之差，一国三公之手。故遵守誓约，服从命令，美认为当为天职，而绝无疑义者，足下其许为同志而降心相从否耶？窃维美与足下共负大局、安危之责，实为吾患难之交，意见稍或差池，宗旨务求一贯。惟以情睽地隔，传闻不无异词；缓急进行，举行辄多误会；相析疑义，道故班荆，望足下之重来，有如望岁；迢迢水阔，怀人思长，嘤嘤鸟鸣，求友声切。务祈足下克日命驾言旋，共肩艰巨，岁寒松柏，至老弥坚，天丰云霞，索情独苦。阴霾四塞，相期携手同仇，沧海横流，端赖和衷共济。于乎，长蛇封豕，列强方逞荐食之谋，社鼠城狐，内贼愈肆穿墉之技，飘摇予室，绸缪不忘未雨之思，邪许同舟，慷慨击中流之楫。望风怀想，不尽依依，敬掬微忱，崦求指示，寒气尚重，诸维为国珍摄，言不罄意！

应该说，这封信言辞优美，态度真诚。对此，仁者见仁，智者见智，莫衷一是。

大多数同志认为，这封信传递的是正面信息，也有少数同志则相反，认为这封信传递的是反面信息。

陈劭先说："黄兴去美国后，他（指陈其美）写信给黄兴，不是诚恳地劝黄兴回来，却加以严词的诘责，同志们多认为过分，使孙、黄之间距离更远了。"

另据金绍先回忆，当时吴忠信对这封信也"不敢苟同"。他说："陈其美任中华革命党总务部负责人，吴（忠信）和蒋介石、戴季陶等都在一处工作，这是吴、蒋共事之始。陈、蒋在孙、黄之间推波助澜，蓄意导向分裂，而吴则力主孙、黄合作。在黄兴游美期间，陈其美曾致书于黄，严词诘责，类似谩骂，吴曾表示'不敢苟同'"。

对此，近来也有学者指出，陈其美的这封信并没有推卸自己在"二次革命"中的错误，既批评了黄兴，也做了诚恳的自责，愿意共同承担责任，这是实事求是的态度。陈其美不是挑拨孙、黄关系，而是盼望他们"携手同仇"。至于陈其美信中认为黄兴和他自己有负孙中山、有负革命的诸多论述，并不全面，也不准确。还有学者指出，陈其美致黄兴函的主旨，是要黄兴以革命的最高利益为重，服从孙中山的领袖权威。

陈其美的目的在树立孙中山的权威地位。革命需要权威，但权威的建立是一个复杂的过程，它需要群众基础，需要有成功的实绩。而当时孙中山的路线策略在黄兴的心目中并无权威性，他反对孙中山从提倡民主自由转向权威主义。此时黄兴和孙中山、陈其美在反袁策略上的重大分歧，一时还难以弥合。

黄兴一派的革命党人认为，中日"二十一条"交涉开始后，民族矛盾开始激化，他们主张"先国家而后政治，先政治而后党派"。2 月 25 日，黄兴与陈炯明、柏文蔚、钮永建、李烈钧等联名发表通电，一面谴责袁世凯专制独裁；但同时他们也声明，他们不准备借用外力来反对袁世凯政府。通电指出："至言假借外力，尤为荒诞。兴等固不肖，然亦安至国家大义蒙无所知。"

黄兴等人的通电，立即遭到在日本的中华革命党的激烈反对。东京《民国》杂志指责黄兴等人"投降""屈膝"。更有一批署名"铁汉""李直壮""尚气节""钟廉耻""史不屈"的"真革命党员"发表言辞激烈的反黄传单，对黄进行猛烈抨击，传单称：

> 黄克强君自癸丑失败，逋逃日本以后，即志灰气惰，谓民党不能更以武力从事，宜从政治活动以冀渐握政权。恇怯军人，热衷政客，附和其说。熊希龄组织内阁之际，黄派日夜期望保皇妖党，得与袁贼抗衡，而己由居中斡旋，冀博彼党之欢，而分一杯之惠。《甲寅》杂志丑诋民党，贡媚熊、梁，实黄君之意旨，章（士钊）、胡（瑛）承其鼾息，迁谬之情，

早为识者所窃笑。迨乎熊、梁失势,彼等且自悟袁贼之凶顽,而黄派昏迷,迄未知政治之绝望。……

3月间,孙中山见黄兴对陈其美之信置若罔闻,便写信给黄兴,坚持"弟终以为欲建设一完善民国,非有弟之志,非行弟之法不可。兄所见既异,不肯附从,以再图第三次之革命,则弟甚望兄能静养两年,俾弟一试吾法"。"此后彼此万不谈公事,但私交上兄实为我良友。"

黄兴复信表示:"今先生于弟之不入会以满足许我,虽对前途为不幸,而于弟个人为幸已多……弟如有机会,当尽我责任为之,可断言于先生之进行决无妨碍。"

从此以后,直到1916年6月,两人才在上海相晤,冰消瓦解。

孙、黄分手,对革命事业是件非常遗憾的事。

在讨袁中,不论是中华革命党,还是黄兴起支配作用的欧洲研究会,都再也不能像同盟会那样起旗帜的作用。从建党学说上来看,两人虽都希望再造共和,但在不断受挫折、总结教训中,缺乏对于造成失利的社会环境、历史条件的分析,也缺乏互谅互让的精神,太计较于个人的责任,造成僵局。

黄兴固然在革命受挫折的境遇下,一筹莫展,即使孙中山,在党的建设上,也无法解决纲领、路线、思想建设、组织建设的一系列问题,这是时代的、阶级的局限所致。

因此,孙、黄的分手,既不能过严地苛求,也不能太注重个人的责任,谴责哪一方面都是片面的。

至于陈其美写给黄兴的信,不存在离间孙、黄关系问题。该信一以贯之的思想是请黄兴谅解孙中山、服从孙中山、共同继续革命,其动机无可非议。

显然,把孙、黄分手的责任归咎于陈其美是欠公正的。

从陈其美给黄兴的信及其实践说他早有取代黄兴的野心,也是难以成立的。中华革命党成立后,总理是孙中山,协理的位置,始终空着,虚位以待黄兴,大家力荐陈其美,但陈其美总是不愿担任。在给黄兴的信发了一年多后,陈其美就遭到暗害,终其一生,只任总务部长,说陈其美有野心,实缺乏足够的事实。

陈其美给黄兴的信,没有起到应起的作用,但陈毕竟这样做了,应该说这是积极的一面。也应该给以肯定。可是有的人却说:这是一气周瑜。

●其美回国义举

1915年2月下旬的一天。

东京。横滨港。

陈其美已秘密登上了回国的邮轮东京号。

蒋介石亲自为长兄送行。

陈其美说:三弟,回去吧。

蒋介石说:这一别,不知什么时候才能相见?让我送到开船时。

陈其美说:这一别,真不知到了什么时间,兴许还是永别呢?

蒋介石说:不会的,我相信兄长会马到成功的。

陈其美说:借三弟的吉言。不过,我走后东京的事就由你来办了,同时还要注意孙先生的安全。

蒋介石说:我知道了。比起东京来,在上海你更要注意安全。袁世凯和郑汝成对上海的控制一天也没放松。

陈其美点点头。

这时传来了沉闷的汽笛声,要开船了。

蒋介石退回安全线内,目送轮船的运行。

再见了,横滨。

东京号慢慢地驶向了大海,大海扬波,为陈其美送行。

陈其美站在甲板上,一动不动地望着远方的故乡,他思绪万千……

自从二次革命失败后,他和孙先生等一批革命者逃难日本,他就没有再回过上海,掰手算起来,已有时日了。

在这些时日里,他一刻也没有忘记上海的举义和光复,今天能得到孙先生的首肯,重回上海举义,他能不高兴吗?

大海发怒了,波浪像小山一样涌向东京号,轮船发抖,倾斜得厉害。不过,陈其美的思绪又回到了上海,回到那里的人和事。

应该说,中华革命党人在上海的斗争一刻也没有停止过。

8月18日,上海中华革命党派遣程壮等四五十人乘轮到江苏南通,准备起义讨袁,结果半路上被军警发觉,三十八人被捕。其中十余人遭到杀害,起义流产。

9月1日,革命党人王波等从上海赴镇江、扬州,准备伺机起义,结果又被淞沪警察厅厅长徐国梁派警在清江拘捕,解送南京"迅办"。

这一段时间里,主持上海中华革命党工作的是范鸿仙先生。

范鸿仙,名光启,别号孤鸿,安徽合肥人。1882 年生,少时家贫,苦学不倦,文章典雅,著称乡里。时当甲午战后,外患日亟,国势危如累卵,清政府黑暗腐败,人民苦不堪言,年轻的范鸿仙目睹时事,常常扼腕长叹,逐渐产生了反清革命思想。

1908 年,范鸿仙来到上海,结识了陈其美、于右任、宋教仁等著名的革命党人,思想更加激进,并秘密加入了同盟会。

1909 年 5 月,他协助于右任创办了著名的革命报纸《民呼日报》。

1909 年 8 月 14 日,上海租界当局查封了《民呼日报》。于右任与范鸿仙不为所屈,一个多月后,又创办了《民吁日报》。

未久,《民吁日报》又被查封,他们于 1910 年 10 月 11 日又创办了影响更大的《民立报》。范鸿仙继续写作发表革命宣传文章,孙中山曾称赞他:"尔一支笔,可扫十万雄师矣!"

上海中部同盟会成立时,范鸿仙被推举为候补文事部长及安徽分部的主持人。他积极协助陈其美,千方百计扩大中部同盟会的影响。

宋教仁被刺后,袁世凯加紧向革命党人进攻,闲居中的范鸿仙重新挺身而出,参加"二次革命",亲自到安徽芜湖等地,发动武装讨袁斗争。

"二次革命"失败后,范鸿仙流亡日本,参加孙中山组建的中华革命党的活动,并于 1914 年夏奉孙中山、陈其美之命潜回上海领导反袁斗争。

范鸿仙返回上海一个多月,蒋介石从东北返回东京,陈其美又让他再返回上海,和范鸿仙一道主持上海革命活动。

1914 年 9 月 20 日凌晨,沉沉夜幕笼罩下的上海公共租界戈登路的一幢房子内,依然灯火通明。这里是中华革命党上海总部的秘密办公处。总部负责人范鸿仙正在灯下紧张地起草军事命令。他是那么全神贯注,仔细地推敲着一字一句,以至对窗外正向他逼迫的危险一无所知。

白天,范鸿仙已与蒋介石等商讨过,要继续联络革命同志争取与策动北洋军内部官兵做内应,准备攻打与占领袁军在上海的两个最坚固的堡垒:设在龙华的上海镇守使署与设在南京路的上海制造局。这两处袁党都有重兵把守,尤其是上海制造局,有围堑数重,工事坚固,军械精良,当年陈其美连攻数次未下,使上海讨袁未能取胜。此次若是攻占上海,必须首先将它攻下。所以,范鸿仙反复修改着关于下一次上海起义的军事计划。

就在范鸿仙低头握笔沉思默写之时，他的办公室窗户突然被人踢开了，只听“嘭”的一声，从室外跳进几个蒙面凶徒来，乘范鸿仙惊讶未及醒悟的一刹那，手持短刀利刃，猛地刺进了范鸿仙的腹部与腰际，前后连戳七刀，鸿仙血流如注，很快倒下了。

凶手们在室内搜寻一遍，抢到了重要文件，临逃前犹恐范鸿仙不死，又掏枪向他的身上连开两枪，子弹直穿胸膛。

同志们赶到总部时，只见范鸿仙躺在血泊中，早已气绝身亡。

范鸿仙被刺，使陈其美在上海等地的反袁计划又一次流产。

当陈其美得知这个消息时，心痛得几天吃不下饭。

……

陈其美是在感慨和回忆中到达上海港的。

回到上海后，当天他就召集中华革命党在上海的几位干部，缜密分析了当前形势。大家一致认为：当前的上海及东南亚地区是袁世凯防范革命党人活动的重点地区。袁不仅有重兵部署，而且有暗探。由于袁世凯防范严密，义举一时较难。

会后，陈其美立刻把上海会议情况电告孙中山，孙先生很快回电，让他相机行事。

这时的陈其美，又仿佛回到了辛亥革命以前的状态，通过各种手段与敌展开斗争。所不同的是，以前的敌人是皇帝，今天则是袁大总统。

要义举，宣传先行。陈其美开始创办了反袁的《五七报》，接着又组织了全国“铁光锐进社”。这是一个极为秘密的组织，后来曾策划过惊天动地的暗杀活动。

该社社长由陈其美亲自担任，副社长为黄郛，财务部长为野江，军务部长为曾尚武，联合部长为凌铁安，暗杀部长为张孟介，庶务部长为李铁舟。

该社的宗旨是：“推翻袁贼实行暗杀，改组日支合并政体，达到完全共和民国之目的。”在吸收社员上，条件要求无论军、警、商、学各界帮会成员，需要社员五人以上介绍，方可入会。全社社员分成扰乱团和暗杀团，身为该社财政部部长的日本民党人士野江借款五十万日元充当该社社务费。

扰乱团与暗杀团的分工十分明确：

扰乱团团员一经确认地点，即授给秘密电本印证，带款前往目的地，联络退位军警及当地帮会骨干，并运动驻扎军队，乘机起事，所用物品由该社派人运送至目的地附近各小口岸。扰乱地点，北五省先从山东和奉天入手，南五省以南京为发难地,以便扼定长江流域。

暗杀团则分十组,每组五十人。各设组长一人。督察团员记录各员功过,如团员一击成功,即由组长报告社长,转资财务部抚恤其家属。对于暗杀成功者,该社还规定分甲、乙、丙、丁、戊五等予以奖励:如杀甲等每名三千元,授官少将;乙等二千元,授官上校;丙等一千元,授官中校;丁等五百元,授官少校;戊等二百元,不授官。实行暗杀,以联络各机关亲信用人为入手办法,但必须镇定、秘密,如有见利忘义为人所用者,处以死刑。

铁光锐进社建立后,陈其美为加强其力量,决定派人找到"聂政"王金发,让他来负责全社工作。

"二次革命"失败后,王金发因母亲有病,便滞留在上海。他一边照料母亲看病,一边继续利用租界作掩护,与袁世凯的势力进行斗争,与在日本的陈其美遥相呼应。

经过一年多的准备活动,王金发聚集了江苏、浙江一带的革命党人,准备于1914年11月22日在杭州起义。由于计划泄露,11月10日,浙江都督朱瑞派兵洗劫了革命党人的秘密机关,有十多名骨干分子遇难。

此时,袁世凯以为自己的统治已经稳固下来,便进一步强化集权,以便为登上帝位扫清道路。因而,袁世凯不但和革命党人的矛盾进一步加深,和北洋派的一些将军们也出现了极大的矛盾。

王金发的母亲听了,便劝王金发去见陈其美。

听说陈其美又回到了上海,并派人找自己,王金发兴奋得一夜没睡着。第二天天没亮,就起程往上海赶了。陈其美见到王金发,禁不住有些感慨万千,想想这些年来,那么多的战友英勇牺牲,还有不少人当了可耻的叛徒,真让人感到悲哀和无奈。好在两位战友彼此都活着,还能够继续战斗,倒也令人感到欣慰。

王金发见了陈其美,就提出要在杭州发动一次起义。

陈其美不无忧虑地说:"朱瑞那小子现在对袁世凯诚惶诚恐,杭州城把守得很严,怕不好办吧?"

王金发说:"没关系,浙军中有不少下级军官都是我以前的兄弟,他们会听我的。朱瑞在二次革命中虽未反袁,但表示保境息民,对革命党还是有感情的。毕竟我们当年一起战斗过,起事即便告败,他也会手下留情的。"显然他很自信。

陈其美说:"既然这样,你先去杭州联络,我设法给你运一批武器过去。"

两天后,王金发带着姚勇忱来到杭州,以造房子为名,联络部署起义。

很快,朱瑞得知了王金发、姚勇忱来到杭州的消息,他马上派人请他们入督府晋见。

姚勇忱有些担心地说:“我们还是不去为好。”

王金发说:“怕什么？要杀我王金发,谅他朱瑞还没有那么大的胆子!”

应该说,王金发低估了朱瑞投袁的决心和卑鄙的程度。他不知道,朱瑞现在对袁世凯已经彻底臣服了。

王金发和姚勇忱来到都督府,朱瑞并没有接见他们,而是把他们软禁了起来。

此时,朱瑞正在给袁世凯打电报,请示如何处置王金发。袁世凯立即回电:“杀!”

就这样,义举还没进行,王金发已先他而去了,这让陈其美不能不仰天长叹!

接下来,陈其美很消沉,江浙活动半年,无有成果,倒换来战友的一个个牺牲,这使他一筹莫展,心情不爽。恰在此时,远在东京的孙先生来电催他回东京再作商议。陈其美接到电报后,百感交集,“如事不成,决不再亡命日本”。孙中山认为:这样做冒险,又发电报,催陈动身。就这样,陈其美连夜回到了东京。

●除掉郑汝成

东京。

1915年的夏末。

孙中山的住所。

中华革命党部长会议正在紧张地进行着。

孙中山主持会议。

形势是制定政策的依据。会议再次分析研究了当前国内形势。原来革命党内一些持分歧意见、没加入革命党的同志,一时成立了欧洲事务研究会。后来随着认识渐趋一致,不久欧洲事务研究会自动解散,归入中华革命党,同时还有相当数量的日本朋友也加入了中华革命党的活动。三流合并,百川归海,革命力量迅速壮大。最后决定成立讨袁中华革命军。令陈其美赴上海,成立中华革命军东南军部;令居正赴青岛,成立东北军部;令胡汉民赴广州,成立西南军部;令于右任赴陕西,成立西北军部;令夏重民、胡汉贤去加拿大,组织华侨讨袁敢死队,机关设在域多利埠《新民国报》社。还在加拿大阿尔伯塔省会埃德蒙顿成立军事社,训练队伍。报名参加的有五百多人,孙中山的得力副官马湘就是在这时参加革命队伍的。

后来,华侨讨袁敢死队又奉孙中山电召,在团长夏重民的率领下,开往日本横滨。经过五个月的训练,调到山东潍县周村,归中华革命军东北军部指挥,准备进攻济南。至1915年冬末,中华革命党除部分党员在南洋筹饷外,多数党员已潜入国内各省组织中华革命军分部,进行联络策动工作,讨袁战火渐布全国各省,主要是南方。

革命党人在国内一些城市四处出击,举行暴动、暗杀抑或策动兵变等,使袁世凯的地方军政爪牙如坐针毡,惶恐不安。1915年7月17日,大肆屠杀革命党人的广东将军龙济光在广州观音山被革命党人用炸弹炸伤了脚,另有卫队17人成了“断头鬼”。9月,革命党人多次向袁氏御用的《亚细亚报》上海分社投掷炸弹,其印刷和发行机构升了天。

再说陈其美,同年10月中旬,与孙中山辞行。

陈其美向孙中山建议说:鉴于他上半年运动江浙义举时,因经费拮据而一事无成,所以想先偕胡汉民等前往南洋一带劝募,并兼办党务,待经费稍有着落后,再回东南策划行动。

孙先生思考一下:也好。你若要筹款,我再给你介绍几位朋友。说毕,又取出笔墨纸砚,当场写下了若干封信函。

10月下旬,陈其美离开东京,绕道上海小住,准备南下筹款。

在法租界霞飞路渔阳里5号,上海革命党人看望了陈其美。

此时此刻,上海的形势较两个月前已有根本性变化,袁世凯全盘接受日本的“二十一条”,公开了他要当儿皇帝的嘴脸,上海各界反抗的情绪空前高涨,一触即发。

上海的中华革命党人吴忠信对陈其美说:你来得正巧。万事皆拜头雁领,我们甘拜陈君为头雁。

周淡游也讲:我们迫切希望上海能有一个德高望重的人来领导革命。你的到来,正得其时。请你不要再去南洋,钱已不成问题。

陈其美问:有人愿意出钱?

吴忠信说:有啊! 我们正在接触。

有戏吗?

有戏。

陈其美见上海的同志热情高涨,便给孙中山发去一份电报,报告上海的情形。孙中山见了电报,十分高兴,立刻复电陈其美,让他留在上海,南洋另委他人。在回电中,孙中山还委任陈其美为淞沪司令长官。

陈其美取消了南洋之行,仍在上海法租界霞飞路渔阳里五号设立总机关。刚刚安顿好,他就致电在日本的蒋介石、杨庶堪、丁仁杰、余祥辉等“盼即回沪”,共同筹划起义大计。

时间悄悄进入11月,深秋的上海,充满了凉凉的秋意。法租界中的渔阳里五号附近,却显得极其神秘。随着夜色的到来,通向寓所的几个道口暗处,都隐着一两个大汉,他们机警地辨认着有特征记号的过路行人,上前对答暗语,然后把他们引入寓所的边门。

会所里,灯光昏黄,坐着百把名年轻人。几天前,他们分别接到铁光锐进社各部部长的通知,说是有特别任务需要完成,今天如约而至,一见如此庞大的阵势与神秘肃穆的气氛,大家心里明白,即将交代的任务非同一般。

“司令官到了!”有人喊了一句。

陈其美信步走到一百多位革命志士中间,摆摆手请大家坐下,然后对身后管财务的野江说:“马上给弟兄们一人发一百块大洋。”

然后,陈其美作着战前动员:“弟兄们,袁贼卖国求荣,要做日本国的儿皇帝,已答应了小日本的二十一条!这是全体中国人不愿意看到的!杀身成仁的时刻到了!我陈其美是奉孙总理之命来主事的。怕死的,现在走还来得及!”

说完,他目扫一周。见没人说话,嘴上不由大叫一声:“好!”

陈接着问:知道吗,明天是什么日子?

吴忠信回答:明天是11月10日。是日本大正天皇施行登基加冕典礼的日子。

陈其美说:对了,明天正是日本大正天皇施行登基加冕典礼的日子。我们得到确切消息,明天袁贼在上海的爪牙郑汝成要亲往日本驻沪使馆祝贺,趁此机会,斩首郑贼。斩首汝成,是此次上海讨袁战的第一枪。为什么要除掉郑汝成?你们知道吗?

有人讲说:除掉郑汝成,这是因为控制上海和长江的关键在于海军。而海军则在袁世凯心腹干将上海镇守使郑汝成的统驭之下,号称精兵十万,凭借海军的力量控制了上海。二次革命中,郑就曾大力镇压革命军,深为革命党人所痛恨。除掉心腹之患郑汝成,既可以解决海军,也可以夺取上海,可谓一箭双雕,何乐不为?

陈其美拳头一挥:答得对!自从郑汝成坐镇上海滩后,已有一百多位著名的革命党人惨死在他的手下,他已成为上海举义的最大障碍。同时,郑汝成又是袁世凯帝制活动的主要支持者,是袁的死党,不除天理难容!但是,要除掉郑贼,也没那么容易！这家伙平时防范森严，很少在公开场所露面，即使露面，也是保镖随身，前呼后拥，不易找到下手的机会。

应该说郑汝成要前往日本总领事馆致贺，此乃天赐良机。

陈其美接着又问：我们要组成敢死队。有不怕死的吗？

下面呼啦啦百十人争相举了手。

举在前两名的是王晓峰和王明山。

一个是东北大汉，一个是山东大汉。他俩表示：敢上九天揽月，敢下五洋捉鳖！

接着，陈其美又把大家引到一个大沙盘前，详细讲解了郑汝成要经过的地方。在郑汝成必经的要道上，要设立五道关卡狙击他。这五道关卡分别是十六铺、跑马厅、黄浦滩、海军码头、白渡桥。他提示白渡桥附近的礼查饭店，车辆途经此地，转弯慢行，正是下手的好地方。同时，依据车辆可能行走的路线，沿途又布置了四十二个狙击点，从外白渡桥至斜桥步步为营，而参加行动的一百多名好汉自由结合编成了四十二个行动小组，每组配备有炸弹和十响手枪，其中外白渡桥狙击点，由孙祥夫亲自指挥。

最后，陈其美又再三叮嘱大家：郑贼出现时，通常穿海军上将大礼服，这个特征一定要记住。不过，他的座车行速较快，等到认清的时候，车子可能开到跟前，已来不及掏枪。遇到这种情况，就不要莽撞，干脆放他过去，因为后面还有几十关，他不在这里送命，就在那里送命。万一大家都来不及掏枪而让他连闯四十二关，我也绝不怪罪同志们，我们还可以搞第二次。但是有一点必须强调，要么不开枪，要开枪就一定要把他打死，不然的话，打草惊蛇，今后就难以下手了。大家说对不对？

大家说对。

任务分派完毕，弟兄们陆续离开了渔阳里五号。

翌日晨5时，天刚蒙蒙亮，四十二个狙击小组趁夜暗全部到达了狙击点。有的把枪架在楼上，有的是在房子上，有的在树上。

时间7点。风和日丽。

指挥哨传来消息，郑汝成已经出动。从离昌庙镇守使署，乘小兵舰抵达虹口，再坐车去礼查饭店，现在正在行道贺礼，预计时间不会太长，请大家做好狙击准备。

礼查饭店坐落在白渡桥西南，按当天郑汝成的行进路线，这里是第一个狙击点。

担任指挥的孙祥夫在隐蔽处睁大眼睛监视着。

十分钟后，但见一辆双头豪华马车驶出了饭店大门，直冲白渡桥奔来，上面坐着位身穿高级礼服、面目酷似郑汝成的人，两旁的镇守使护卫环绕。这阵势，使孙祥夫意识到前行的绝不是真的郑汝成。想到这里，孙祥夫安下神来退回原处，让假郑汝成过去。

几分钟后，后面又开出来一部大汽车，孙祥夫定睛再瞧，汽车的前座有三个保镖，后面坐着两人，左面的那个戴着白羽金帽，全身披挂辉煌，下垂着胡须，威严中透着杀气。

这一下，孙祥夫看清了，是郑汝成。

他果断地发出了狙击的命令。

此时，汽车一个左转弯，缓缓地爬上了白渡桥，王晓峰乘着车子减速的时机，扔出一枚炸弹，不料用力过猛，炸弹在坚实的桥面上弹了几下，落到车后才炸响，把大汽车的后轮炸坏了。

郑汝成是个久经沙场的骁将，反应相当灵敏，一把推开坐在右侧吓得半死的总务处长舒锦绣，顶开车门准备向外跑。

说时迟，那时快，王晓峰、王明山已经从桥下左右两边钻出来。王晓峰抢先一步跳上车沿，摁住郑汝成的身子，连击九枪，只听郑汝成号叫一声，就翻着白眼倒在车座上。

与此同时，王明山把郑汝成前面三个连枪还没掏出的卫士悉数击毙。他看了看横三竖四地挤着的尸体，冲着冒烟的枪管吹了口气，轻蔑地说："真他妈的一窝熊包软蛋。"

这时，白渡桥的另一面，一部电车正"叮叮当当"地驶来，驾驶员见桥上发生命案，立刻刹住车。随后，车厢里跳下来两个外国巡捕，吹着警哨向王晓峰、王明山冲来。

王晓峰、王明山背靠着汽车，神色坦然，他们等巡捕逼近了，举起手枪朝天放了两枪，巡捕吓得扭转身子又跑了回去。①

本可从容逃脱，但他二人对郑汝成验证身份后，见刺郑目的达到，便放声大笑，并在桥头堡演讲一分钟，从容被捕。

在法庭上，二位勇士侃侃而谈："郑汝成辅袁世凯叛反民国，余等为除贼，使天下知吾人讨贼之义，且知民贼之不可为。"

法官再三盘问谁是主谋者？

---

① 白希著：《上海第一都督陈其美》，金城出版社 1998 年版，第 650 页。

二勇士坚不吐实，只是自豪地说：吾为祖国铲一大害，立一大功，虽死无憾！

在刑场上，他们面对敌人的黑色枪口，高喊共和万岁，从容就义。

郑汝成被枪杀，给京都正在做着皇帝梦的袁世凯以很大的震撼。他在极度惊怕之余，忙派平庸怯懦的杨善德继任上海镇守使。

孙中山为之振奋不已，他高度评价此事件说："此等气魄，真是令人生敬，沪去此贼，事大可为。"

●肇和军舰起义始末

擒贼擒首。

郑汝成被除，海内外的革命者无不拍手称快。他们纷纷致电陈其美，趁热打铁，光复大上海，愿有钱出钱，无钱出力。只要上海光复成功，他们都会揭竿而起，纷纷效仿。这给陈其美很大的激励。

再说，郑汝成被除的消息在上海传开，当夜上海滩不少地方都燃放起了鞭炮，以示庆贺。此时，北京的袁世凯要做日本的儿皇帝，黄袍即将加身，国人已对他的嘴脸看透，革命之火熊熊燃烧。

形势逼人，形势催人。

然而，陈其美并没有陶醉在郑汝成被除的欢快中，而是连续作战，与在上海的革命党人认真分析研究了形势，兵分三路，分头准备。一路去购置武器，挑选党员，组织训练基本队伍；一路去运动袁世凯的海军基地，争取他们的反水；还有一路运动袁世凯的陆军部队，争取策应。

经过一个月的精细努力，驻闸北的袁军觉悟提高，内有数人加入了中华革命党；龙华方面的驻军中也有一小部分加入了革命党。特别是海军肇和舰舰长黄鸣球、练习生陈可钧也被陈其美的革命精神所感动，倾向革命，同意参加起义。

在一天夜里，大家商定，起义定于12月中旬举行，三发绿色信号弹为号。规定"舰队先行，炮队营为副，同时并举"。

时间在一分一秒地过去。

然而，一个意外情况发生了。原来，革命党人在运动上海军警时，不慎走漏了风声。袁世凯得到密电后，立即下令，采取隔离措施，将所有有嫌疑的陆军一部分调往北方，一部分就地解散，并令有嫌疑的军舰停止出海活动。

12月1日，海军司令萨镇冰，以有要事相商为借口，传令肇和舰舰长黄鸣球，警告黄鸣球不可轻举妄动。他还把与革命党有联系的陆军调离原地，让他们驻扎到长江以北。12 月 3 日，萨镇冰又以"检阅"海军为名，下令驻沪的肇和等军舰，6 日开赴广东，另有任务。

这突如其来的变化，打乱了陈其美的阵脚。

陈其美心急如焚。肇和、应端、通济等军舰，都是海军的精华，革命党人的势力多少都渗入了其中，一旦举义，外攻内应，这些舰定然会被革命党夺得。那时再用舰炮来威慑陆军，陆军即使不投降，也会被击溃。而军舰若一旦开往广州，上海起义必将困难倍增。

不少革命党人找到陈其美，对他说："我党联络肇和之成绩，为各舰之冠。一旦肇和开去，则将来发动尤难。"

陈其美问："你们说怎么办？"

"提前发动，提前起义。"

陈其美大喝一声好，想了想说：就定在 12 月 5 日，提前举行起义。

此后，陈其美招来蒋介石、杨虎、吴忠信等人商讨，蒋介石等都赞成提前举行起义。结果，大家商定，在各舰长公宴萨镇冰的 12 月 5 日午后 4 时发动起义。

陈其美为这次行动制定的目标为："袭击海军后即攻制造局，再取吴淞要塞，然后图浙攻宁，以为东南之根据。"

这次起义报请孙中山批准，由陈其美任淞沪司令长官，统率一切；蒋介石作为他的副手，具体负责拟定作战计划；黄鸣球为海军总司令，肇和舰为海军总司令部；杨虎为海军陆战队司令，孙祥夫为副司令，吴忠信为参谋长；渔阳里五号为起义总指挥部。

蒋介石根据陈其美的口述，很快拿出一份具体的作战计划：

一、海军以肇和舰为司令部。杨虎率其部三十余名，由黄浦乘小汽艇袭取肇和舰，夺取后即开炮猛轰江南制造局；孙祥夫率其部三十余名，由杨浦乘小汽艇分别占领应瑞、通济二舰，策应肇和舰。

二、江南制造局及上海城内各方面革命党人策反成熟的军警，一旦听到军舰发炮，立即响应。

三、夏尔屿负责城内各城门举火响应的任务。

四、薄子明等率领山东部分革命党人二百余名攻击警察总局。

五、阚钧、沈侠民、朱霞、谭斌等攻击电话局和电灯厂。

六、陆学文等进攻警察第一区和工程总局。

七、姜汇清、曹叔实、杨静波、余建光等联络闸北方面军警响应。

八、杨庶堪、邵元冲、周淡游等留守环龙路渔阳里五号总司令部，并办理后勤事务。

12月5日下午，各路革命军依照下达给自己的任务，各自进入位置。

3时，信号弹升起。

杨虎率其部30余名，全副武装，由黄浦乘小汽艇直驶肇和舰，20分钟后，靠近肇和舰，舰上的陈可钧等人立即呼应，悄无声息地放下软梯，把杨虎及其部30余名人员全部接上肇和舰。接着，在陈可钧的指引下，神不知鬼不觉地夺取了肇和舰的各个重要位置。

几乎在杨虎率其部占领肇和舰的同时，孙祥夫率其部30余名陆战队员，也准时乘小汽艇，到达杨浦码头。但他们雇佣的小汽艇却没有靠岸，因为这些小汽艇都是黑艇，没有注册。再加上是个星期天，海关不办公。孙祥夫好话说尽，就是不让小汽艇靠岸，计划流产。然后他派兵向陈其美报告，另图他策。结果使肇和舰陷入了孤立无援的困境。

再说杨虎占领肇和舰后，当即宣布中华革命党的讨袁宗旨及起义目的，舰上官兵一致欢呼雀跃。6时许，杨虎命令肇和舰向上海江南制造局开炮猛轰，起义行动正式开始。

“开炮！”

在陈其美的命令下，一发发炮弹呼啸而去，江南制造局顿时浓烟升起……

随着大炮声的响起，潜藏于租界里的数百名革命党人闻风而动，争先恐后，按照原定计划，兵分数路，向预定目标进发。

朱霞、谭斌带领本部人马，抢先冲进了电话局，守局的警察刚要鸣枪，立即被人击倒。另一人也要反抗，早有人扼住了他的咽喉；其他三人乖乖地交出了枪。电话局被义军占领。

朱霞、谭斌二人正要打电话向陈其美报告，外面响起了激烈的枪声。原来，他们刚冲进电话局，局长就打电话向淞沪镇守杨善德作了报告。此时此刻外面的大队敌兵正是杨善德派来的一个营。

义军手里只有手枪和少量炸弹，敌人的机关枪很快压得他们喘不过气来。朱霞、谭斌只好带人从后门退出。

薄子明更加勇敢，亲率200名弟兄，潜伏于警察局附近的隐蔽地，当闻听炮声响起，立即向警察局发起了进攻。一次次进攻，一次次被打退，伤亡惨重。关键是敌人早有防备，抢占了有利位置。

奶奶的，我和你们拼了！薄子明急了，抽出短刀，再次指挥冲锋，不料敌人一枪打来，击落了他手中的短刀。弟兄们劝说：再冲是要送死的。于是他们不得不撤退下来。

陆学文率领的数十名革命党人，手持炸弹、手枪，向淞沪警察第一署及工程总局猛攻猛打，打算夺得军械，占据局署，设置起义前线指挥部。当他们猛攻猛打到警察署大门时，被挡了下来。

炸毁它！陆学文大喊一声。

"轰隆"一声，警察署大门被炸了一个大洞。

顷刻间，手枪齐鸣，他们向顽抗的警察射击。警察抵挡不住，全体溃散。革命党人攻入警察署，缴获了一批枪支弹药。次日拂晓时分，政府军展开反扑，经过激战后，革命党人死伤过半，损失惨重，不得不撤出阵地。

由姜汇清、曹淑实率领的四五十人，发扬夜战精神，于夜半时分发起攻击，炮火隆隆飞向闸北四区警察二分署，映红了夜空。当两军相接时，革命党人开枪击伤两名警察后，也因实力悬殊而失败了。

杨虎在肇和舰发炮时，驻守江南制造局的北洋军很快打出白旗，表示投降。杨虎便命令停止轰击。此时，制造局中赞成革命的士兵正要准备响应，忽然听到炮声停止，以为起义已经失败，便不敢轻举妄动。制造局的响应也未成功。

革命党人数路并起，初看声势似乎颇大。但实际上，革命党人不仅缺枪少弹，而且其中多系临时组织起来的会党分子，战斗力很差。淞沪护军使杨善德、上海防守司令何丰林凭借雄厚兵力，一面调兵遣将组织反攻，一面下令全市戒严，派兵把守各处关卡要隘，并会同租界当局加强巡守。

在政府军的反扑下，各路革命党人均因寡不敌众而迅速溃败。夺取制造局的计划也终于落空。

这时，在渔阳里 5 号总机关坐镇指挥的陈其美，闻肇和舰炮声一响，即率领吴忠信、蒋介石、丁景良、周应时等冒险赶赴华界，准备就近指挥一切。但走到半路上，即传来各路起义军相继失利的消息，陈其美等人急忙赶回总部，商议再取应瑞、通济两舰计划及部署各路重新反攻计划。正在计议之中，忽有法租界巡捕房侦探及巡捕 10 余人破门而入，当即逮捕了在楼下望风的陈果夫、丁景良二人。陈其美、吴忠信、杨庶堪等人听到楼下骚动，迅速登上了屋顶逃脱。后转移至蒋介石的寓所——新民里 11 号，隐蔽了起来。计划天亮后雇佣小船登上肇和舰，固守肇和舰，继续战斗。

由于革命党的指挥机关遭到破坏，联络中断，陆上再组织进攻的计划无从实现了。

各路起义军失败后，只剩下了肇和舰在孤军作战。

在肇和舰起义时，即向应瑞、通济两舰发出信号，问其是否同意起义。两舰皆发回信号，称“正在会议，当可赞同，请勿攻击”。肇和舰得此信息后，便以为制造局为义军占领，静心等待两舰的响应。

直到凌晨，他们等到的不是两舰的响应，而是大炮声隆隆，炮弹向肇和舰飞来。这令杨虎猝不及防。很多人还在梦中，便成了弹中鬼了。忽然，一发炮弹飞来，一声巨响，舰上的汽炉中弹引爆了，十几个战士被炸死在甲板上，血迹斑斑……

原来是夜半1时，杨善德、萨镇冰与海军总司令李鼎新等人直到江南制造局，商议对付肇和舰的办法。经请示袁世凯后，决定击沉肇和舰。并从交通银行提现款20万银元，由萨镇冰亲自送到应瑞、通济二舰上，收买这两艘军舰向肇和舰开炮，并许诺在事成之后，增加100万元犒赏费。当贿款运到后，应瑞、通济二舰上的气氛顿时为之一振。一些原来已答应参加起义的官兵在得到厚贿后，又垂涎于今后的高官厚禄，纷纷改变主意，转而攻击肇和舰。两舰上的革命党人虽然竭力阻拦，但经不起金钱利诱的官兵占了多数，革命党人也就无能为力了。

6日拂晓4时许，肇和舰在毫无思想准备的情况下急忙发炮还击。但慌乱之下，多数炮弹均未能击中敌舰，而肇和舰上指挥的杨虎原打算将舰开出吴淞口，以避打击，但革命党人又不懂电气起锚法，无法开船，只能据守肇和舰应战到底，杨虎在败局已定的情况下，不得不下令弃舰撤退。杨虎等凫水脱险，陈可钧等数十人因伤势严重，无法行动，被政府军捕获，后来全被杀害。

肇和起义，从开始到结束，前后不满12小时，革命党人被捕40余人，伤70余人。陈其美后来总结说，“财力不足”是肇和舰起义失败的主要原因。据说，这次起义从酝酿到事后的抚恤，革命党人仅用了4万元，而袁世凯仅收买应瑞、通济两舰就花了20万元，两者相差悬殊。

肇和起义虽然失败了，但其影响是相当大的，极大地震撼了中国。

●袁世凯如坐针毡，被迫取消帝制

肇和起义虽然失败了，它以无可辩驳的事实戳穿了袁世凯及其拥护者们所谓帝制运动出于真正民意的谎言，给帝制运动以当头一棒。孙中山后来高度评价说：“肇和一役，事虽未集，然挽回民气，使由静而动，实为西南义军之先导。”

复辟帝制丧尽民心，袁世凯把自己送上了绝路。

接着，孙中山发表《讨袁宣言》，痛斥袁世凯的种种罪行：

"今袁背弃前盟，暴行帝制，解散自治会，而闾阎无安民矣；解散国会，而国家无正论矣；滥用公款，谋杀人才，而陷国家于危险之地位矣；假名党狱，而良懦多为无辜矣。有此四者，国无不亡，国亡则民奴。独袁与兴二三附从之奸，尚可执珽衔璧以保富贵耳。呜呼！吾民何不幸，而委此国家生命于袁氏哉！自袁为总统，野有饿莩，而都下之笙歌不彻；国多忧患，而郊祀之典礼未忘。万户涕泣，一人冠冕，其心尚有'共和'二字存耶？既忘共和，即称民贼。吾侪昔以大仁大义铸此巨错，又焉敢不犯难，誓死戮此民贼，以拯吾民。"孙中山表示了"誓死戮此民贼，以拯吾民"，号召"爱国之豪杰共图之"。革命党人以武装起义反击袁氏的倒行逆施。在这一时期革命党人组织的起义中，首推云南最为成功。

12 月 17 日，前江西都督李烈钧偕同熊克武、方声涛、但懋辛等，奉中山先生命令，潜抵昆明，策动起兵讨袁。在此以前，孙中山已派李华英从东京前往北京与蔡锷联系，动员蔡锷南下反袁；同时，孙中山又通过革命党人张孝准以老同学身份与蔡锷联系，希望他到东京共商讨袁大计。此举果然打动了蔡锷。蔡于 1915 年 11 月 11 日乔装打扮到前门车站上车到天津，一周后偕老同学张孝准乘日轮"山东丸"到达东京。从东京经香港、河内顺利到达昆明，会同李烈钧、唐继尧等发动讨袁起义。

云南，天高皇帝远。袁世凯鞭长莫及。

23 日，蔡、李、唐高举义旗，发表讨袁声明：要求袁取消帝制，严惩祸首，限其 24 小时内予以答复。

25 日，云南义军通电全国，宣布云南独立，唐继尧为护国军政府都督，兴师讨袁。

26 日，云南组织护国军。任命蔡锷为第一军总司令，罗佩金为参谋长。下辖三团六个支队，需要说明的是第三支队司令就是朱德同志。讨伐路线为出四川入武汉；任命李烈钧为第二军总司令，何国钧为参谋长。讨伐路线为经广西、广东，取道湖南、江西至武汉；会师后，再分兵向北挺进；唐继尧兼任第三军总司令，担任留守，负责粮饷供给及后勤工作。

1916 年元旦，欢乐的节日，欢乐的气氛。

北京城里袁世凯欲穿黄袍之时，这里却是讨袁声声。

昆明校场，彩旗猎猎，军歌嘹亮，一、二、三军，六千余人会集在这里高呼："打倒卖国贼袁世凯！""拥护民主共和！"整个昆明市沸腾了。随着总司令的命令："出征！"队伍浩浩荡荡开往前线。

北京城里正在做皇帝梦的袁世凯,见美梦难以成真,急忙调兵遣将。命令曹锟、张敬尧部三个师取道重庆进趋泸州,另遣四个师入黔,又电令伍祥祯旅和川军刘存厚的第二师布防川南,派龙觐光率军由粤入桂夹击滇南,妄图以优势兵力,迅速扑灭护国军。

1月18日,第三次革命的炮声在云南响起,很快遭到袁军反攻,双方战于滇川接壤之新场。激战第四天,袁军腹背受敌,顿时陷于混乱,争相奔逃,死者不计其数。19日蔡锷部向叙府(今宜宾)西南之安边进攻。第1支队在正面实施佯动,第2支队利用夜暗迂回至安边侧翼,突然发起攻击,敌人向叙府溃逃。护国军乘胜追击,21日占领叙府。最后,袁军兵分四路反攻叙府,均被击退。

再说东路第二梯团到达贵州毕节后转向北进,于2月1日占领四川纳溪。袁军方面的防守部队,是川军刘存厚师和张敬尧的援川军先遣队,刘存厚师辖有雷飙和熊祥生两旅。刘、雷二人同蔡锷关系非常密切,云南宣布独立前夕,蔡曾分别致电雷、刘,将起义讨袁和军事计划先行告知,请其速做准备。护国军进抵纳溪后,刘遂于当日宣布独立,改称护国军四川总司令,率雷旅向附袁的熊祥生旅进攻,占领益田坝、月亮岩,与泸州隔江对峙。2月6日,护国军一度攻占泸州战略要地五峰顶后又被迫退出。不久,张敬尧的第七师全部赶到泸州,护国军方面赵又新、罗佩金和顾品珍率部亦先后到达纳溪。战争至此发生转机,袁军始终未能突破护国军防线。朱德支队在战斗中担负的任务最为艰巨,对于巩固护国军阵地起了重要作用。后来曹锟的第三师和李长泰的第八师分别到达重庆、合江两地,蔡锷即亲临前线指挥。双方鏖战多日,袁世凯虽然特封熊祥生二等男,李炳之、吴佩孚三等男,进行打气,亦未能稍扭战局。战事陷入相持状态。通过历次战役,张敬尧的第七师伤亡巨大,由入川时的9000人减少到5000人。吴佩孚旅被杀得尸横遍野,伏居战壕,不敢越雷池一步。新到的第八师也闻风丧胆。

护国军中多数军官原是革命党人,48名将领中就有27人是同盟会员、国民党员或中华革命党员。他们把孙中山奉为领袖,曾为创造共和国而战斗过。在护国战争中,他们身先士卒英勇作战。护国军在人民武装力量的配合下,同时,又从贵州都督刘显世处得到5万元军饷的支援,3月下旬,势如破竹地攻占了江安、南川、纳溪、彭水、基江等县,北洋军全线崩溃,护国战争取得了重大胜利。

与护国军进军的同时,革命党人在其他地方也广泛开展武装反袁斗争。1月6日,广东中华革命军在淡水等地起义,进攻惠州,占领平山。2月18日,居正、许崇智率领中华革命军东北军在山东起义,一周内连克乐昌、高密、益都、安丘、昌邑和寿光六座县城。2月9日,朱执信率部进攻广州。18日,蔡济民等在武昌南湖策动军队起义。2 月 21 日，杨玉鹏率领百余人在长沙袭击将军府和警察署。这些起义虽然有的被镇压下去，但它表明反袁斗争的范围在迅猛地扩展着。

袁军在川南、湘西的败北，革命党人在其他地方的突起，争取日本的失败，再加上五国又提出口头警告，日本在满洲一带策动宗社党起事，迫使袁世凯不得不把帝制活动暂时延缓下来。2 月 23 日，他装出一副悲天悯人的样子宣布："现值滇、黔倡乱，惊扰闾阎，湘西、川南一带，因寇至而荡析离居者，耳不忍闻，痛念吾民，难安寝馈。加以奸人造言，无奇不有。以予救民救国之初心，转资争利争权之借口，遽正大位何以自安？予意已决，必须从缓。凡我爱国之官吏士庶，当能相谅。此后凡有吁请早正大位各文电，概不许呈递，将此通谕知之。"接着又通知各国公使宣称云南事未平以前，绝不登基。

袁世凯妄想恢复帝制的倒行逆施，不但激起了全国人民的强烈反对，而且开始众叛亲离。1915 年 9 月，黎元洪请辞副总统、参政院长职，迁居东厂胡同，不再到公府议事，同时还提出请求，撤销其武义亲王的爵称。10 月，徐世昌请辞国务卿职，也迁出官邸，搬到了蝴蝶胡同。12 月，参政梁启超溜到上海，教育总长汤化龙、参政熊希龄、总检察长罗文干等也纷纷要求辞职或请假出京。在新皇帝登基前，出现了一个政府官员辞职的风潮。1916 年 3 月中旬，江苏将军冯国璋、江西将军李纯、山东将军靳云鹏、浙江将军朱瑞、湖南将军汤芗铭五人准备联名要求袁世凯取消帝制的电文，于 3 月 19 日落在袁世凯手中，虽被袁扣压未及发表，但这对他无异于当头一棒。在云南、贵州、广西、广东、浙江、陕西宣布独立之后，一度热衷怂恿袁世凯称帝的四川将军陈宧、湖南将军汤芗铭也先后宣布了独立。

此时，全国反袁的呼声不绝于耳，各地纷纷发表宣言、通电，反对袁世凯继续当总统，并要求对他惩办。有以"19 省公民"名义发表宣言的，指出："袁逆不死，大祸不止"，"扑杀此獠，以绝乱种"。江苏有声明说："袁已构成谋叛之罪，丧失总统资格"，要他"静待国民组织特别法庭听受裁判"。

袁世凯眼看大势不好，于 3 月 22 日发表声明，宣布取消帝制，妄想保住总统的地位。从此，他忧虑成疾，卧床不起。从改元洪宪到废止洪宪年号，前后 83 天。他当了 83 天的闭门天子，登基大典尚未举行，"圣旨"不出宫门，就被全国人民从君主的宝座上赶了下来。

至此，孙中山领导的第三次革命，算是胜利结束。

第十四章　为国捐躯

●不畏失败的人

肇和起义失败了，不少人灰心了，有的人甚至还投敌了，面对着敌人暗杀的风险，陈其美不畏失败不后退半步。

临出门时，妻子姚文英不无担心地说：别出门了，街上多有暗哨。

陈其美说：我怕什么？与那些为国捐躯的烈士相比，我是活一天多赚了一天。应该说我是幸运儿。

姚文英说：不许你这样说！你死了倒好，让我们孤儿寡母怎么活？

陈其美说：我只是这样说说而已，让你流泪了。其实我心里还是有数的。

姚文英揩了揩眼泪说：昨天我就亲眼看到了暗探，在我们家的院外转，我好害怕啊！

陈其美说：不要紧的。我去邮局给中山先生发一封电报。

姚文英说：那你早去早回。

陈其美说：好的。

望着丈夫的背影，妻子姚文英摇了摇头，显得无可奈何。

陈其美从邮局回来时，又碰到侄儿陈果夫来家。

陈果夫一脸沮丧，陈其美问：肇和起义失败，你还停留在悲痛中，这可不行！事业失败，不足畏也。改过再图必有成功之一日，惟志不可颓。志颓则永无成，吾辈今后仍当积极进行，成功不过时间问题耳。你看我已投入了新的战斗。这不，孙先生又从东京来电了，电中说“此后我党当力图万全而后动，务期一动即握重要之势力”。根据孙先生的指示，我和周应时（中华革命党江苏司令）商议，决定在江苏起兵讨袁！

陈果夫说：那好啊，我也参加。

陈其美说：打仗还靠父子兵。

……

公元1916年1月7日，陈其美与周应时发布命令，定于次日镇江、常州、无锡同时起义。

起义的前夜是非常平静的。

由于计划不周,镇江等地数处秘密机关遭到了破坏,10余名革命党人被五花大绑,推向了斩首台。

几乎同时,常州、无锡也遭到了搜查,起义计划相继流产。

陈果夫再次为失败而扼腕长叹,陈其美再次打气说:失败是成功之母,总结经验,以利再战。

陈果夫说:好,我听叔叔的。

1916年2月22日,为了统一指挥中华革命党的讨袁斗争,孙中山任命陈其美为江、浙、皖、赣四省总司令,次日又令陈其美就近接洽湘、鄂等省讨袁事宜,来个南北呼应。

不久,孙中山还委陈其美兼任江苏司令长官。

这时,在海外的孙中山也斗志高昂,护国战争发动后,孙中山迫切希望陈其美在以上海为中心的东南地区打开局面,以便压倒和抗衡进步党、欧事研究会和西南实力派联合领导的反袁力量,以掌握反袁革命的主动权。因此,孙中山对陈其美寄予了极大的希望,期望他援辛亥革命时先取上海,依次取东南的先例。孙中山还希望陈其美与王统一合作,分别策动上海的陆军和海军起义 。他在致陈其美的电报中说:"沪能得手,则万事皆就,望勉图之。"

3月12日,孙中山将募捐得来的款项大部分寄给了在上海活动积极的陈其美。孙中山附电文说:此汇款20万元,作为江浙革命活动及运动第二舰队反正的费用,专款专用。

3月16日,孙中山又汇给陈其美21万元,说明其中1万元给在湖北活动的田桐,表示支持。

在这期间,孙中山一日三电,电促陈其美及早发动。特别是到了3月的下旬一天,孙中山突然得到一则政治情报,称袁世凯的政治顾问莫理循向袁献策,让袁暂退,由黎元洪出而代之,俟第一次世界大战结束,袁再借英国的力量复出。孙中山获悉后,再次督促陈其美:"时不我待,沪事当发于袁退之前。"

尽管孙中山一日三电,但陈其美与王统一策动上海海、陆军起义的工作却始终未能顺利进行。陈其美想仿效辛亥年间,与李平书等上海资产阶级巨头联合在上海发动起义,但遭到李平书的委婉拒绝。

李平书回忆说:"余鉴于癸丑之役,极力劝阻。况三月底为南北钱业归账之期,一旦起事,地方不免纷扰,关系市面金融,于饷源亦大有妨碍。陈其美先生乃定先从江阴炮台举事,意见相左……”

陈其美说:以前我们起义愁的是无钱进账,无米下锅,现在,钱米有了,还有孙先生的鼓励,却不能举事,真乃无颜回电孙先生。

孙中山见陈其美迟迟没有行动,也急了,3 月 31 日再次致电陈其美,甚至有些责备:“帝制取消,军心益振,而沪反因之观望,恐前联络之人皆多不实,故为托辞,欲再得款耳。望兄详察,勿受其欺。”

5 天后的 4 月 4 日,孙中山再致电陈其美,说:“能动即动,若彼等政府成立,吾党外交更失地位。”

接连几日,孙中山又一再致电陈其美,促其“相机而动”,“切勿错过”时机。并许诺:“若沪得手,可立致百万元。”

4 月 8 日,孙中山又电汇陈其美 11 万元,并告以“切望佳音,行当率同志齐来”。

应该说,孙中山急切盼望的是中华革命党在护国战争中能有所作为。而此时的陈其美,心里也十分着急,但他缺兵少将,只能把希望寄托在拿钱收买政府军的反水上。应该说,陈其美作为资产阶级革命家也只能如此。

4 月中旬,正当陈其美在上海一筹莫展的时候,柳暗花明,江阴报来喜讯。

当时驻江阴的部队是第七十五混成旅。杨虎、尤民等人抵达江阴后,对部队策反相当顺利,举义旗反袁。

4 月 16 日,江阴驻军宣布独立。第七十五混成旅旅长方更生出逃,杨虎宣布就任司令官。

4 月 23 日凌晨,起义军攻打无锡,遭到了卢永祥、朱熙等部优势兵力的阻击,起义军寡不敌众,牺牲较大,不得不退出阵地。

4 月 26 日,敌人攻下江阴,尤民遇难,杨虎翻墙潜逃,义举归于失败。

其实,孙中山并不知道江阴的失败,于 4 月 27 日,他偕廖仲恺、戴季陶等由日本东京起程回国。

临行的前一天,孙中山信誓旦旦,致电陈其美,称“若沪、浙能入吾党范围,则大局可定矣”。务必让陈其美再努力一把。

陈其美遵照孙中山的指示,于 4 月派中华革命军司令官夏尔屿赴杭州,试图掌握浙江局势。但浙江独立后,实权仍落入了浙江军界实力人物吕公望、童保暄、夏超等人手中。5 月 1 日,夏尔屿在杭州为吕公望等人杀害。陈其美的图浙计划也宣告失败。

然而,陈其美并不甘心失败。5 月 5 日,他又派遣数十名革命党人分乘汽船数艘，由上海驶抵吴淞口企图袭击敌舰，因炮火不足，结果失败。姜永清、杜鹤麟等20余名革命党人被杀头。

面对失败的现实，陈其美作为中华革命党在东南地区的最高领导人，以不屈不挠的精神，始终坚持讨袁斗争，这下惹恼了袁世凯。袁世凯对其恨之入骨，必欲去之而后快。

据《民国日报》报道，袁世凯政府在上海租界及闸北设立了暗杀机关，专门对付陈其美及中华革命党人。中华革命党的重要干部范鸿仙、夏之麒、张志刚等先后被袁世凯派出的密探刺杀身亡。陈其美更是他们要刺杀的首要目标。

陈果夫在回忆录中说：

> 五年五月十六日，即叔殉国前两日，予往渔阳里叔寓所，未遇，乃步行至萨坡赛路十四号，道经蒲石路白尔部路转角，见三方面均有数人，共约十余人，内有一人急急询问另一个曰："是不是？"答曰："是戴眼镜的。"其余各人均特另注视予面，予心顿起疑意。既至十四号，仍不见叔。转至亲民里十一号蒋介石先生寓，始遇之。见其形容甚枯槁，精神委顿。盖此数日中办事不顺手，经济又困难，各方接洽事务至繁忙，致睡眠休息时不足，而有此现象也。旋有数友至，乃相与言治胃病之法，予以所闻之良法进言，叔答曰："我病不可治也。"言时似甚伤痛。在座诸同志亦为之不欢，嗣叔命予与丁景梁先生接洽某事，遂辞出。竟忘将在路角所遇之事告知。十八日以后，始知凶手已在附近守候多日矣。①

应该说，袁世凯的密探加害陈其美的企图已是公开的秘密。然而陈其美并没有认识到危险性，依然故我。

●白色恐怖中的上海

陈其美在上海积极组织讨袁活动，引起袁世凯及其爪牙的刻骨仇恨，于是，一场暗杀陈其美的阴谋开始了。其实，从"宋案"以来，袁世凯一直不断派人跟踪陈其美，前后共派了六七批人。陈其美的弟弟陈其采，接到北京一个朋友的来信，说袁世凯忌恨陈其美比忌恨孙中山、黄兴还要厉害。嘱托陈其采赶紧转告陈

---

① 何仲箫编：《陈英士先生纪念全集》(一)，台北文海出版社1970年版，第181～182页。

其美,行动务必十分秘密谨慎。恰在这时,陈其美办事极不顺利,经济也越来越困难,各方面的事情又十分繁忙,日夜难以休息,心情既不好,身体也越来越坏,形容枯槁,疲惫不堪。当他看到革命事业面临严重困难,护国运动各派蜂起,而上海的反袁斗争进展缓慢,心里十分焦急,他决心不惜冒一切风险也要搞到发动起义的一笔经费。这就使刺客们有了可乘之机。

土匪出身的张宗昌,原是陈其美的部下,后倒戈投靠冯国璋的门下。此人了解到陈其美的困境后,忙收买会党分子程子安,策划暗杀陈其美……

4月23日傍晚。

上海街头春雨霏霏。

车水马龙,人来人往。

两辆载人的黄包车向临江傍海的观海楼驶来。

车到观海楼时,从车上跳下来三名身穿短褂的壮汉。他们一前一后,有说有笑地进了观海楼,并在一靠窗处坐了下来。

身穿旗袍的小姐跟了过来:三位,吃点什么?

三位随便报了菜名,一阵阵海腥味的风吹来,便静观起江中来往的船只和马路上疾驶的车辆来。

高个子分明是三人的头领,一笑一口新镶的金牙,他对两人嘘了一声,压低声音说:等猎物来了,听我的口令。没有我的口令不能轻举妄动!

两人点了点头。

不一会儿,菜一道道地端了上来,三人要了一壶热酒喝了起来。他们边喝边向窗外观望,等待猎物的出现。

当外滩海关大钟悠扬地响了六下时,目标出现了。一辆老式雪福莱驶进了观海楼前的草坪上,从车上下来三位客人。且说这三人,为首的是一位长者,年过六旬,偻背驼腰,脑后还留有一条前清的长辫子,一副老学究的样子;第二位年龄四十上下,瘦长条,大高个,瓜子脸,白脸膛,此乃一表人才的前沪上都督陈其美;第三个人,与陈其美年龄相仿,不过他是四方脸,体态偏胖,原来是曾任护军都督府骑兵团团长张宗昌。

再说张宗昌,当年曾任陈其美都督府卫士,被陈其美连升三级,由连长提携为团长。二次革命失败后,张宗昌部被江苏督军冯国璋在南京收编,张被冯任命为督军署副长官,帮助冯带兵打仗。

张宗昌在南京期间,因不满冯的霸权,经常出入酒吧,常喝得醉醺醺的,以酒交友,说话间便结识了酒友蔡振生,此人是南京浦口商埠筹备督办。人以类聚,物以群分。二人很快就成了酒肉朋友,无话不谈。

这蔡振生可不是一般人,他是手眼通天的人物,是袁世凯的亲信,坐镇浦口暗中监视冯国璋的动静。近日他受袁世凯的暗中委托,物色一个可靠的人,暗杀陈其美。蔡振生脑袋瓜子一转,觉得张宗昌是位血性汉子,此人可用。

一天,酒场上蔡振生把话挑明,张宗昌愣了,毕竟陈其美是有恩于自己的老上级,曾提携过自己,总不能恩将仇报吧?

蔡振生见张犹豫不决,说:你不是想带兵吗?事成后,大总统可以把国璋的位置让给你!

张宗昌马上镇静下来,连说:好,我们喝,谁让他反对袁大总统呢!

接下来,在密室中,蔡振生又把白花花的银子,共计80万交给了张宗昌。张宗昌见财起意,一桩买卖就这样达成了。

再说张宗昌从南京秘密来到上海,好不容易找到了陈其美,接上了关系。好在陈其美还念旧情,认了他这个老部下。张宗昌窃喜。

再回过头来说,张宗昌带着陈其美三人,穿过楼台,来到一张餐桌前坐了下来。跑堂的过来。张宗昌说:陈老,你点菜吧,按你的胃口。

瘦老头也不客气,说:那我点了。

这时张宗昌干咳了一声,示意前面来的三人。因为那三人都是他雇佣的杀手。为首的姓程,名利。

这三人听到了主子的干咳,抬头望去,近在咫尺,不觉顿时紧张起来。一人去摸怀中的手枪,被程利按下了:不要紧张。

此时,这个名叫陈老的瘦老头,是陈其美家乡人,也是一位德高望重的人物。张宗昌找到他,就是为了钓陈其美这条大“鱼”。陈其美果然上当了。

陈老点完菜,让其美过目,陈其美说:我随意,就不过目了。

陈老又讲:昨天我给你讲的那桩事,你考虑好了吗?

陈其美说:如是真的,那就留作革命经费吧。

陈老说:那可不行。是袁大总统亲汇的,总共70万,供你出洋用的。不能挪用。大总统还说过,如挪用,就用这笔款子来对付你。

陈其美一拍桌子生气了:这是什么话?是暗杀还是买通?!

此时,陈老好不尴尬。

张宗昌见陈其美光火,马上劝阻说:坐下坐下,休怒!

陈老忙改口说:不说了,咱们喝酒吧。

陈其美首先响应:好,我们喝酒。接着他端起杯,一饮而下。

张宗昌见陈其美识破面目,遂起杀心。他也照样仰脖喝下一盅,不过他在放酒盅时,却把酒盅反扣了下来。实际这是暗号,让弟兄们下手。

弟兄们没有响应,这是因为弟兄们正要响应时,门开了,进来五个膀大腰圆、荷枪实弹的海军军官。他们进来就向陈其美打招呼:陈大都督,你也在这里,少见,少见!

陈其美定睛一看,笑道:原来是你们几位。肇和失败了,你们也是借酒消愁来了,是不是?

其中一位说:不可否认。

陈其美笑说:要知道借酒消愁,愁更愁啊!

接着他们亲切地围了过来,一位长官说:陈先生,我看你的胆子贼大,你不知道袁大总统要出高价买你的人头吗?你却有闲在这里赴宴喝酒!

陈其美哈哈大笑:在上海滩,到处都有我的兄弟,包括你们,他们要干掉我,你们会答应吗?!

长官说:我们不会答应。当然你也要注意啊!说不定这观海楼就有暗哨呢?

陈其美说:你说得太邪乎啦!

长官说:一点也不邪乎!

陈其美说:今天我请客!说着叫来跑堂的,让其再安排一桌,招待海军兄弟。

长官说:我代表大家感谢你啦!

陈其美说:别客气。

光棍不吃眼前亏。刺客们正要下手时,五个海军兄弟杀出来了,解救了陈其美。

张宗昌见雇佣的刺客无动于衷,生气了,他才不管刺客的死活呢!在他的心目中,猎物出现,你就得上,吃亏也得上!干不过也得干!张宗昌火了,又喝了一盅酒,又把盅子扣了下来,又发了一次信号。

但是,刺客们还是无动于衷。

程利胆怯了,因为他知道,五名军人荷枪实弹,论实力是干不过的!鲁莽,到手的那一半赏金拿不到,而且还只会送死。于是他死抗了张宗昌的命令。

一场精心策划的鸿门宴,由于偶然因素而流产了。

事后,张宗昌找程理论时,程利倒是有了理,发了火:他奶奶的,算一算我们三人才值一千五百哪,对不起,老子不干了,大不了把钱还给你!

搞得张宗昌有理无处诉。事隔一夜,张宗昌再次找到他们时,程利提出增加两个条件。

哪两个条件?

程利说:一是陈其美赫赫有名,举国皆知,他的人头少说也得六千大洋。二是陈其美行踪诡秘,手下又有青帮门徒和旧部保护,身边还有保镖,一时难以下手,请不必限定时间。伺机行事。如答应就合作,不答应就走人。

张宗昌面露难色:第一条不难,我可以咬紧牙关,答应你们,六千就六千。只是第二条我不能做主,袁大总统是下了暗杀令的,期限一个月,这是死命令,是不能违抗的！我也是立了军令状的！

程利说:那好,你做不了主,也别怪弟兄们不仗义,我们退钱走人。我敢说,在上海滩能找到我们这样的主儿不会多！咱们骑驴看唱书——走着瞧！到时候,别怪我们又涨价了！

张宗昌本想发火,但他又压了回去,转而平和地说:我看这样吧,钱你们先拿着,你们也再考虑考虑,不要把话说死。改天我们再坐下来谈。他清楚在上海滩真正找到敢于刺杀陈其美的人,确实要打灯笼。转而又想,重金之下必有勇夫。先找找看,找不到再吃回头食。

张宗昌在大街上游荡,在租界区,他遇见了不少洋人,找个洋杀手,何乐而不为呢?因为当时上海滩虽有一些外国瘪三发迹,但大多数洋瘪三在上海混得不好,为了金钱,杀人越货他们都会干。张宗昌谙熟这些情况,遂决定雇佣一个洋杀手。

灯红酒绿的"非洲野人之家",肤色各异的朋友们,大家喝着香槟酒,轻歌曼舞。一曲终了又来一曲,在这里张宗昌结识了一个洋瘪三,名叫勃罗特的法国人。此人三十多岁,身高体大,金发碧眼,头颈粗似牛脖,雄赳赳往那里一站,一看就知道是打手一类角色。

勃罗特在上海已混了四年,结结巴巴地能说几句中国话,几杯酒下肚,张宗昌已经大致摸清了他的情况:他是法国退役军人,曾在巴黎一家赌场当保镖,后来因为见钱眼红,抢了一个赌客的钱袋而被捕入狱,判刑五年,由于不堪忍受监狱生活,打伤了看守,越狱潜逃来到上海。在上海,他先是跟别人合伙做生意,开始还不错,但后来人家知道他的底细,怕惹出事来,便把他撇下了,目前他基本上靠别人恩赐过日子。

张宗昌了解了勃罗特的底细,暗想,这倒是一块合适的料。

于是他试着跟对方谈交易,勃罗特倒爽快,一口答应,索价也不高,只要一千二百元。

张宗昌满口答应。

对方要求付黄金,说便于藏匿。

张宗昌说,这也没问题。

双方谈得很融洽,最后商定第二天晚上在外滩碰头,并先付一半赏金作为定金,三天之内,勃罗特干掉陈其美以后再付另一半赏金。

最让张宗昌担心的是,害怕这个洋流氓要滑头,拿了钱就逃之夭夭,于是在临分手时他特地发出警告:"勃罗特先生,我可是代表官方来跟你谈这笔交易的,你若想要手段骗了钱逃掉,那可是打错了算盘。我只要打个招呼,上海的水陆通道马上封得严严实实,让你插翅难飞!"

勃罗特双手一摊,耸耸肩膀:"哦,先生把我当什么人了?法兰西人说话算数!"

"那好,一言为定!"

接着,勃罗特在第二天晚上收下六百元的金条以后,又从张宗昌手中接过一把左轮手枪。突然把黑洞洞的枪口对准了张宗昌,说:张先生,你想试试它的性能吗?

张宗昌不禁一愣:你这是什么意思?

勃罗特得意地笑了:我本来不想图财害命,亏了你昨天的提醒和忠告,为了能安心地花完这笔款子,对不起,我只好先封你的口了!

张宗昌突然冷静下来,告诉对方说:那里面没有子弹。

勃罗特扣了扣扳机,果然没有动静。

这张宗昌也是行武军人出身,此时,一个飞脚,加上一个饿虎扑食,将勃罗特打翻在地……

●枪声在黎明前响起……

对张宗昌来说,雇佣的勃罗特,刺杀任务没完成不说,还让他虚惊一场。于是张宗昌总结经验教训后,又雇佣一个洋杀手,名叫詹姆士。这个詹姆士也不客气,狮子大开口,开口索价五千大洋,一点也不含糊。同时保证三天之内干掉陈其美。

在张宗昌心里,此时不是价钱的问题,而是时间的问题,于是当场点清雇佣金和活动费,答应他事成后再付另一半。

詹姆士说干就干,他打探好陈其美最近正在一个有名的妓院怡红院里,与一位名叫迎春的姑娘厮混,便决定当晚去行刺。

话说这天傍晚,华灯初上,怡红院灯火辉煌,客人蜂拥而来。碰巧这天是礼拜天,老鸨忙着接待客人。怡红院一片繁忙。

詹姆士身穿水兵制服,晃晃荡荡走进怡红院,老鸨上前迎面笑说:这位客人,要点哪位小姐?

詹姆士说:迎春小姐。

对不起。迎春小姐已是名花有主了。另选他人吧,我们这里漂亮姑娘有的是,只管挑。

詹姆士心想名花有主,这个主一定是陈其美。于是又说:名花有主,我就选金花吧。

老鸨高声向内屋一喊"金花接客",片刻一位名叫金花的姑娘,羞羞答答来到詹姆士面前,叫声先生你好,便挽起詹姆士的胳膊往里走。

詹姆士随着金花来到房里,粉色的灯光让人觉得十分温馨。

金花端来茶水让与詹姆士,詹姆士接下打量着这房间的布置,并问在这玩一宿要付多少钱?金花说:不多,一宿二十。詹姆士说我出三十,另有小费十元。

金花说,谢谢先生了。

詹姆士说不用谢,又问迎春小姐是在哪个房间?一宿多少钱?

金花用手一指,说:就在我的隔壁。她要多了,一宿五十。

詹姆士暗记心头。

金花见詹姆士不言语,便说:先生,累了吧?上床休歇吧?

詹姆士心里有事,谎说:我是夜猫子,起得早睡得晚,一般不到十二点我不会上床的。

金花姑娘说:那我奉陪。

詹姆士说:你先上床。我到院里抽支烟再回来。

金花应了一声,便上了床。

这时,詹姆士便出门来到怡红院落中,灯红酒绿,就连树上也挂满了红色的灯笼。詹姆士一边欣赏一边听着迎春姑娘房间的动静。

在迎春房间里,他不光看到了灯亮,还隐隐约约听到了说话声。詹姆士心想,那男的声音一定是陈其美。

詹姆士想到这里便去摸腰中的手枪和地雷。又想这手枪不如地雷来得利索。于是他又试了试门把手,像是虚掩的。话到这里,只见詹姆士两眼喷火,他揭开了地雷的盖,用手一拉线地雷就冒起了浓烟,他顺势将其抛到了迎春屋里。詹姆士跑出十步远的时候,只听轰的一声,地雷爆炸了,顿时怡红院浓烟滚滚,一片狼藉。

詹姆士正要逃出怡红院的大门,被巡捕按倒,连踹三脚,一命呜呼。

这就是轰动一时的怡红院血案。

当时,詹姆士炸死的不光是一名嫖客,还有迎春姑娘。场面惨不忍睹。四周墙壁上全是血迹,真是血肉横飞,甚至找不到一条腿和一只脚。

再说,陈其美虽然常常出入怡红院,但他只是到迎春姑娘房间稍坐,并不在怡红院过夜。肇和起义后,为了迷惑敌人,陈其美又像辛亥革命以前一样,放荡不羁了。果然他这一做法又一次蒙蔽了敌人的耳目,躲过了一劫。

詹姆士行刺失利,这令张宗昌大为不爽。眼看袁世凯要的大限时间就要到了,陈其美还安然无恙,张宗昌如同热锅上的蚂蚁,急得团团转。正在他火急火燎的时候,袁世凯派的人赶了过来。此人不是别人,正是袁世凯的贴身卫士袁继良。

袁继良询问陈其美的事做得怎么样了?

张宗昌不得不说出实话来:此事还没有完成。我正要搞第三次,我要亲自出马,不然完不成任务,对不起总统。

袁继良笑说:不必张兄亲自出马了,大总统自有锦囊妙计,我就是为此而来的。

原来中华革命党有个小头目叫李海秋的,是陈其美的好朋友。最近,他在北京被捕,重刑之下,供出了中华革命党的不少机密。袁世凯得知,灵机一动,计上心头:张宗昌行刺陈其美到现在还没有成功,何不命令这个李海秋前去协助?陈其美还不知道李海秋被捕叛变,正可以利用李下手,于是,袁世凯立刻叫袁继良带着李海秋赶来上海,交给张宗昌指挥。

张宗昌一听,喜出望外。

在袁继良的安排下,张宗昌与李海秋见了面。

席间,张宗昌问道:“依你的意思……”

李海秋道:“此事说难也不难,只要对症下药就行。据兄弟所知,陈其美最近正在为党内经费短缺发愁,我们不妨在这上面动动脑筋,就说有一个煤矿公司,准备向日本人抵押贷款,苦于没人介绍,如果谁能介绍签约,谢他一笔款子。陈其美会上钩的。在签约那天,可以让刺客约定地点下手。”

张宗昌想了一会儿,脸上绽开了笑容:“好啊!此计极妙!这个‘公司’由我来操办,约定签约的时间、地点就是了。”

张宗昌、李海秋分手后，各自行动。

张宗昌先去找掖县的小同乡程子安。程子安曾跟随张宗昌从关外进上海，在他手下当过排长。程子安酒醉闹事打伤了人，被人告到都督府，陈其美为维护军纪训斥过张宗昌。张宗昌为此而开除了程子安。当时，程子安愤愤不平，怨张宗昌不讲义气。

1916年春节前，张宗昌衣锦还乡，对当年结伙闯关东的穷哥们家属，均挨家去拜访，向他们的父母行晚辈之礼，磕头问安，并分送银元二百、五百不等，对程子安家也不例外。事后，程母写信告诉儿子，程子安对张宗昌终于由愤懑而变为感激。

此次来到上海滩，张宗昌已经见过程子安，两人叙旧话新，十分投机。不过，张宗昌没有告诉他要杀陈其美，现在需要用人，便带着一千元大洋，找到了他。

程子安见到白花花的银元，毫不犹豫地做了金钱的俘虏。

程子安又找到朱光明、许国霖等人，假装组织了一个"鸿丰煤矿公司"。为使陈其美相信真有这么回事，"鸿丰煤矿公司"还煞有介事地在报上登出启事，表明寻找抵押贷款伙伴。

李海秋要找到陈其美并非易事。不过李还是费了九牛二虎之力，找到了陈其美，说是革命党有要事相商。

相约是在老城隍庙酒楼。

陈其美按约赶赴，二人相见，叙说了分别后的短长。接着，李海秋就直奔主题说：英公，有一好事相托，不知你能否帮忙？

陈其美说：说说听。

李海秋呷了一口酽茶说：真是好事。我有几个朋友合伙开了一家公司，叫鸿丰煤矿公司，在安徽淮南，前几年效益不错，这两年效益下滑，眼看就要维持不下去了。最近他们要从日本购买新式设备，重振矿业，但苦于经费缺乏，万般无奈，只好想将公司作为抵押向日本实业界贷款，但一时又找不到介绍的人。

说到这里，李海秋掏出一张报纸让陈看，说：这是他们的登报启事！

陈其美瞅了一眼，信以为真，便问：我要给你们介绍成功，你们给革命党多少回扣费用？

李海秋认真地说：他们那公司注册资本为三百万，准备全部抵押贷款一百万，言明谁若从中介绍签约，愿以贷款的百分之三十抽酬。我想英公人脉很广，手眼通天，办成此事不成问题，无疑对公对私都是一笔可观的喜财，所以特来相告。

陈其美说：小意思。

孙中山从日本回来，一直坐镇上海指挥讨袁起义，尽管孙先生带来几笔款项，但这些钱像撒胡椒面，捉襟见肘，杯水车薪。急需一批经费，而终日发愁。听李说有这么一桩好事，不禁怦然心动。三十万，也不是个小款项！于是他爽快地答应了下来：找个时间，双方见个面，当面谈好不好？

好吧。李海秋见陈其美上钩，不由心花怒放。

陈其美求款心切，很快与沪上的日本洋行联系上了，答应帮忙贷款。

陈其美马上又与李海秋联系，约定5月18日下午3时带贷款意向书来萨坡赛路十四号寓所签约。

李海秋大喜过望，马上拿电话打到张宗昌那里，报告了此事。

张宗昌也是喜出望外，立刻作了安排。

5月18日下午3时，是陈其美生命大限的日子。

陈其美一无所知，他仍高兴着，盘算着这笔款项对起义的重大作用……

就在同一天，王宠惠从唐绍仪处也得知有人行刺的消息，让人转告陈其美注意。陈其美说："我是前次制造局不死之余生，还有什么要注意的？从事革命大业，太为小心，何能成事？"

这期间，从日本来到上海不久的胡汉民常见陈其美在马路上从容闲步，连车子也不坐。一天，两人在街上不期而遇，陈其美说："上海滩袁党耳目众多，汉民兄当小心为是。"

胡汉民反问道："上海人不大认识我，我此时责任也不重。你自己这样大意，何以反说我呢？"

陈其美吟吟一笑说："上海人也不大认识我。我的眼睛好，步履轻捷，即使有坏人靠近，我一霎间就避过去了，所以不用担心。"

胡汉民指着他的脸说："英士，你可是在上海当过都督，怕三岁小孩子都认识你！"

陈其美叹息一声，说："顾不了那么多了。人之生命均有定数，非人力所能挽救。作为革命者，冒险原本是天职，没有冒险精神不可能成大事。更重要的是，我辈与反动势力相搏，必须有坚强的革命意志和大无畏的献身精神。丈夫不怕死，怕死事不成，这一直是我的座右铭。"

5月18日下午2时。

陈其美提前来到萨坡赛路十四号。

在这里，陈其美先与山东民军领袖刘基炎相商起义。刘要在烟台发动起义，需要五千元钱，要陈其美当场兑现……

李海秋瞅着手表,3 时已到,便推开房门对陈其美说:英公,客人已经等了很久啦!

陈其美站起身对刘基炎等人说:“我要先会一个煤矿公司的人。”说完,走出客厅。

陈其美出了客厅,把李海秋一行带到旁边的饭厅里,朗声笑道:“哈哈,诸位久等。”

李海秋装模作样地在一旁给双方介绍:“英公,他们是煤矿老板,这是大名鼎鼎的陈其美都督。”

四人拱手作揖:“久仰!久仰!”

陈其美招呼女仆奉上烟茶,目视四人:“四位老板,抵押贷款一事李先生已经跟我说过了。我和日本朋友联系过了,他们委托我作为代表,先和贵公司签个意向书,之后,总公司将派人和我一起去淮南核查贵公司固定资产。如确认无误,就可签正式协议,然后汇款。另外,我根据李先生所转达的贵公司愿向介绍人支付百分之三十报酬的意思,起草了一份合同草稿,诸位也可以过目一下。”他把几张纸放在桌子上。

李海秋朝程子安等人以目示意:“你们把意向书拿出来,请陈都督过目。”

许国霖连连点头:“好的!好的!”遂从包里取出意向书交给陈其美。

趁陈其美低头看意向书的时候,李海秋抽身离去。

李海秋一脚门里一脚门外时,程子安掏出手枪,对着低头看文件的陈其美,连开三枪,枪枪命中。陈其美当场倒在血泊里……

听到枪声,客厅中的革命党吴忠信、邵元冲,拔枪冲出客厅,见程子安一伙正落荒而逃。狭路相逢,双方对射起来。

凶手王介凡跑在最后,被邵元冲一枪击中倒下。其余三个——程子安、许国霖、朱光明夺路而逃。

余建光等人冲进那间房子把陈其美从地上扶起,只见他脸上血流如注,两颊微动,已不能说话。不一会儿,他的心脏就停止了跳动,但双目却始终睁着,仿佛不愿告别这个世界。

蒋介石从电话中得知陈其美遇难的消息,急忙从新民里十号寓所赶来,抚尸痛哭,好不痛心。

片刻,孙中山不顾自己的安危,亲来现场,泪流不止,见陈其美仍未瞑目,孙中山说:“英士,你安息吧!一切责任由我负责。敌人这样凶残,我们一定唤起民众革他们的命!”

并当场手书“失我长城”四字，以志其哀。

时间到了夜里2时许，蒋介石在革命党人的帮助下，将陈其美脸上的血迹擦洗干净，穿上新衣新裤，把遗体抱上一辆马车，运到新民里十一号的寓所。

5月20日，蒋介石买来一口楠木棺材，将陈其美入棺成殓。这一年，陈其美才三十九岁。

再说，陈其美殉国后不足一个月，即1916年6月6日，北京城传出袁世凯的死讯，全国人民无不拍手称快，南方起义各省更是悬旗相庆，“三军雀跃，万众欢腾”。国人说，这是因果相报，不是不报，而是时候未到。

●“国葬风波”话是非

陈其美被刺身亡的噩耗，震惊了中外媒体，被长篇大论地做文章。国内的《民国日报》、日本的《每日新闻》等发表大量的报道和文章，表示沉痛追悼陈其美，表彰他为国捐躯、不怕牺牲的革命精神。

此时，与陈其美关系一度紧张的在国外的黄兴，听到这则消息，表示不能相信，悲痛欲绝。当天发来唁函，表明了他的心情：“昨晚得一噩电，英士兄在沪突遭暗杀，旧同志之健者又走一个，悲痛何堪！我兄闻之其凄惨又何如？尚望暂抑哀情，仗义杀贼，悬逆首于国门，以慰诸先烈之灵！”

5月20日，入殓完陈其美，夜阑人静时，蒋介石以盟弟的身份，写下了《哭陈英士文》。文中写出了哭泪，写出了感情，写出了精神。文中道：

> 呜呼！自今以往，世将无知我之深、爱我之笃如公者乎。丁未至今十载，其间所共者何如事，非安危同仗之国事乎？所约者何如辞，非生死与共之誓词乎？而乃一死一生，国事如故，誓词未践，死者成仁取义，固无愧于一生，而生者守信坚约，岂忍惜于一死。
>
> 呜呼！大难方殷，元凶未戮，继死者之志，生者也；完死者之业，生者也。生者未死，而死者犹生；死者之志未终，而生者终之；死者之业未成，而生者成之。不终不已，不成而不死，亦不已，以履去春握别扶桑之谶语，以守我之信，坚我之约而已。
>
> 呜呼！追念前情，悲多而乐少，思深而恨长。辛亥以前，谋浙谋粤，一事未成，患难日迫，激感日深，几不知复有尔我之分也。辛亥以后，祸乱相寻，变故百出，非知爱之挚，鲜不为奸人所中伤。癸丑一役，败挫之

余，从公往来，不离朝夕者，曾几何人。长逝以后，继公事业，不渝初衷者，更有何人。向之趋炎附势，排我斥我毁我诬我者，果何如乎？今之幸灾乐祸，妒公忌公讥刺公者，又何如乎？诚耶伪耶！是耶非耶！不恨生前之中谗，惟愿死后之可告慰耳。

嘻！赤忱未剖，奸邪觖隙，忠言失察，竟成今日之祸，悲乎哀哉。而今而后，教我勖我，爱我扶我，同安同危，同甘同苦，而同心同德者，殆无其人矣。已矣哉，感此苍凉，吾复何言。世路崎岖，人心险恶，瞻前顾后，徒增寒心。白发在堂，黄口离抱，奉老扶少，更切苦思。公其有灵，来格来歆。①

5月27日，陈其美的灵榇移寄上海法租界打铁滨苏州集义公所暂厝。

陈其美遇难后，海内外各团体，各界人士的唁电、祭文、挽联、挽额，如雪花般飘来，多得不计其数。

6月21日，孙中山以饱含深情的笔墨写了一篇《祭陈英士文》，表明了陈其美在革命中的重要作用：

民国五年六月二十一日，孙文谨以清酒遮羞，敬奠故都督陈君英士之灵曰：

呜呼英士！

生为人杰，死为鬼雄，唯殇于国，始与天通。

亡清季年，呼号奔走，濒死者三，奇功卒就。

东南半壁，君实锁钥，转输不匮，敌胥以挫。

孤怀远识，洞烛奸究，好爵之縻，避之若逸。

贼恶既淫，更张义师，奔虽云殿，自讼责辞。

毖后惩前，文厉主张，彼甚文者，缪诋为狂。

君独契文，谓国可救。百折不挠，以明所守。

疾疢弥年，未偿逸暇，我志郁抑，赖君实笃。

君总群豪，与贼奋搏，百怪张牙，图君益渴。

七十万金，头颅如许，自有史来，莫之或匹。

君死之夕，屋欷巷哭，我时抚尸，犹弗瞑目。

---

① 万仁元，方庆秋编：《蒋介石年谱初稿》，上海人民出版社1983年版，第24～25页。

曾不逾月，贼忽暴殂。君傥无知，天胡此怒。

含笑九泉，当自兹始，文老幸生，必成君志。

呜呼哀哉！尚飨！①

6月6日，随着袁世凯暴卒，追悼陈其美的活动逐步达到了高潮。

8月13日下午2时，由孙中山、黄兴、李平书、虞洽卿、伍廷芳、唐绍仪、杨庶堪、温宗尧、王宠惠、章太炎、张继、胡汉民等63人发起的"陈英士先生暨癸丑以后殉国诸烈士追悼大会"，在上海法租界霞飞路尚贤堂隆重举行。

这天尚贤堂座无虚席，人山人海。他们胸戴白花，中外知名人士达四千余人。

据《民国日报》报道：

会场"上列影照五帧，中为陈英士先生，左为范鸿仙、夏之麟两先生，右为夏次岩、陈子范两先生，并列数十先烈小影，癸丑以后殉国诸烈士各位，则以白布书成榜式附列，悬挂台之两旁。会场四周内外，满悬挽联，白帜飘扬，其数不下千幅"。孙中山因病未能出席大会，由黄兴主持仪式并致词。杨庶堪宣读了以孙中山领衔的《祭陈英士及癸丑以来殉国烈士文》，对二次革命以来在反袁斗争中殉难的烈士表示了深切怀念。

接下来，1916年10月31日，中华民国的开国元勋黄兴病逝上海。11月8日，发动护国起义、再造共和的蔡锷又病逝于日本医院。

一代伟人的相继辞世，引起举国一致的悼念。为了表彰黄兴、蔡锷建立共和、维护共和的丰功伟绩，被袁世凯非法解散的第一届国会复会后，即决定仿照国外的做法，以国葬仪式来安葬黄、蔡二人。

孙中山闻悉后，于11月20日与唐绍仪联名致函北京政府各总长、各议员，要求对陈其美一并予以国葬。孙中山在信中列举了陈其美的功绩：

然亦有平生事功艰苦卓绝、百折不挠，卒以身殉，死义甚烈如陈君英士者，尤冀诸执事有以表彰之也。……揆其平生，舍易就难，为人所

① 何仲箫：《陈英士先生纪念集》（一），台北文海出版社1970年版，第293页。

不能为，勋烈媲于黄君，而死义之烈过之，特以殉国之际，袁恶犹炽，文等虽抱沉痛，无以张之。唯浙督吕君，允助以丧葬之资，其后沪上大会追悼，亦蒙黎大总统赐唁极哀，是其诚信所著，因为举国同悼者已。惟是黄君既逝，得诸执事为之主持，存恤表彰，而陈君则遗体至今犹寄存沪上，无以为葬，身后萧条，为状尤艰。夫逝者已矣，而表彰前烈，责在后来。今黄、陈两君事同一例，倘诸执事主持正谊，以此意达之议会政府，为之表彰，予以国葬，并存恤其遗族，则观感攸在，其所以陶镕国风，示国民以仪型，所存所裨，宁有涯涘？文等夙共患难，闻见较切，故敢陈区区，伏维亮鉴。①

同年12月18日，国会通过了中华民国成立以来的第一部《国葬法》。该法共八条，对于享受国葬者的资格、国葬的经费、仪式等都作了具体规定。12月22日，大总统黎元洪下令国葬黄兴和蔡锷。随后，国民党籍的议员叶夏声在国会提出议案："请以国葬之礼施诸陈英士君。"

该议案并称："陈君之有功于中国，不减于日本之西乡隆盛。"

叶夏声的议案一经提出，立即在国会内引发了一片激烈的争论。

而研究系（其前身是进步党）的国会议员强烈反对国葬陈其美。

研究系议员王谢家在《对于陈其美国葬之商榷书》中，开宗明义指出：

"必如黄、蔡二先生之伟烈殊勋而又首先纯粹，舆论洽孚，乃足以当兹隆典。"商榷书接着指出："前沪军都督陈其美，革命巨子，诚为不谬惟与黄、蔡一例国葬，尚待商榷。"并具体地指出国葬陈其美有两不可。他的结论是："国葬乃极重大之典礼，如先儒从祀庙廷，宁缺毋滥。"

对于王谢家的非议，国民党籍议员离旭"积不能平"，特作《为国葬陈英士驳王谢家文》，对王谢家提出严厉的反驳。离旭指出：

"今大总统武昌起义，北兵进迫汉阳，于斯时也，不有陈其美上海之克复，南京政府恐不能成立。夫南京政府而不能成立，则武昌未堪设想，由斯而谈，则第一次之革命，不得不推陈其美之功。犹之第三次之革命，蔡锷之神出鬼没，正当引为同调。""若言其私首先惟有'风流都督'四字而已，本无足讳。此乃其个人问题，犹之松坡之妇人醇酒，如信陵君之所为，此则偕此以运动，彼则借此以脱险，岂蔡可国葬，而陈独不可欤？若以革命论，恐陈在先觉之例，而蔡还自居后生

① 《国文全集校订本》第三册，台北文海出版社1970年版，第442～443页。

小子矣。”

但研究系议员仍不服。此后,研究系机关报《晨钟报》还多次发表文章,对国葬陈其美提出异议,他们所持的理由是:“伟人可胜国葬之隆典者,必以各方面均表崇拜之人方可。”以往我国“每有一典礼,往往因施之过滥,致为社会所不重视。”现在实行国葬法,应当避免“蹈其覆辙”。

12月28日,《晨钟报》刊登一篇署名秋水的时评,且对陈其美多有不敬之词。文章说:“此次黄、蔡用国葬,人无闲言。然若陈其美者,其对于国家、国民有无功德,人所共知,乃亦欲援黄、蔡为例,请用国葬,吾恐将来一般伟人得用国葬者,其滥将如嘉禾章、文虎章,识者视之,真不值一钱矣。”该文还指责国民党人是欲将国葬变为“党葬。”

由于研究系的杯葛,孙中山国葬陈其美的提议最终未能通过。

此事直到1948年5月19日,中华民国国务会议通过“六先烈国葬案”,决定将柏文蔚、陈其美、张继、郝梦龄、李家钰、覃振六人予以国葬。不过,此时的国民党政权已经摇摇欲坠,所谓国葬之义已成为一纸空文。

国会否决陈其美国葬的议案后,对凶手和主谋的审判也并不顺利。

除当场被捕的许国霖、宿振芳二人外,李海秋也被捕获。在法捕房,许国霖、宿振芳二人均供认“政府”指使暗杀活动。许国霖供认:“受朱光明嘱使,为政府办事,赏格十三万。其目的先办政府最忌之陈先生。”宿振芳在两次供认中承认程子安奉张宗昌命令,暗杀陈先生,许国霖、王介凡等均受程子安指挥。

只有李海秋始终不承认参与凶杀阴谋。

法租界公廨经预审认定犯罪明确,又系刑事犯罪,即引渡归上海地方检察厅承办此案。

袁世凯虽死,但上海依然为北洋势力控制,极力操纵审判,遮蔽案情真相。许国霖在上海地方检查厅,当场推翻在法公廨的口供,只承认知情,不承认实施暗杀。他编造案情说,陈其美的被杀,完全是党务关系,是以党杀党,即党内自相残杀。他还说,这一案子是程子安主谋,程子安是张秀全、韩恢、胡侠魂等人的部下,对陈其美非常不满。云南独立的事发生之后,为将来的都督人选问题,他们又和陈其美发生争执。因此程子安、王介凡就决计要干掉陈其美。

上海地方审判厅经过审理,再次歪曲案情。根据在述事实和刑律有关条款,审判厅判处许国霖死刑,宿振芳有期徒刑十五年。

但是,这一案件上诉到江苏高等法院审判厅后,高等法院借口许国霖虽然是同谋,毕竟不是主谋,判处极刑,量刑过重,改判无期。

至于谁是案件主谋，高等法院并没有追究。此案最后不了了之。

陈其美遇刺时，家中只剩下二十元钱，根本无力安葬。

接着，孙中山又发动中华革命党人捐资，共筹得款近万元，并议定在陈其美殉难一周年归葬湖州原籍。

1917年5月18日上午10时，在湖州东门外岘山举行了隆重安葬典礼。

由北京政府大总统黎元洪的特派代表胡汉民主祭：

> 维中华民国六年五月十八日，大总统特派智威将军胡汉民，致祭于陈君英士之灵曰：世宙艰险，实赖隽才。吁嗟陈君，功就身摧。辛亥之年，义旗飚举，君居沪渎，实总师旅。保障一方，策应苏杭。军书旁午，昕文不遑。有功不酬，翻遭疑谤。郁此奇气，江湖放浪。天佑我华，再建共和，君胡不待，承叹逝波。远如岑来，惨遭残贼。毅魄有知，罪人终得。寰海清镜，天河洗兵。追维先烈，永垂令名。浙水归魂，永安大宅。感往陈词，庶几来格。①

应该说，这不足二百字的祭言，确实代表了当时北京政府对陈其美一生的溢美评价。一个政府派特使千里迢迢，参加一个人的追悼会，在当时的北京政府还是首次，足看出北京政府黎元洪大总统对陈其美的高看。“辛亥之年，义旗飚举，君居沪渎，实总师旅。保障一方，策应苏杭。”这是对其毕生功绩的赞叹；“有功不酬，翻遭疑谤”这是对其处境和人格的高度评介；“郁此奇气，江湖放荡”这是对他才华、个性真实的写照。简言之，陈其美就是陈其美。他是英豪，又是平常人。他具有人之本性所共有的秉性，也有时代所留下的镌刻，就像他的江南故居，离我们那么近、抬腿就可迈进门里，但又像天边的云霞离我们那么遥远，遥远中你能感到精神的震撼和那沧桑中脉络的模糊来。

走进陈家故居，江南庭院，小桥流水，碧浪湖畔，白房青顶，别出心裁。英士出生时家道已经中落，俗语说已死的虎儿比猫大，仍不失大户风范：一跨进天井三开门面的二层住宅有厨房、会客厅、饭厅、下人卧室、工作间、客卧数间；拾阶而上，主卧、副卧数间、孩童室、书房等等应有尽有。而后花园虽不甚敞，但也别样情趣：春海棠、秋芍药，小池内配有朵朵荷花、节节莲蓬，微风徐来，引得蜂狂蝶舞煞有风景。而陈其美的短促一生，也印证了他祖屋的风景。从1906年加入同盟

---

① 《民国日报》1917年5月13日。

会,到1916年被刺身亡,陈其美的政治生涯不足十年,却成为民国史上的风云人物。1927年由他介绍参加同盟会的蒋介石建立南京政府,他当年沪军都督府的部下有不少身居要职,他的侄儿陈果夫、陈立夫也成为炙手可热的人物、四大豪门家族之一,他因此而身价百倍,名声之显赫几乎盖过了黄兴、宋教仁、蔡锷等人。

百年辛亥。要说辛亥革命不能不说孙中山,要说孙中山不能不说陈其美;要说民国建立不能不说袁世凯,要说袁世凯也不能不说陈其美;要说国民党历史不能不说蒋介石,要说蒋介石又不能不说陈其美;要说辛亥英雄不能不说秋瑾、徐锡麟,要说秋瑾、徐锡麟还是不能不说陈其美。陈其美是孙中山的左右手,是袁世凯的死对头,是蒋介石的引路人,是秋瑾、徐锡麟的老战友。用“生为人杰,死为鬼雄”评价陈其美,是再合适不过了。随着历史研究的深入,陈其美的名字越来越被学者重视,他的功绩将永垂史册!